Weihnachten 2006!

Die allerherzlichsten Weihnachtswünsche
und ein gutes, erfolgreiches und
gesundes neues Jahr

wünschen Dir, lieber Kurt

Ingrid + Hans-Jürgen

Gartengestaltung

Gartengestaltung
The English Gardening School

Rosemary Alexander
& Richard Sneesby

Christian Verlag

Für alle ehemaligen, derzeitigen und künftigen Studenten der English Gardening School.. RA

Für QH, G und E. RS

Aus dem Englischen übertragen und bearbeitet von Barbara Kiesewetter
Satz: Barbara Kiesewetter, Redaktionsbüro, München
Fachliche Beratung: Dr.-Ing. Amrei Mosbauer

Korrektur: Petra Tröger
Umschlaggestaltung: Caroline Daphne Georgiadis, Daphne Design

Druck und Bindung: Toppan
Printed in China

Alle deutschsprachigen Rechte vorbehalten.

ISBN 3-88472-703-6

INHALT

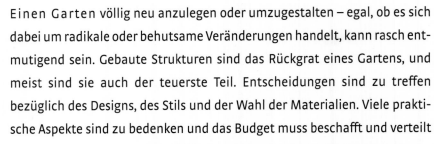

EINFÜHRUNG

In diesem Stadtgarten sind viele Elemente kombiniert. Die Einheit von Design, Farbe und Geometrie lässt einen Raum entstehen, der funktionell und abwechslungsreich ist und sowohl der Entspannung dient als auch anregend ist.

Einen Garten völlig neu anzulegen oder umzugestalten – egal, ob es sich dabei um radikale oder behutsame Veränderungen handelt, kann rasch entmutigend sein. Gebaute Strukturen sind das Rückgrat eines Gartens, und meist sind sie auch der teuerste Teil. Entscheidungen sind zu treffen bezüglich des Designs, des Stils und der Wahl der Materialien. Viele praktische Aspekte sind zu bedenken und das Budget muss beschafft und verteilt werden. Größere Anbauten oder Veränderungen brauchen eine behördliche Erlaubnis; viele betreffen die Nachbarn und einige wirken sich sogar auf die weitere Umgebung aus. Einen Garten anzulegen oder umzugestalten ist ein Prozess, der sich über Jahre erstrecken kann – je nachdem, wie sich der Garten entwickelt, wächst und reift.

Oft sind Baumaterialien überflüssig. Viele sind sogar extrem umweltschädlich, im Vergleich zur Lebensdauer eines Gartens kurzlebig und sie hinterlassen eine Menge Müll, wenn sie nicht mehr gebraucht werden. Ziehen Sie deshalb immer Materialen aus nachwachsenden Rohstoffen solchen vor, deren Produktion viel Energie verbraucht. Fragen Sie sich, ob bestimmte Dinge – nur weil man sie immer schon so gemacht hat – auch heute noch die beste Lösung sind. Die Technik macht Fortschritte und unser Wissen um die globalen Ressourcen hat Hersteller dazu gebracht, umweltbewusster zu produzieren. Ein wunderschönes Biotop zu zerstören, nur um daraus einen vom Menschen gemachten Garten zu gestalten, ist nicht wünschenswert, sondern verantwortungslos.

Es ist wichtig, bei der Gestaltung keine Angst vor Experimenten zu haben. Bedenken Sie aber auch, dass es kein Unglück ist, dass auf der ganzen Welt und über Jahrhunderte bestimmte Elemente im Garten dazu tendieren, sich zu ähneln. Der Grund dafür liegt im Verhältnis von der Belastbarkeit eines Materials zu seinem Gewicht. Dies begrenzt Form und Größe. Es hat sich immer bewährt, auf erprobte Beispiele – sowohl moderne als auch traditionelle – zurückzugreifen, bevor man etwas vollkommen Neues ausprobiert.

Man kann Gestaltungselemente auch nicht nur nach ihrem Aussehen schaffen, selbst wenn neue Materialen und Fort-

Rechts **Bauliche Strukturen wie Wände und alle größeren Oberflächen bieten sich an, um starke Farbakzente im Garten zu setzen.**

schritte in der Bauweise es ermöglichen, dass heute selbst sehr bizarre Elemente entworfen und verwirklicht werden können.

Dieses Buch wurde geschrieben, um Haus- und Gartenbesitzern sowie professionellen Gartengestaltern zu helfen, sich in diesen Entscheidungsprozess einzuklinken. Jedes Kapitel ist in drei Abschnitte gegliedert. Der erste behandelt Themen wie Design und Wirkung, inklusive Planung und Umfeld, die Auswahl der Materialien sowie eine Rangfolge der Gestaltungsmöglichkeiten. Außerdem werden hier erfolgreiche Beispiele vorgestellt. Der zweite Abschnitt unter dem Titel »Praktische Hinweise« erklärt, wie man die im ersten Teil vorgestellten Vorschläge verwirklicht. Er enthält viele grundlegende Bauanleitungen sowie Grundregeln. Der dritte Abschnitt besteht aus einer Zusammenstellung von Abbildungen, die weitere Gestaltungsideen bieten und Ihnen helfen sollen, Ihre eigenen Ideen umzusetzen. Am Ende des Buchs gibt das Kapitel »Materialien« praktische Ratschläge und technische Informationen. Unter »Bezugsquellen« finden Sie abschließend hilfreiche Adressen für Materialien und nützliches Zubehör.

Es ist unmöglich, jede erdenkliche Frage aufzugreifen, die sich den Lesern dieses Buchs stellen mag. Auch geht es nicht darum, schnelle Gestaltungs-Lösungen zu finden. Im Grunde werden sogar nur wenige Standard-Vorschläge angeboten, weil es ganz einfach keine Standard-Lösungen gibt. So ist z.B. die Qualität des Bodens unendlich vielfältig und eine Lösung, die für einen Standort geeignet sein mag, kann für einen anderen völlig unpassend sein – selbst wenn es sich um denselben Garten handelt. Jedes Kapitel enthält eine Liste mit den »Schlüsselfragen zur Gestaltung«. Sie kann als eine Art Checkliste dienen, die Ihnen im frühen Stadium der Planung hilft. Das Buch gliedert die Aspekte der Gartengestaltung in acht verschiedene Gruppen. Jeder ist ein Kapitel gewidmet. Ein Garten wird aus mindestens zweien dieser Elemente bestehen, manchmal werden alle Aspekte vertreten sein. Es ist unvermeidlich, dass einige Situationen nicht beschrieben werden. Versuchen Sie in diesem Fall, die Ratschläge an Ihre Gegebenheiten anzupassen. In Zweifelsfällen sollten Sie einen Gartengestalter oder Landschaftsarchitekten hinzuziehen. Akzeptieren Sie Ihre Grenzen: Es ist klüger, Geld in professionellen und unvoreingenommenen Rat zu investieren, als teure und eventuell sogar gefährliche Experimente zu wagen.

Bevor Sie mit den Veränderungen beginnen, sollten Sie so viele Informationen wie möglich über Ihren Garten sammeln. Dazu gehören Pläne, Fotos, Dokumente, alte Fotografien oder Zeichnungen, die unterirdische Versorgungsleitungen zeigen. Sammeln Sie Fotos anderer Gärten, die Ihnen gefallen und die Sie inspirieren, sowie Material- und Farbproben – aber auch Dinge, die Ihnen nicht zusagen. All dies wird Ihnen helfen, wenn Sie Ihre Ideen mit einem professionellen Gestalter diskutieren. Wenn Sie eine Entscheidung treffen,

Traditionelle Gartenarchitektur von hoher Qualität ist zeitlos und kann auf der ganzen Welt an den verschiedensten Plätzen eingesetzt werden.

sollten Sie mithilfe der Checkliste prüfen, ob Sie von all den möglichen Lösungen die für Sie beste gewählt haben. Stellen Sie sicher, dass alle Familienmitglieder, vor allem Kinder, ältere Menschen oder solche mit Gehproblemen, den Garten nutzen können. Überlegen Sie sorgfältig, ob die Baumaterialen zu Ihren Lieblings-Pflanzen passen. Seien Sie realistisch bei der Kalkulation der Kosten und bedenken Sie, dass die meisten Projekte das Budget übersteigen. Unterschätzen Sie nicht die Preise für die Entsorgung alter Elemente und gehen Sie davon aus, dass bezahlte Arbeiten mindestens zwei Drittel Ihres Budget auffressen werden. Beachten Sie auch die Lebensdauer eines Elements und wie viel Aufwand nötig ist, um es instand zu halten.

Ein Wort zum Schluss: Gärten sind dazu da, sich an ihnen zu erfreuen. Wenn etwas nicht zweckmäßig ist, sollten Sie es deshalb ändern.

Bestimmte Elemente können in einen Garten integriert werden, um einen Blick einzurahmen, um eine Abgrenzung oder um intime Räume zu schaffen, die dazu geeignet sind, sich zu treffen, zu entspannen und sich zu unterhalten.

I

WEGE & BELÄGE

Vorhergehende Seite Zwar führt dieser zwanglose Plattenweg direkt zu der zentralen Skulptur vor der Buchenhecke, doch die markante Wegführung wird durch die Allee aus Weißdorn und die Töpfe mit weißem Impatiens und Efeu betont. Die Wegmündung am Ende ist durch vier in Form geschnittene Buchskugeln hervorgehoben.

Wege und Beläge sind zwei wichtige Elemente, die in kaum einem Garten fehlen. Und weil sie immer im Blickpunkt stehen, sollten Sie sich über Entwurf und Umsetzung schon vor dem Kauf des Materials und vor Baubeginn Gedanken machen. Die Bodenoberfläche kann empfindlich und fragil sein, vor allem, wenn sie ständiger Belastung durch Menschen, Tiere und Fahrzeuge ausgesetzt ist. Wasser, Wind und Frost können Wege erheblich erodieren. Wege und Beläge erfüllen einen doppelten Zweck: Einerseits schützen sie die Bodenoberfläche, andererseits sorgen sie dafür, dass man sie bequem befahren oder begehen kann.

Wege sind die »Arterien« des Gartens – sie geleiten Sie von einem Bereich zum anderen, um Biegungen und Ecken herum. Wenn Sie das Wegesystem klug anlegen und auch ein paar markante Stellen und Ruheplätze einplanen, spielen Entfernungen selbst auf größeren Grundstücken keine Rolle mehr.

Wege schaffen auch eine Verbindung zwischen Haus und Garten. Oft sind sie für die Gestaltung bestimmend, indem sie die Struktur hervorheben und einen Rahmen schaffen, von dem aus bestimmte Bereiche, Räume und Objekte zugänglich sind. Wege werden durch ihre Breite, Konsistenz, Farbe, Textur, Gestalt und Richtung geprägt. Kräftige Linien unterstreichen ein klares Design, sanfte, unauffällige Linien und Formen sind eher für einen ungezwungen oder natürlich gestalteten Garten geeignet.

Belagsflächen können ein wichtiges Bindeglied zwischen drinnen und draußen sein oder eine Fläche, auf der man sich aufhält, um zu entspannen und sich umzuschauen. Befestigte Wege und Flächen sind dort sinnvoll, wo Gartenarbeiten verrichtet oder Gartengeräte untergebracht werden.

Wege und Beläge lassen sich gut mit Brücken, Planken oder Trittsteinen kombinieren – sie können gerade, geometrisch und formal sein, vielleicht die zugrunde liegende Geländeform zerteilen oder um einen Hanggarten herumführen und damit die

GRUNDAUFBAU EINES BEFESTIGTEN WEGS

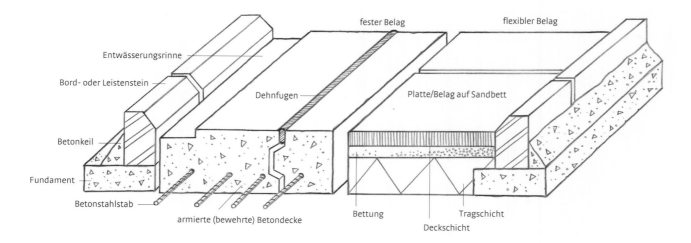

Entwässerungsrinne

Bord- oder Leistenstein

Betonkeil

Fundament

Betonstahlstab

armierte (bewehrte) Betondecke

fester Belag

Dehnfugen

flexibler Belag

Platte/Belag auf Sandbett

Bettung

Deckschicht

Tragschicht

Oben links
In Moos eingebettete, unregelmäßig verlegte Trittsteine weisen den Weg zwischen den Grasbänken.

Oben rechts
Blickfang ist hier ein Sitzplatz am Ende eines Wegs, der mit farblich und strukturell harmonierenden, sanft getönten Ziegeln und Kopfsteinen gepflastert ist.

organische Form mitbestimmen. Wege gibt es in unterschiedlichsten Ausführungen: Sie können glatte Texturen, helle Farben und kühle Oberflächen haben (ideal in heißeren Klimazonen). Kompakte und stabile Materialien sind perfekt geeignet für Fahrzeuge, weichere Materialien für Kleinkinder (in einer Form, die nicht verschluckt werden kann). Befahrbare Oberflächen eignen sich für Rollstühle und Kinderwagen. Wege können mit ihrem Knirschen Besuch ankündigen oder vor Gefahren oder Bereichen warnen, die nicht betreten werden sollen.

Wege sind zum Begehen gedacht und dazu, dass Kinder darauf Rad oder Skateboard fahren können. Vermeiden Sie deshalb Türen und Tore, die sich auf Wege öffnen. Auch das Gefälle sollte den jeweiligen Benutzern angepasst werden.

Wahl der Materialien

Jahrhundertelang haben sich Designer und Bauherren bei Planung und Bau für einheimische Materialien entschieden. Sie verwendeten Lehmziegel, wo es Lehm gab, oder regionales Gestein, so wie es in der Umgebung vorkam. Heute stammt das für

Wichtige Fragen vorab:

➤ Brauchen Sie wirklich einen Belag?

➤ Gefällt Ihnen die bereits vorhandene Oberfläche? Ist sie stabil genug, um die erwartete Belastung auszuhalten?

➤ Soll man die Oberfläche mit einem festen Belag versehen, oder büßt sie dadurch ihren Charakter ein?

➤ Wird ein neuer Belag andere Elemente im Garten aufwerten oder einen Bezug zu ihnen herstellen?

➤ Bieten Ihnen die gewählten Materialien genug Möglichkeiten, mit Farben, Mustern und Strukturen zu arbeiten?

➤ Wird die neue Oberfläche robust genug sein, um Belastungen und Beanspruchungen aller Art zu verkraften? Ist sie zu jeder Jahreszeit beständig und gefahrlos zu begehen?

➤ Kann das Wasser rasch ablaufen?

➤ Erlaubt die neue Oberflächengestaltung eine bessere Gartennutzung, weil neue Flächen erschlossen werden oder der Wegverlauf verbessert wird? Trennen die Wege begehbare und nicht begehbare Zonen deutlich voneinander ab?

➤ Haben Sie Materialien gewählt, mit denen Gestaltung, Muster und Formen ohne umfangreichere Zuschnittarbeiten und Arbeitskosten möglich sind?

➤ Bekommen Sie Qualität für Ihr Geld?

Beläge genutzte Material aus der ganzen Welt, ist erstaunlich preisgünstig und die Auswahl an Farben, Texturen, Formen und Größen ist immens. Das Angebot wird immer größer, weil die Technik sich weiterentwickelt und Herstellung, Abbau und Transport effizienter geworden sind. Laufend werden neue Materialien und Alternativen zu traditionellen Baustoffen geprüft, manche erweisen sich als sehr geeignet, andere sehen einfach nur künstlich aus, obwohl sie gut verarbeitet wurden. Die meisten Leute entscheiden sich aber für ein Material, das sich langfristig bewährt hat, probieren jedoch durchaus auch neue Verwendungsmöglichkeiten aus.

Verwenden Sie Material, das zum Entwurf Ihres Gartens passt und Ihrem Budget entspricht. Für edle Entwürfe benötigen Sie unter Umständen Material, das teuer aussieht, es aber nicht unbedingt ist. Bei modernen Entwürfen lassen sich Pflaster und Beläge vielleicht innovativ verwenden. In ländlichen Gegenden oder bei einer naturnahen oder ökologischen Gartengestaltung passen eher nicht formale Lösungen. Überlegen Sie in jedem Fall im Vorhinein, wie sich Ihre Wahl auf die Umwelt auswirkt. Billige Materialien, vor allem Importe, haben oft für ihr Herkunftsland ungeahnte Folgen.

Bei Ihrer Entscheidung wird zwar das Aussehen der Oberfläche eine Rolle spielen, doch der Belag soll auch praktisch sein, den Untergrund stabilisieren und zugleich Gewicht und Belastung aushalten. Rinde wirkt z.B. in nicht formalen Gärten attraktiv, muss aber alle zwei Jahre ersetzt werden. Glasierte Keramikfliesen können sehr hübsch aussehen, sind aber bei Nässe und Frost eine Gefahrenquelle. Auch muss das Wasser schnell abfließen können, damit der Belag ungefährlich und begehbar bleibt.

Im Idealfall sollte der Gartenentwurf im Einklang mit der Umgebung stehen: Woraus bestehen die Gebäude? Welche Farbe haben die Mauern? Welche Farbe hat die Erde oder das Gestein? Auch wenn Sie vielleicht nicht dasselbe Material verwenden, sollten Sie Komplementärfarben, Farbton, Textur und Schattierung berücksichtigen.

Verwenden Sie Materialien, die zum Gesamtentwurf, zu dem Designstil oder dem Thema passen. Für klare, minimalistische Linien genügt vielleicht ein einziges Material, bei dem Schattierungen und Töne sich daraus ergeben, wie das Material bearbeitet ist oder wie es wirkt, wenn Licht darauf fällt oder reflektiert wird. Auch die lokalen Bautraditionen können eine Rolle spielen. Eventuell beauftragen Sie ja Handwerker aus der Region damit, die Materialien zu dekorativen Mustern zu verarbeiten.

Die Fugen in diesem Weg aus gegossenem Beton künden eine Wegbiegung an. Die harten Kanten wirken durch die Bepflanzung mit Bodendeckern etwas weicher.

Vielleicht kristallisiert sich beim Blick auf das geplante Gesamtbild ein eindeutiger Stil heraus. Wählen Sie Materialien, die sich ähneln oder in Aussehen und Stil ergänzen und damit eine Verbindung zwischen Haus und Garten schaffen.

Statt von »totem« Material Gebrauch zu machen, ist es manchmal besser, die Oberfläche unversiegelt zu lassen oder Graswege anzulegen. Eine Grasfläche zwischen zwei Pflanzbereichen verbindet so Weg und Rabatte. Und Gras wirkt wunderbar kühl. Einer ständigen Beanspruchung – etwa an Sitzplätzen oder unter einer Kinderschaukel – wird es aber kaum standhalten. An solchen Stellen wird der Boden unansehnlich und bei Nässe sogar gefährlich werden.

Gestaltungsprinzipien

Wege sind lineare Elemente im Garten. Sie bestimmen, wie man den Garten begeht und nutzt, verschaffen Zugang zu Aussichtspunkten, markanten Stellen und Orten, an denen man sich begegnet und entspannt. Wege können je nach ihrer Breite eine Hierarchie haben: Die breiteren haben den Status einer »Hauptstraße«, während schmälere Wege und unterschiedliche Oberflächen andeuten, dass sie nur gelegentlich genutzt werden. Wege sollten immer zu einem bestimmten Zweck angelegt werden. Vermeiden Sie es, Einmündungen so zu platzieren, dass sie Benutzer in Versuchung führen, Ecken abzuschneiden und dabei Pflanzen und Gras zu zertreten.

Es gibt verschiedene Möglichkeiten, einen Weg länger, kürzer, schmäler oder breiter wirken zu lassen. Nähern sich beispielsweise die Ränder eines Wegs einander an, dann wirkt er länger; ein großer oder kleiner Blickfang am Ende eines Wegs unterstreicht seine Länge ebenfalls. Umgekehrt wirkt ein Weg breiter oder kürzer, wenn Sie mehrere kleine Objekte unmittelbar im Vordergrund aufstellen. Bedenken Sie, dass Entwürfe auf Papier im Gelände immer viel kürzer wirken. Ein Weg, auf dem zwei oder mehr Personen nebeneinander gehen und sich dabei unterhalten können,

Klinker sollten so verlegt werden, dass sie der Richtung der Wegführung entsprechen. Auf dem links abzweigenden Seitenweg sind sie deshalb anders verlegt als auf dem Hauptweg.

Zu den französischen Fenstern führt ein breiter, mit Kopfstein gepflasterter Weg, in den zwei mit einer Linie abgesetzte Parallelstreifen aus glatten Platten eingesetzt wurden. Sie erleichtern das Gehen.

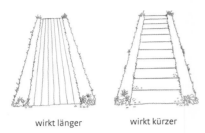

wirkt länger   wirkt kürzer

Durch unterschiedliche Ausrichtung der
einzelnen Belagselemente wirken Wege
länger oder kürzer und breiter.

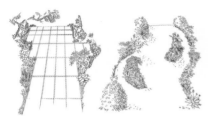

Materialien sollten zur Gesamtform passen:
Rechteckige Elemente eignen sich für geometrische, Kies und Beton für freie Formen.

lädt eher zum Schlendern ein. Auf einem schmalen Weg, auf dem nur eine
Person Platz hat, beschleunigt man dagegen automatisch den Schritt. Ein
weitläufiger Bereich mit einem Sitzplatz lädt zum Verweilen ein. Auf einem
Weg, der um einen Platz herum statt durch seine Mitte führt, entdeckt man
dagegen ganz neue Dinge. Markante Punkte machen Wege interessant: Eine
Bank oder eine Pflanzschale verführen dazu, sie aus der Nähe zu betrachten;
dort angekommen, haben Sie die Wahl, wohin Sie abbiegen möchten. Vielleicht gibt
es noch eine andere Aussicht oder ein Objekt, das Ihre Neugier weckt.

Wege lassen sich auch parallel anlegen; dann teilen sie den Raum in Rechtecke
auf. Geometrische Formen mit markanten Seitenlinien, denen das Auge beim Gang
durch den Garten folgt, vermitteln das Gefühl von Ordnung. Horizontale, durch
Pflanzen hervorgehobene Muster lassen den Blick hin- und herschweifen. Auffällige
Pflanzen, diagonal am Weg gepflanzt, lenken den Blick weiter. Schmal zulaufende
Wege machen neugierig, bis sie wieder breiter werden.

Menschen gehen meistens nicht in geraden Linien. Lange, gerade Wege können
daher unangenehm sein. Aus geraden Linien auf Plänen werden im Gelände vielleicht
Wege, die steil und schwierig zu begehen sind, wenn sie auf einem abschüssigen Untergrund angelegt werden. Wege, die sich durch einen Garten winden und schlängeln,
entsprechen dem Gelände dagegen viel eher und sind meist bequemer zu begehen.
Auf abschüssigem und unebenem Boden sollten Wege eher quer zum Hang verlaufen
als in Richtung des Hangs. Hier sollte der Weg dem Gefälle folgen oder langsam in

Die Gestaltung der
Wege und ihre Geo-
metrie sind vermut-
lich die wichtigste
Entscheidung bei der
Planung, denn sie prä-
gen mitunter einen
ganzen Bereich des
Gartens.

Zentraler Punkt ist
hier eine Bank im
Jugendstil. Die Gras-
flächen lockern die
Breite dieses Pflas-
tersteinwegs auf und
liegen etwas höher,
damit man sie leich-
ter mähen kann.

Windungen den Hang hinaufführen. Gewundene, unterschiedlich breite Wege wirken mitunter sehr kunstvoll, besonders wenn sie durch mehrere Materialien betont werden. Sollen zwischen dem Pflaster Pflanzen wachsen, sollte es so aussehen, als hätten Sie den Wegverlauf den bereits vorhandenen Pflanzen angepasst.

Legen Sie keine Trittsteine im Gras an. Das sieht immer konstruiert aus und das Gras lässt sich nicht mehr so leicht mähen.

Die Breite eines Wegs wird vor allem von folgenden Faktoren beeinflusst:
- ➤ Wertigkeit des Weges
- ➤ Anzahl der Personen und Fahrzeuge, die ihn benutzen (Schubkarren usw.)
- ➤ verfügbare Bodenfläche
- ➤ Größe und Proportionen des Gartens
- ➤ Baukosten
- ➤ Wahl des Oberflächenmaterials und Eignung des Bodens

Zu Hauptwegen gehören auch Zugangswege, z.B. vom Haus zur Garage oder zu Heizöltanks in den Wintermonaten.

Meist veranschlagt man für Gartenwege eine Breite von 1–1,2 m. Will man nebeneinander gehen, sollten sie besser 1,5 m breit sein. Die Mindestbreite für einen Nebenweg liegt bei 90 cm; Wege in Pflanzbeeten oder Gemüseparzellen dürfen auch schmäler sein. Baut man einen Weg aus fertigen Elementen wie z.B. Platten, richtet man sich mit dem Wegmaß nach den Maßen der Fertigteile, um unnötiges Zuschneiden zu vermeiden. Achten Sie darauf, dass genug Platz zum Wenden von Geräten wie Rasenmähern vorhanden ist.

Auf diesem mit unterschiedlich großen Steinplatten gepflasterten Weg können die Pflanzen zwanglos über den Rand wachsen. Eine klare Abgrenzung ist hier nicht nötig.

Größere gepflasterte Flächen: Terrassen und Patios

Größere gepflasterte Flächen, etwa Terrassen oder Patios, haben eine dauerhafte Oberfläche. Sie laden zum Sitzen und zu verschiedenen Aktivitäten wie z.B. zum Grillen ein. Ein ungeschützter Erdboden würde hier rasch abgetragen. Die Form der Terrasse richtet sich nach den grundlegenden Gestaltungskriterien sowie danach, ob sie sich mit Materialien herstellen lässt, die Ihr Budget nicht überstrapazieren. Einfache Quadrate und Rechtecke kann man mühelos aus Werksteinen wie Platten, Klinkern und Pflastersteinen bauen. Gewundene und organische Formen lassen sich mit Werksteinen nur schwer verwirklichen, leichter hingegen aus flexiblen oder flüssigen Materialien wie Kies und Ortbeton.

Umsichtig angelegte Wege, die sich um markante Punkte im Garten schlängeln, verstärken den Bezug zwischen Wegen und Gestaltung.

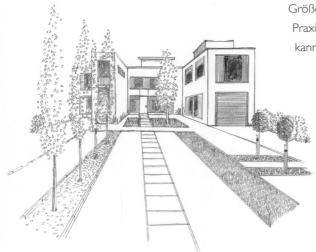

Eine markante, geradlinige Architektur kann bereits eine Vorgabe für die Weggestaltung sein.

Einen fließenden Übergang zwischen innen und außen erzielt man mit demselben Steinbelag. Die helle Farbe und einheitliche Größe kontrastieren mit der dunklen Steinmauer.

Größere Bereiche für den Aufenthalt im Freien sollten eben sein. In der Praxis werden sie jedoch leicht geneigt angelegt, damit Wasser ablaufen kann. Gegebenenfalls müssen Sie an den Rändern eine niedrige Mauer errichten, um das Niveau zu erhöhen, und Stufen oder Rampen einbauen, die die Fläche mit dem umgebenden Gelände verbinden.

Gebäude liefern Beispiele für Formen und Muster, vielleicht im Einklang mit dem Rhythmus von Türen und Fenstern. Die Geländeform und der vorhandene Untergrund geben unter Umständen die äußeren Begrenzungen der zu pflasternden Fläche vor. Anders als bei Wegen kann man auf größeren Flächen mit geraden Linien, rechten Winkeln und geometrischen Formen, die die Formalität betonen, arbeiten, während natürliche Biegungen und raue oder strukturierte Beläge eher zwanglos wirken.

Auch die Ausrichtung der Terrasse ist wichtig. Was können Sie von dort aus sehen? Welcher Standort bietet gute Ausblicke? Wo sind sonnige Plätze? Wählen Sie für dieses wichtige Gartenelement keinen schattigen Ort mit schlechter Aussicht, nur weil er nahe am Haus liegt. Bestimmt findet sich eine passendere Stelle. Terrassen müssen funktionell sein. Wie viele Personen werden sich dort aufhalten? Brauchen Sie für Partys mehr Raum? Ist genug Platz da, sollte die Fläche mindestens 4 x 4 m groß sein. Die Terrasse muss so geräumig sein, dass Sie nach dem Essen die Stühle bequem nach hinten rücken (ca. 1,5 m) oder zwischen Liegen hindurchgehen können. Eine glatte Oberfläche verhindert, dass Stühle und Tische wackeln, Beläge mit rauer Struktur haben den Vorteil, dass sie nicht rutschig sind.

Achten Sie auf den Übergang von drinnen und draußen. Ein- und dieselbe Oberfläche dies- und jenseits einer Glastür ist mitunter eine spannende Lösung, vorausgesetzt, das Material ist wetterbeständig. Auch kontrastierende Materialien sind effektvoll. Aber vermeiden Sie ein Durcheinander aus Stilen, Farben und Texturen.

Auffahrten und Stellplätze

Die meisten Grundregeln für das Pflastern von Wegen und Flächen gelten auch für Auffahrten und Stellplätzen. Hier müssen Sie jedoch solider bauen, Randbegrenzungen und Entwässerung ganz genau planen und darauf achten, wie das Ganze aussieht, da diese Bereiche meist von der Straße aus einsehbar sind und die Umgebung beeinflussen können. Fahrwege werden gelegentlich auch zum Be- und Entladen, für Umzüge oder in Notfällen benutzt. Sie müssen daher auch für größere Fahrzeuge geeignet sein, vor allem, wenn das Haus ein Stück von der Straße entfernt liegt. Im Allgemeinen sollte der Fahrweg für ein Auto 3 m, für zwei Autos 6 m breit sein. Planen Sie genügend Raum ein, damit Sie die Autotüren ungehindert öffnen können. Auch rund um die Stellflächen muss genug Platz sein, damit Sie Gepäck verstauen und Anhänger oder Wohnwagen abstellen können. Bei nicht frei zugänglichen Stellen können von Feuerwehr und Rettung mindestens 5 m vorgeschrieben sein, damit Notdienste anfahren können. Ein Wendeplatz wäre ideal, wenn man genug Raum dafür hat.

Die Wahl des Oberflächenmaterials

Wie ein Weg oder eine gepflasterte Fläche wirkt, bestimmt hauptsächlich das Oberflächenmaterial. Aus den unterschiedlichen Materialien mit den verschiedensten Farben, Mustern, Texturen und Motiven und der Art, wie sie kombiniert und verlegt werden, ergeben sich nahezu unendlich viele Gestaltungsmöglichkeiten. Angesichts dieser Fülle zahlt es sich langfristig auf jeden Fall aus, wenn Sie sich für die Wahl des geeigneten Materials etwas Zeit nehmen.

Mit größeren Elementen wie Platten oder Fliesen ist der Boden schnell bedeckt; sie ergeben hübsche, geradlinige Muster. Vermeiden Sie jedoch Platten für gewundene und komplexe Muster, denn Sie müssten sie erst zuschneiden. Für solche Fälle sind kleinteiligere Elemente oder Pflaster und Kies besser geeignet. Industriepflastersteine erleichtern die Bodenarbeiten sowie die Bearbeitung von Untergrund, Tragschicht und Bettung, denn Sie können die Teile bei Bedarf herausnehmen und nachher wieder einfügen, ohne dass man merkt, dass etwas repariert wurde. Solche Elemente kann man leicht tragen, man braucht keine größeren Geräte und man kann sie auch an Stellen verwenden, die nicht so gut erreichbar sind. Ihr größter Vorteil ist, dass sie meist gleich nach dem Verlegen betreten werden dürfen.

Wählen Sie ein Material, bei dem nicht zusätzlich noch hohe Arbeitskosten anfallen. Zuschnittarbeiten kosten unter Umständen doppelt so viel wie das Pflaster, und die Verwendung kleinerer Werksteine für komplexe Muster ist zeitraubend. Da sich Aussehen, Belastbarkeit und die für den Untergrund erforderlichen Tragschichten auf die Kosten auswirken, sollten Sie unbedingt geeignetes Material verwenden, durch das Ihnen nicht noch zusätzlich Arbeit entsteht. Mit Kies lässt sich meist sofort eine Wirkung erzielen, auch ist er nicht so teuer und man kann damit fast jede beliebige Form gestalten. Allerdings ist er unter Stühlen und Tischen ungeeignet, da er instabil ist, außerdem »verschleppt« man ihn durch häufiges Begehen.

Die meisten Materialien sind für eine flexible Bauweise geeignet (siehe Praktische Hinweise, Seite 26). Dünne, kleine und zerbrechlichere Materialien müssen allerdings auf eine solide Betonplatte gemörtelt werden. Dazu ist es unter Umständen nötig, dass Sie den Boden ausheben. Eine solche Lösung ist teuer, selbst wenn das eigentliche Oberflächenmaterial preiswert ist.

Farben und Farbschattierungen Bei dem riesigen Angebot an festen Oberflächenmaterialien ist es schwierig, das für den jeweiligen Zweck geeignetste zu finden. Bevor Sie sich auf ein Material festlegen, sollten Sie es bei direktem Sonnenlicht sowie an einem bedeckten Tag betrachten. Prüfen Sie auch, ob es im feuchten Zustand seine Farbe verändert. Entscheiden Sie nicht anhand einer einzigen Platte, eines Klinkers oder eines kleinen Beutels Kies. Stellen Sie sich vor, wie das Material »en masse« aussieht, damit Sie wissen, ob es sich für einen Weg oder eine größere Fläche eignet. Auch das Angebot an Farben ist groß. Sie basieren meist auf Erdtönen, die Naturmaterialien entlehnt sind. Daneben gibt es auch andere, intensivere Farben aus Pigmenten und weiß eingefärbtem Zement, Epoxid- oder Kunstharz, Keramik und so genanntem Hartgesteinvorsatz. Auch verschiedene Texturen stehen zur Wahl, je nach

Wenn Sie die Ritzen mit Moos auffüllen (und Zement oder anderes festes Material vermeiden), kommen die Texturen und verschiedenen Farben dieses Steinpflasters besser zur Geltung und es entsteht ein gewundenes Muster.

dem gewählten Material und der Bearbeitungsmethode. Wählen Sie eine Oberfläche mit Struktur, wenn sie rutschfest sein soll. Bedenken Sie aber auch, dass Verwitterung und Algenwuchs die Oberfläche mancher Materialien beeinträchtigen.

Oberflächenmuster Es ist sinnvoll, sich vorab einen Verlegeplan zu zeichnen oder zeichnen zu lassen. Um die Arbeiten zu erleichtern und die Kosten so gering wie möglich zu halten, sollten Sie ein paar Grundregeln beachten.

Muster durch Materialmix Verwenden Sie möglichst Materialien gleicher Dicke,

Wege aus in Mörtel verlegtem Kieselsteinpflaster laufen zwischen formalen Pflanzflächen zusammen. Innerhalb der Kieselsteinpflasterflächen und rings um das kreisförmige Beet in der Mitte wurden Terrakotta-Ziegel verlegt, die wie Sonnenstrahlen das Zentralmotiv betonen.

damit sich Tragschichten und Pflasterbett gleichmäßig setzen können, bevor Sie das Oberflächenmaterial aufbringen. Denken Sie daran, dass kleine, unregelmäßige Steine möglicherweise nicht genau zusammenpassen und sich daher verschieben können, wenn sie nicht mit einem Material wie Mörtel verbunden werden. Der wird jedoch im Belag deutlich zu sehen sein.

Das Gefälle für die Entwässerung sowie Rampen, die Niveauunterschiede überbrücken, mögen auf Zeichnungen zwar problemlos wirken, doch beim Bau müssen die einzelnen Elemente sehr exakt zugeschnitten werden. Denn flache Platten können nicht über ein so genanntes Dachgefälle gebogen werden, das für die Oberflächenentwässerung nötig ist. Man muss die Platten zurechtschneiden und die Fugen zeigen

sich später an der Oberfläche als unbeabsichtigtes Muster.

Fugen Fugen sind zwischen Pflastersteinen und Platten sichtbar. Dies muss man schon bei der Planung bedenken. Es gibt unzählige Beispiele für eine gelungene Pflasterung, bei denen Muster, Ausrichtung und Fluss ganz und gar auf der Gestaltung der Fugen beruhen und das eigentliche Pflastermaterial in den Hintergrund tritt. Werden Pflaster oder Platten fest auf Beton verlegt, müssen sich die Dehnfugen von der Betontragschicht bis an die Oberfläche fortsetzen. Sie werden sich deshalb als wichtiger Teil des Musters bemerkbar machen.

Der breite Weg mit den scheinbar willkürlich verlegten Steinen verlangsamt den Zugang zu diesem japanischen Tempel. Er lässt erkennen, wie wichtig die Ankunft an ein ehrwürdiges Ziel ist.

Grundregeln beim Materialmix

Viele aus losen und gebundenen Bestandteilen zusammengesetzte Pflastermaterialien braucht man nicht zu verfugen.

➤ Manche Materialien sind mit Abstandhaltern hergestellt, die, besonders aus der Entfernung, kaum sichtbar sind.

➤ Es ist schwierig, beim Fugenmaterial den genauen Farbton zu treffen, vor allem, wenn man vielfarbige Materialien wie Tonziegel und Natursteine verwenden. Deshalb müssen Sie bei der Wahl der Fugenfarben besonders aufpassen.

➤ Eine Veränderung der Fugenfarbe wirkt sich unter Umständen erheblich auf das Pflastermuster aus.

➤ Auch die Veränderung der Fugengröße und -form kann beträchtliche Wirkung haben.

➤ Wenn Sie Sand oder eine Sand-Erde-Mischung in die Fugen kehren, kann darin Unkraut wachsen.

Einfassungen an Wegen und gepflasterten Flächen

Die meisten Wege und gepflasterten Flächen brauchen eine Einfassung. Bei Wegen sind sie mitunter sogar das wichtigste visuelle Element. Einfassungen können aus vielen Gründen nötig sein:

Sie verhindern, dass körniges und loses Material verstreut wird.

Sie fangen Wasser auf und leiten es in die Kanalisation. Alle gepflasterten Oberflächen müssen ein Gefälle haben, damit das Wasser seitlich abfließen kann. Einfassungen sollten deshalb über

Struktur für Pflaster-Patchwork: Die sich auf der niedrigen Stützmauer wiederholenden Keramikfliesen bringen Glanz und Struktur in diese Bodenfläche, die zu einem überaus dekorativen Bogen führt.

Petersilie und Salbei dürfen üppig über die Randbegrenzung aus strapazierfähigen, frostbeständigen Pflastersteinen wuchern, die sich von dem Kiesweg abheben.

die Oberfläche ragen, Wasser auffangen und es schließlich in Abläufe, Kanäle oder Gräben leiten.

Sie verbinden unterschiedliche Oberflächen und markieren Grenzen – etwa da, wo ein Seitenweg auf einen Hauptweg oder ein Arbeitsweg auf einen Gehweg stößt. Ebenso kann eine Einfassung nötig sein, wenn es sich um zwei unterschiedlich oder ähnlich verlegte Oberflächenbeläge aus verschiedenen Materialien handelt.

Sie erleichtern Instandhaltungsarbeiten. Wo Rasen- oder Pflanzflächen auf harte Oberflächen stoßen, verhindern Einfassungen, dass z.B. Erde auf den Weg gerät. Gleichzeitig entstehen kleine Stufen, z.B. in Form einer Mähkante. Sinnvoll erweisen sich Einfassungen auch rund um Sitzplätze, Leuchten sowie um Bäume und andere Elemente, um die man ansonsten nur schwer einen sauberen Abschluss errichten kann.

Die gelben, zwischen die Platten gepflanzten Tulpen sind ein sehr dekorativer, bunter Farbklecks für einen nur wenig begangenen Weg.

Mit Steinen und Pflasterlementen arbeiten

ARBEITEN MIT ELEMENTEN UND FORMEN AUS WERKSTEINEN

Fünf Randplatten müssen zugeschnitten werden.

Vergrößert man die Fläche, erspart man sich Zuschnittarbeiten.

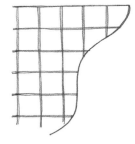

Ein schwieriger Zuschnitt, bei dem kleine bruchanfällige Teile entstehen.

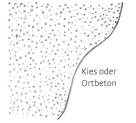

Kies oder Ortbeton

Dünne Metall- oder Holzkanten – hier ist kein Zuschnitt nötig.

Je kleiner ein Bauelement ist, desto leichter gelingen komplexe Formen. In der Praxis ist das Material mit der kleinsten Korngröße Sand. Er ist zwar vergleichsweise instabil, aber gemischt mit einem Bindemittel wie Zement oder Kunstharz lässt er sich in fast jede denkbare Form bringen.

Andere kleinteilige Materialien bestehen aus preiswerten Kieseln, die es in allen möglichen Farben gibt. Sie passen gut zu zwanglosen Pflanzungen. Auch sie lassen sich mit Bindemitteln oder Bindemasse wie Zement oder Kunstharz mischen. So entsteht eine stabile Oberfläche und zugleich bleibt der optische Reiz dieses Materials erhalten.

Aus größeren Steinen wie Fluss- oder Strandkieseln, Granitpflastersteinen, Klinker oder Industriepflastersteinen, aber auch aus Stirnholzpflaster und speziellen Formsteinen lassen sich recht komplexe Formen herstellen. Je größer die Teile sind, desto schwieriger lassen sie sich in runde und kreisförmige Muster einfügen. Alle Elemente, die größer als 20 cm sind, eignen sich nicht für solche Muster.

Aus quadratischen und rechteckigen Elementen wie Fliesen, Trittsteinplatten und großen, flachen Pflastersteinen kann man geradlinige Formen gestalten. Legt man mit ihnen Biegungen oder Kreise, sehen sie jedoch unbeholfen aus, und der Zuschnitt ist teuer und schwierig.

Es gibt im Handel speziell angefertigte Werksteine. Sie können das Belagmaterial aber auch auf Bestellung in nahezu jeder beliebigen Form anfertigen lassen. Bei Betonwerksteinen wird das ziemlich kostspielig, aber aus Naturstein sind sie mitunter nicht viel teurer als die üblichen Elemente, besonders, wenn ein Gartendesigner, der mit CAD-Software arbeitet, direkt Kontakt zu einem Steinbruch herstellen kann.

Wo glatte Oberflächen oder viele verschiedene Farben, Muster und Texturen erwünscht sind, sollten Sie überlegen, ob Sie für die Oberflächenschicht Werksteine verwenden wollen. Bei der Gestaltung mit kleineren Elementen muss man sich den gepflasterten Bereich von Anfang an bildlich vorstellen können. Das ist einer der spannendsten Aspekte der Pflastergestaltung, denn das Experimentieren mit Mustern, Farben und Anordnungen unterschiedlich großer Materialien ist eine produktive Beschäftigung. Sie können sich Vorlagen von bereits existierenden Flächen kopieren. Musterbücher, Gemälde, Bücher und Kunstwerke zu Grafikdesign, Mosaiken und andere zweidimensionale Bilder sind ebenfalls sehr inspirierend.

Auch Entwässerungskanäle, Abläufe sowie Wartungs- und Schachtdeckel wirken sich auf den Gesamteindruck aus und sollten deshalb gut durchdacht werden. Es gibt Bleche mit Aussparungen, auf die Sie den Belag quer über unterirdische Zugangspunkte verlegen können, ohne dass der Eindruck einer geschlossenen Oberfläche verloren geht.

Eine Kieselsteinpflasterkante und ein Gefälle zum Ablauf lassen das Wasser vom Kiesweg abfließen.

Praktische Hinweise

Auswahl der Beläge

Jedes Material dient einem anderen Zweck. Mit Klinkern durchsetztes Steinpflaster ergibt eine glatte Oberfläche für einen Sitzplatz. Unebene, unregelmäßig verlegte Steine verhindern, dass man eine Abkürzung nimmt.

Die Stärke der Deckschicht ergibt sich aus den verwendeten Materialien. Von Natur aus starke, beständige Materialien wie Granit sind viel robuster als weichere Gesteine wie Kalkstein. Ob diese Materialien im Handel erhältlich sind, hängt von der Gegend, den Lagerbeständen und den Transportkosten ab. Die Zuschlagstoffe wählt

Lose Materialien: Kies und Schotter

Als loser Belag – etwa für einen Weg oder eine Auffahrt, bei denen die Kosten niedrig gehalten werden sollen – hat sich Kies bewährt. Er knirscht zwar, wenn man darüber geht oder fährt, aber Sie fühlen sich damit auch sicherer – so merken Sie, wenn sich jemand zu Fuß oder mit dem Auto dem Haus nähert. Ein Nachteil ist, dass man mit Rollstühlen, Kinderwagen und Schubkarren nur mühsam vorwärts kommt und Furchen und Rillen hinterlässt, die man später wieder zuharken muss.

An fast allen Orten auf der Welt gibt es große Vorkommen von Gestein, das sich zu Schotter oder Kies verarbeiten lässt. Da einheimisches Material meistens preiswert ist, greift man für Wege, Auffahrten und andere befestigte Flächen oft darauf zurück.

Wassergebundene Wegdecke Sie besteht aus einer Mischung aus größerem Schotter und einem Anteil von feinem, sandig-lehmigem Material. Die Decke wird normalerweise in einer 5 cm dicken Schicht verlegt, an-

---

Verwendung von Kies

➤ Kies muss kantig sein und sich verkeilen, sonst kann man darauf nicht gehen. Damit die Wege bequem zu begehen sind, sollte die Schicht mindestens 7,5 cm dick sein. Verwenden Sie eine Korngröße von 8/16 mm. Kleiner sollte der Kies nicht sein, sonst wird er von Katzen »missbraucht«.

➤ Diese Materialien können auch in schattigen Bereichen verwendet werden, wo kein Gras gedeiht. Kies ist eine anspruchslose Unterlage für Pflanzen mit überhängendem Wuchs. Seine erdigen Farben und Farbvarianten runden andere feine Farbnuancen bei Blumen oder Laub ab und wirken weniger synthetisch als künstlich hergestelltes Material.

➤ Eine Kiesauflage hat sich rund um Bäume bewährt, da sie die Wurzeln atmen lässt. Auch vermeidet man damit starre Pflasterlinien um die Stämme herum.

➤ Am besten verlegen Sie ein Geotextilvlies unter die Kiesschicht, damit der Kies nicht ins Erdreich absinkt. Das Vlies verhindert außerdem Unkrautwuchs.

➤ Der wohl größte Vorteil von Kies oder anderen losen Materialien ist ihre Fähigkeit, so gut wie jede Form und jeden Winkel aufzufüllen, etwa wie eine Tüte Zucker verglichen mit Würfelzucker in einer Schüssel.

➤ Eckigere und kleinere, gut verdichtete Partikel verstärken die Oberfläche, weil sie wie Puzzleteile ineinander greifen. Ist ein Weg dick mit runden Flusskieseln belegt, können diese nicht richtig verdichtet werden.

➤ Verwenden Sie keinen Kies unmittelbar um Gebäude oder Türen, wo er oft verstreut wird und regelmäßig gepflegt werden muss. Wenn Sie nicht auf Kies verzichten wollen und das Material beständig sein soll, können Sie die Oberfläche mit transparentem Epoxidharz versiegeln.

➤ Kies wird mit leichtem Gefälle auf eine verdichtete Bettung oder Tragschicht verteilt und mit einer Walze verdichtet, damit sich die Bestandteile besser verbinden. Jede einzelne Schicht ist normalerweise 5–7,5 cm dick.

Beim Asphaltieren gibt es hauptsächlich zwei Methoden: Beim zweischichtigen Aufbau wird eine 2–3 cm dicke Asphaltdeckschicht auf eine 6–8 cm dicke Asphalttragschicht aufgebracht. Im zweiten Fall verwendet man so genannten Asphaltmakadam im Kalteinbau. Dabei wird eine 7–8 cm dicke Schicht auf den Untergrund aufgetragen.

Beachten Sie, dass solch eine Oberfläche nur bei guten Wetterverhältnissen verlegt werden kann. Ideal ist eine gleich bleibende Temperatur von 7°C. Bei Frost oder Temperaturen über 30°C sollten Sie solche Arbeiten nicht durchführen: Das Material kann dann nicht mehr fachgerecht verarbeitet werden.

Pflasterklinker oder Betonpflaster Klinker und Betonsteine sind für Fahrwege und formalere Wege beliebt. Sie sind hübsch anzusehen (vor allem Klinker) und doch so klein, dass man die Einfassungen leicht geschwungen anlegen kann, ohne sie erst mühsam zuschneiden zu müssen. Man kann daraus auch interessante Muster und Mosaike legen. Sie sind in Standardgrößen oder als spezielle Formsteine in allen möglichen Farben und Ausführungen erhältlich. Alle benötigen eine Einfassung.

Große, durchgehende Flächen aus gleichförmigen Industriepflastersteinen wirken mitunter steril wie öffentliche Plätze. Vermeiden Sie größere einfarbige Flächen, die sich eher für einen Garagenvorplatz eignen.

Alle Pflastersteine sollten frostbeständig und rutschfest sein. Gebrauchte Klinker erinnern an alte Klinker oder Holz, sind aber nicht immer frostbeständig. Einige haben Abstandhalter an den Seiten, sodass man sie nicht dicht aneinander fügen kann. Dadurch entsteht eine schmale Fuge, die später mit Sand aufgefüllt wird, sodass eine einheitliche Oberfläche entsteht. Die Klinker werden auf die vorbereitete, abgezogene Bettung aus Sand der Korngröße 0/2 mm oder 2/4 mm oder auf Splitt der Korngröße 1/3 mm oder 2/5 mm gelegt. Die Sandschicht trägt man dicker als nötig auf, sodass die endgültige Tiefe

Dieser Mähstreifen aus Klinkern hält nicht nur die Pflanzen in Schach, er fungiert auch als schmaler Weg.

Durch unterschiedlich stark verwitterte alte Ziegel entsteht eine interessante Patina, die sich mit neuem Material nur schwer erzielen lässt.

schließend gewässert und festgestampft. Dadurch werden die feinen Partikel an die Oberfläche geschwemmt, wo sie die oberste Schicht versiegeln und sie beständig und wasserabweisend machen.

Kieselsteinpflaster und Asphalt-Deckschichten Die Verlegung von Kieseln mit Epoxidharz oder Zementmörtel ergibt eine rutschfeste und relativ wasserdichte Oberfläche, die sich deshalb gut für Autofahrwege eignet. Auf kleinen Flächen leiden die meisten Beläge durch häufiges Befahren. Verzichten Sie deshalb lieber auf Verzierungen und lose Steine.

Beläge aus schwarzem Asphalt werden mit der Zeit grau und sehr unansehnlich, wenn man sie ausbessert, weil man den exakten Farbton nicht trifft.

Wenn unterirdische Leitungssysteme zugänglich sein sollen, wäre auf Sand verlegtes Industriepflaster in jedem Fall sinnvoller.

Ein traditionelles Schuppenbogenmuster aus locker verlegten Bossen bildet einen Kontrast zu der niedrigen Stützmauer.

Zementiert man in einen Kiesweg große Kieselsteine als sichtbare Setzstufen ein, suggeriert dies, dass der Weg ansteigt.

Das Pflaster aus großen, dicken Steinplatten ist schwer zu verlegen, aber so breit, dass Pflanzen über die Kante wachsen können.

nach der Verdichtung 3–5 cm beträgt. Dann legt man die Steine zum gewünschten Muster direkt auf den Sand und rüttelt sie in die Sandschicht ein. So gelangt der Sand nach oben zwischen die Steine und fixiert sie. Aus diesem Grund ist es wichtig, dass die Einfassungen zuerst angelegt werden.

Für jeden Zweck gibt es unterschiedliche Muster (siehe Seite 87). Der Läuferverband eignet sich gut, um eine Richtung anzuzeigen, hält aber Fahrzeugen nicht besonders gut stand und wird daher nicht für Auffahrten empfohlen. Der so genannte Ellenbogenverband ist am ehesten für Fußgängerwege zu empfehlen. Fischgrätverband empfiehlt sich für Fahrwege, auf denen sich die Pflasterelemente leicht seitwärts verschieben. Bei geradlinigen Mustern muss man die Teile am Rand meistens nicht mehr zuschneiden, vorausgesetzt die Abstände der Einfassungen werden so berechnet, dass sie ganze Pflasterelemente inklusive der Fugenbreiten fassen. Hier macht sich ein genauer Verlegeplan bezahlt.

Natursteinpflaster Pflastersteine sind Würfel (so genannte Bossen) oder würfelähnliche Elemente, die meist aus Granit gehauen werden. Früher wurden Pflastersteine gebrochen und von Hand geschnitten, sie sind immer noch recht weit verbreitet. Typisch ist ihre ziemlich exakte Würfelform mit der glatten Oberfläche, die durch langjährige Benutzung entstanden ist. Die Muster sind meistens geradlinig oder schuppen- bzw. bogenförmig. Pflastersteine nutzen sich kaum ab und gehören zu den umweltfreundlichsten, da wiederverwertbaren Baumaterialien. Neue Pflastersteine werden mit Maschinen von einem größeren Gesteinsbrocken gespalten. Sie sind in ihrer Form unterschiedlich und nicht so attraktiv. Die meisten Pflastersteine sind 10 × 10 × 10 cm groß, es gibt sie aber auch als Quader mit Kantenlängen zwischen 50 mm und 300 mm.

Das einst häufig verwendete Kopfsteinpflaster ist heute nicht mehr erhältlich. Früher bezeichnete man damit roh behauene, unregelmäßige, aber geradlinig begrenzte Steine mit ebener Kopffläche. Sie wurden lose direkt im Boden oder auf Schotter verlegt.

Bei den gern verwendeten und sehr dekorativen Flusskieseln sollten Sie sich genau nach der Herkunft erkundigen, um sicherzugehen, dass sie nicht unerlaubt der Natur entnommen wurden.

Pflastersteine werden oft in 5 cm feuchten Mörtel auf eine feste Betonplatte oder auf eine 10 cm dicke Tragschicht aus Magerbeton verlegt. In den meisten Fällen und bei geringer Beanspruchung durch schwere Fahrzeuge macht man es am besten so wie unsere Vorfahren, die die Pflastersteine direkt auf das verdichtete Erdreich legten und die Erde anschließend in die Fugen kehrten. Wenn das Erdreich steinig ist, legt man die Steine besser in Sand.

Platten und Fliesen Natursteinplatten und solche aus Kunststein sind bestens für die Bepflasterung größerer Flächen geeignet, weil man mit ihnen schnell und mühelos gerade Formen legen kann. Naturstein ist das renommierteste aller Belagsmaterialien und neben Pflasterklinkern das einzige, das im Lauf der Zeit immer besser aussieht. Gealterten Stein kann man einfach nicht nachahmen, wenngleich sich die Technik in der Entwicklung

von Kunststein in den letzten Jahren ganz enorm verbessert hat.

Fertig-Betonplatten werden entweder weichgeformt oder sie werden hydraulisch gepresst und sind dann außerordentlich fest. Zugeschnitten sehen beide Arten etwas künstlich aus, sodass man bei der Gestaltung besser ganze, flächige Elemente verwenden sollte. Eine Ausnahme sind qualitativ hochwertige Betonplatten mit Natursteinvorsatz, die gleichmäßig strukturiert sind. Sie können genauso teuer wie Naturstein sein, sind aber kein Ersatz für das Original. Teile aus Beton können glatt, strukturiert, sandgestrahlt oder geschliffen sein – sie nennt man »Terrazzo«. Am besten wählt man Farben, die den Zuschlagstoffen entsprechen und keine Pigmentfarben, die meist synthetisch aussehen.

Naturstein ist Sedimentgestein, vor allem Sandstein, der mitunter hübsch gebändert und vergleichsweise rutschfest ist, wenn man ihn sauber hält. Er kann gespalten sein (damit man die Bettungsschicht sieht), gesägt, sandgestrahlt, gestockt (dann sieht er wie Kordsamt aus) oder gespitzt werden. Metamorphes Gestein wie Schiefer und Marmor muss ganz und gar rutschfest sein und auf eine solide Betonplatte gemörtelt werden. Kalkstein und andere weiche Sedimentgesteine sind im Winter oft nicht frostbeständig. Kaufen Sie nie dünne, fliesenartige Platten, die für Innenräume vorgesehen sind.

Gesägter Stein und Betonplatten sind in einheitlicher Stärke erhältlich und lassen sich deshalb recht schnell auf ein gut vorbereitetes Bett legen.

Gespaltener Stein kann unterschiedlich dick sein und die Verlegung der einzelnen Platten kostet Zeit. Naturstein ist teuer, wenn man gleich große Stücke kauft. Billiger kommen Sie weg, wenn Sie Bahnenware (Steine gleicher Breite, aber in unterschiedlichen Längen) oder auch unregelmäßige Größen kaufen.

Bei der flexiblen Bauweise kommt es auf die Vorbereitung der Tragschicht an. Große Platten können nämlich brechen, wenn darunter ein Hohlraum entsteht. Verlegt man die Platten starr, können sie sehr dünn sein, fast wie eine Fliese.

Größere und schwere, regelmäßig gesägte Natursteinplatten oder Betonplatten, die dicker als 4 cm sind, kann man direkt auf Sand oder Splitt legen (siehe Seite 28)

und mit 3–5 mm breiten Stoßfugen aneinander fügen. Dünnere, leichtere oder unregelmäßige Platten und Betonsteine kann man auf ein 3–5 cm dickes Zementmörtelbett auf eine solide Betonsohle oder eine 10 cm dicke Tragschicht aus verdichtetem Magerbeton legen. Gespaltene und stark strukturierte Platten sollten Sie mit einer Querneigung von etwa 3 % verlegen. Bei glatteren Platten genügt ein flaches Gefälle von 2 %.

Fliesen und Mosaike Sie sind normalerweise auf kleine Flächen beschränkt, die besonders betont werden sollen. Erhältlich sind sie in den unterschiedlichsten Größen, Formen und Farben: Naturstein, Keramikfliesen, Glasfliesen und Mosaiksteinchen, Kiesel, glasierte Terrakotta, Bruchsteinfliesen und andere Materialien. Meistens werden sie auf eine 10 cm dicke

Ein sternförmiges Muster aus Schiefer passt gut in das Kieselsteinpflaster.

Ein Mosaikstreifen sorgt für Abwechslung in Farbe, Textur und Form.

Betonplatte der Festigkeitsklasse C20/25 (siehe Seite 175) mit einem 3–5 cm dicken Zementmörtelbett verlegt. Dünne Stücke können bei Frost allerdings herausbrechen.

Holz Stirnholzpflaster als Ersatz für Steinplatten kann in festgestampftes Erdreich oder auf ein Sand-Splitt-Bett gelegt werden. Eine häufig begangene Fläche mit grob strukturiertem Holz, passendem Gefälle und guter Entwässerung ist einmal etwas anderes. Sie sollte allerdings wirklich rutschfest sein. Holzlatten und -bretter werden in Kapitel 6 beschrieben.

Flexible oder starre Bauweise

Es gibt zwei Arten, Wege und gepflasterte Oberflächen anzulegen. Bei der ersten ist es eine Schicht aus Kies und Schotter (Tragschicht), die mit einer Deckschicht, die wiederum aus der Bettung und dem Belag besteht, versehen ist. Das ist die so genannte flexible Bauweise. Hier kann sich das ganze Wegesystem leicht verschieben, ohne dass dadurch kurz- oder langfristig die Stabilität oder das Aussehen der Oberfläche leidet. Die meisten Oberflächen werden so angelegt. In einigen Fällen darf allerdings überhaupt keine Bewegung stattfinden. Wenn z.B. auf die Oberfläche ein Mosaik oder dünne Fliesen gelegt werden, würden sie bei jeder Bewegung Schaden nehmen oder sich verschieben. Auch wenn das Erdreich weich ist oder sich senkt – dies ist sehr häufig bei Neuanlagen der Fall –, können sich Risse oder weiche Stellen bilden, die zu gefährlichen oder unansehnlichen Absenkungen führen. In diesem Fall ist eine solide Betonbasis nötig. Das ist dann die so genannte starre Bauweise.

Wege und Pflaster verlegen

Das Grundprinzip bei Pflasterungen ist, dass die Belastung vom Boden aufgenommen wird und so Oberfläche und sichtbare Schichten geschützt sind. Das ist wichtig, weil viele dekorative Beläge nicht stabil genug sind, um das Gewicht von Personen oder Autos zu tragen, und brechen oder einsinken würden.

Der Boden, der gepflastert werden soll, muss so stabil sein, dass er die Last tragen kann, ohne sich zu verändern. Massiver Stein z.B. verkraftet häufige Beanspruchung. Sandige, trockene, grasbewachsene Böden vertragen hin und wieder ein Fahrzeug, ohne Schaden zu nehmen. In diesen Fällen kann die Bepflasterung ganz nach optischen Gesichtspunkten erfolgen statt nur nach praktischen und physikalischen Gegebenheiten. Der Belag muss nur auf eine minimale Bettungsschicht aufgebracht werden, um Höhenunterschiede ausgleichen zu können.

Steine, Kiesel und Sand können ebenfalls größere Belastungen aushalten als lehmige Böden. Lehm-/Tonböden sind am wenigsten belastbar. Deshalb brauchen sie ein viel tieferes Fundament. Die Stabilität des Bodens wird auch durch seinen Wassergehalt beeinträchtigt. Er kann dazu führen, dass sich die Oberflächenschichten verändern – besonders bei Tonböden. In diesen Fällen muss unter Umständen die instabile Bodenschicht entfernt und durch solideres Material ersetzt werden.

Schichten für die flexible Bauweise Bei weicheren Böden oder wo größere Beanspruchungen zu erwarten sind, wird man zusätzlich zur Bettung eine Tragschicht einbringen. In extrem weichen Böden ist eventuell noch

Obwohl aus dem gleichen Material, zieht die Klinkereinfassung die Aufmerksamkeit auf den Niveauunterschied zwischen Pflaster und Wasserspiegel und bildet einen Kontrast zwischen Pflaster, Wasser und Bepflanzung.

eine Frostschutzschicht aus Kies und Schotter notwendig. Sie soll das Gewicht oder den Druck von der Oberflächenschicht nehmen und dadurch die Oberfläche und das anstehende Erdreich schützen. Durch Dauerbelastung kann das Material in den unteren Schichten verbacken. Dabei verschwinden Hohlräume und der Belag sinkt ab. Oder es sammelt sich Wasser, das gefriert, sich ausdehnt und den Belag zerstört. Mit einer schweren Walze oder Rüttelplatte können Sie die Tragschicht beim Bau mit höherem Druck verdichten, sodass sie sich später nicht absenkt.

Die Dicke von Trag- und Deckschicht hängt von der Dichte, dem Material und der Stabilität des Bodens ab. Auf den meisten Lehm- oder Sandböden reicht eine Gesamttiefe von 15 cm für Gehwege aus, für Fahrzeuge sollte sie 40–45 cm betragen. Ziehen Sie in Zweifelsfällen einen Ingenieur oder Landschaftsarchitekten zurate.

Das Material für diese Schichten sollte sich leicht verteilen und verdichten lassen. Es sollte stark und kantig sein, damit sich die Teile beim Verdichten verzahnen können. Weiches Gestein eignet sich nicht.

In den meisten Gärten werden Sie eine bis zu 10 cm dicke Schicht aus Kies oder Schotter mit einer Körnung von 0/32 mm brauchen. Ist eine stärkere Schicht nötig, verwendet man Kies oder Schotter mit der Körnung 0/63 mm. Diese Tragschicht kann bei weichen Lehmböden bis zu 30 cm dick sein. Man spricht davon, dass die Tragschicht »korngestuft« verlegt wird. D.h., weil die Schicht aus Teilchen mit einer unterschiedlich großen Körnung besteht, können die kleineren Körner die Lücken zwischen den größeren optimal ausfüllen, sodass durch das Verdichten eine stabile, tragfähige Schicht entsteht.

Wichtig ist, dass die korngestufte Tragschicht akkurat je nach Bodenniveau und Gefälle verlegt wird, da die dünne Bettung Unebenheiten des Bodens oft nicht ausgleichen kann.

Einfassungen für flexible Oberflächen

Einfassungen sind bei flexiblen Oberflächen nicht immer nötig, solange die darunter liegenden Schichten in einem Winkel von 45° zur Oberfläche aufgeschüttet sind, sodass jede Schicht gestützt wird.

So verhindern Sie seitliches Abrutschen Wo Füße und Fahrzeuge Druck auf die Einfassungen flexibel verlegter Wege ausüben, verschieben sich Einzelteile und die Einfassungen fallen schließlich um. Auch durch Druck, der nicht in der Nähe der Einfassung ausgeübt wird, entstehen seitliche Kräfte. Deshalb braucht man eine stabile Einfassung, die verhindert, dass kleineres, körniges Material sich verteilt oder wegrollt. Die Einfassungen müssen auch bei einer flexiblen Oberfläche fest sein.

Starre Beläge können sich dagegen nicht seitlich ausdehnen, sodass hier keine Einfassungen erforderlich sind. Man kann sie aber aus ästhetischen Gründen anlegen, damit ein Weg oder eine Fläche auch optisch abgegrenzt wird oder sich an den Einfassungen Wasser sammeln kann.

Sammeln von Ablaufwasser Wo Flächen von der Mitte aus abfallen, sammelt sich an jeder Kante, die hervorsteht, Wasser. Das Wasser fließt an dieser Kante weiter zu einer Sammelstelle, oft einem Ablauf. Soll an den Kanten Wasser gesammelt werden, müssen sie wasserdicht sein.

In ländlicheren Gärten helfen bündige Kanten, die Oberfläche im Zaum zu halten, während das Wasser

Bei flexibler Verlegung lassen sich mehrere Materialien kombinieren. Pflastersteine aus verschiedenen Steinbrüchen fassen diesen Steinweg ein. Durch die quer verlaufenden Ziegelstreifen wird die Flussrichtung unterbrochen.

Ziegel flach verlegt

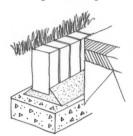

Ziegel hochkant verlegt

ohne Kante

Holzbrett und Pflock

Metallband und Erdnagel

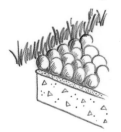

Kieselsteinpflaster/Mosaik

darüber hinweg in Gräben, Bäche und Pflanzbereiche fließen kann.

Konstruktion Die Konstruktion von Randbegrenzungen hängt großteils von der Gartenlage und dem gewählten Material ab. Es gibt jedoch einige Grundregeln:

Die Randbegrenzung muss zuerst angelegt werden. Das ist ganz wichtig bei flexibel verlegten Pflasterungen, bei denen die Randbegrenzung das Oberflächenmaterial beim Anlegen und bei der Nutzung zusammenhalten soll.

Die Randbegrenzung muss unbedingt weiter als die Deckschicht in die Tiefe reichen. Unter der gesamten Randbegrenzung kann man eine tiefe Tragschicht anlegen, die diese stützt. Das Fundament der Randbegrenzung liegt auf der unteren Tragschicht auf, wenn es das Bodenniveau erlaubt. Es soll Trag- und Deckschicht stützen.

Die Randbegrenzung darf nicht seitlich weggedrückt werden. Wo sie aus großen, soliden Elementen, etwa Stein, Betonkanten oder Zierelementen besteht, verlegt man sie normalerweise mit einem Betonkeil (Festigkeitsklasse 12/15). Dieser so genannte Betonkeil muss schräg angelegt werden, damit das Wasser abfließen kann und sich angrenzendes Material und Oberfläche eng verbinden. Ein Betonkeil von 10–12,5 cm Breite ist in den meisten Fällen angemessen. Bei Randbegrenzungen aus weniger solidem Material wie Holz oder Metall kann man hinten Pflöcke oder kleinere Erdnägel anbringen und dann in den Boden hämmern.

Die Randbegrenzung darf nicht ins Erdreich absinken. Deshalb legt man oft ein Fundament (Betonbett) am Rand der Tragschicht an. Das Fundament sollte so breit, wenn nicht sogar breiter als die Randbegrenzung sein, um den Betonkeil zu stützen. Ortbetonfundamente der Festigkeitsklasse C 12/15 brauchen nicht tiefer als 20 cm zu sein, in den meisten Fällen reichen 15 cm aus. Das Fundament fungiert auch als Teil der Randbegrenzung und verhindert, dass Untergrund- und Tragschichtmaterial weggedrückt werden.

Wenn sich an der Randbegrenzung Wasser sammeln soll, muss sie wasserdicht sein. Das erreicht man dadurch, dass man das Material bündig verlegt und Betonkeile wie Abläufe anlegt, die das Wasser in die Kanalisation oder in einen Sickerschacht leiten.

Material für die Randeinfassung Einfache, billige Randeinfassungen kann man aus Holzbrettern mit Stoßfuge und Holzpflöcken anfertigen. Holz ist kurzlebig und preiswert und deshalb sehr gut als Randeinfassung geeignet. Der natürliche Fäulnisprozess kann da ausgenutzt werden, wo ein Weg angelegt wird, der nach ein paar Jahren mit der Umgebung verschmelzen soll, nachdem er sich in der Zwischenzeit gesetzt hat. Die Lebensdauer von Holz lässt sich jedoch verlängern, wenn man es kesseldruckimprägniert.

Randbegrenzungen aus Holzbrettern setzt man vertikal. Wo Kantenbretter aufeinander treffen, werden sie an 45–50 cm langen Holzpflöcken in maximal 1 m Abstand befestigt. Die Bretter sollten an die Pflöcke genagelt oder geschraubt werden.

Weil man mit Brettern nur schwer geschwungene Randbegrenzungen bzw. Kurven bauen kann, ist es besser, hier Aluminiumband mit Erdnägeln oder Metallband mit Metallstiften zu verwenden, die vor Ort an Metallbolzen geschweißt werden. Anschließend wird die ganze Struktur Stück für Stück in den Boden getrieben. Solche Metallkanten sind elegant und kaum sichtbar.

Für eine stärkere und dauerhaftere Randbegrenzung oder wo die Einfassung wichtig für den Gesamteindruck ist, wählen Sie Naturstein, Klinker oder Betonformsteine. Naturstein ist teuer, wenn er neu ist, aber weniger teuer, wenn er wiederverwertet ist. Formsteine gibt es in Rechteck- und Quadratform und manchmal abgerundet für Kurven. Spezielle Formen und Größen kann man sich auf Bestellung zuschneiden lassen. Für alle sind ein Betonkeil und ein Betonbett erforderlich.

Fertigbauteile aus Beton sind billig und zweckmäßig, und es gibt sie auch farbig oder strukturiert. Fertige Betonleistensteine für Fußwege sind ebenfalls erhältlich Sie sind fast alle 5 oder 6 cm breit, 20 oder 25 cm hoch und 100 cm lang. Andere Höhen erhält man, indem man 5 cm breite Leistensteine zuschneidet oder indem man den Stein bricht. Leistensteine können an der schmalen Oberseite gerade oder gerundet sein. Gebogen gibt es sie nicht, und man muss sie kürzer zurechtschneiden, damit man sie für Biegungen verwenden kann. Auch für sie braucht man immer Betonbett und Betonkeil.

Formklinker für die Randausbildung, die zu anderen Produkten desselben Herstellers passen, sind zu empfehlen, wenn man verschiedene Produkte einheitlich oder kontrastierend verarbeiten will. Überprüfen Sie sie auf ihre Haltbarkeit. Da sie schmal sind, eignen sie sich für Biegungen und Kurven. Spezialanfertigungen gibt es auf Bestellung. Geformte oder gegossene Muster kann man in traditionell und modern gestalteten Gärten finden, aber auch hier braucht man ein Betonfundament und Betonrandstreifen.

Für Randbegrenzungen sind noch viele andere Materialien wie Plastik, Glas, Kopfsteinpflaster, unbehauene Steine und Bruchstücke geeignet.

Gestaltung von starr verlegten Wegen und Belägen

Wo der Boden sehr schlecht ist, die Erde gerade erst bewegt wurde oder die Oberfläche dünn oder instabil ist, ist ein starrer Belag aus Beton die richtige Wahl.

Beton lässt sich sehr stark verdichten, hält aber nur wenig Spannung aus. Wichtig ist, dass die Betonschicht an der gesamten Unterseite gestützt wird, sonst gibt es in diesem Bereich Risse infolge von Verschiebungen und die Arbeit war umsonst. Um dies zu verhindern, wird der Beton oft durch eine Armierung verstärkt, die man in die Basis des Betons einbringt.

Starr verlegte Wege sind sinnvoll, weil sich so Bereiche mit einem einzigen Arbeitsgang abdecken und weiche Stellen »ausbügeln« lassen, besonders auf aufgeschüttetem, schlecht entwässertem und weichem Boden. Wenn Beton aber nicht mit einem anderen Deck-Material kombiniert wird, ist er als Oberfläche im Freien unansehnlich, und außerdem braucht man die Hilfe eines Spezialisten und muss vor Ort schweres Gartengerät einsetzen.

Da starr verlegte Wege den Druck auf den Untergrund übertragen, stehen hier viel mehr Belag-Materialien zur Verfügung als bei flexibler Verlegung.

Der Aufbau von festen Wegen Zweckmäßigerweise sollte die Betondecke, die fest verlegt wird, nicht dünner als 10 cm sein, damit man die Armierung mit reichlich Beton abdecken kann. Da die Betondecke tief im Boden liegt, ist sie Frost ausgesetzt. Bei Festverlegung muss deshalb das Wasser unter der Betondecke ablaufen können. Dazu legt man sie auf eine Dränmatte mit Vlieskaschierung oder auf eine Tragschicht.

Die Dicke der Betondecke variiert je nach der zu erwartenden Nutzung und Tragfähigkeit des Untergrunds. Üblich sind 10–25 cm dicke Betondecken. In den meisten Fällen ist eine Dicke von 10 cm ausreichend. Beton der Festigkeitsklasse C 25/30 ist geeignet. Für autofreie Bereiche, etwa Gartenwege, sollten 10 cm Beton auf 10 cm verdichtetem Untergrund ausreichen. Für Fahrwege und Auffahrten sollten 15 cm Beton auf eine 15 cm dicke Tragschicht gelegt werden, falls der Beton nicht verstärkt wird.

Dehnungsfugen Beton kann Wärmeausdehnung und ein Setzen des Bodens infolge von Austrocknung nicht auffangen, ohne zu brechen. Wenn der Druck auf die Betondecke zu groß wird, geht sie kaputt. Damit sie kontrolliert bricht und man wilde Risse vermeiden und Längsausdehnungen ermöglichen kann, setzt man Dehnungsfugen ein (siehe Abbildung Seite 14).

Dehnungsfugen hinterlassen hässliche Linien auf der Oberfläche der Platte, vor allem wenn sie mit einem bituminösen Fugenvergussmittel aufgefüllt werden. Auch müssen sie über die gesamte Höhe der Konstruktion verlaufen und sind deshalb an der Oberfläche sichtbar. Dies sollte beim Gesamtbild berücksichtigt werden.

Bei Wegen braucht man alle 3–4 m Fugen, aber wenn man Felder mit Beton ausgießt, heißt das in der Praxis, dass man etwa alle 2 m Dehnungsfugen braucht. Bei größeren Flächen braucht man maximal alle 5 m Fugen, und zwar längs und quer. Sind die Platten auf weichem Boden verlegt, der sich im Lauf der Zeit setzen wird, ziehen Sie einen Ingenieur zurate, der Ihnen sagt, wie Sie verhindern können, dass sich die Platten unterschiedlich senken. Bei großer Kälte bindet Beton nicht ab, sodass Sie eine Beton-Tragschicht verwenden müssen, damit er sich richtig setzt.

Oberflächenstruktur Falls kein zusätzliches Oberflächen-material verwendet wird, lässt sich eine Oberflächen-struktur für die Betonplatten erzielen, die attraktiv und zugleich rutschfest ist. Da bei Waschbeton in der obers-ten Schicht Feinkorn- und Zementteile abgewaschen werden, wird das Grobkorn sichtbar. Hier sollten Sie qualitativ hochwertige, attraktive Zuschlagskörnung in Verbindung mit sorgfältiger Betonrezeptur anwenden, damit die Zuschlagskörnung nicht in den Boden sinkt. Das ergibt eine rutschfeste Oberfläche.

Zu den Schlagbearbeitungen gehören mit der Kelle geglättete, sandgestrahlte, scharrierte, mit einem Nadel-brett bearbeitete oder gekratzte Oberflächen. All diese Bearbeitungsmethoden machen die innere Struktur der Platte sichtbar. Mit Sanden und Planieren erzielt man eine glatte Terrazzo-Oberfläche, die auf Hochglanz poliert werden kann. Schließlich lassen sich alle möglichen Oberflächenausbildungen durch die Verwendung von Schalungsbrettern mit Holzstruktur oder Gießformen er-zielen, die in die noch nasse Oberfläche des Betons gedrückt werden.

Zusätzliche Oberflächenmaterialien wie Klötze und Platten werden in 15–30 mm dicken, nassen Mörtel gesetzt und mit Mörtel verfugt.

Fliesen, Mosaike und Kiesel/Steine können ebenfalls in nassen Mörtel oder einer Masse auf Harz- oder Zement-basis eingebettet werden. Die Dehnungsfugen in der Basisplatte sollten dieselbe Anordnung und Ausrichtung wie die Oberflächenschichten haben. Die Platte wird in dem entsprechenden Bodenniveau und Gefälle verlegt, da das Oberflächenmaterial keine Unebenheiten ausglei-chen kann. Andere Materialien kann man in Mörtel oder Dünnbettmörtel setzen und verstreichen, das ergibt eine begehbare und ästhetische Oberfläche.

Entwässerung

Gepflasterte Oberflächen müssen ein Gefälle haben. Selbst auf Kieswegen sammeln sich im Lauf der Zeit Staub und Schutt, die die Oberfläche verstopfen oder sogar versiegeln. Entwässerung bzw. Dränage ist beson-ders wichtig in der Nähe von Gebäuden und Eingängen, daher sollte vor jedem Eingang eine 15 cm tief in den Boden reichende Stufe oder eine Entwässerungsrinne eingebaut werden. Andernfalls lassen Sie eine Lücke von ungefähr 7,5 cm zwischen der Kante der Pflasterung und der Mauer und füllen diese mit Feinkies oder Kies auf.

Verlegen Sie alle Pflasterungen mit einem leichten Oberflächengefälle vom Haus weg – mindestens 5 cm auf 2 m. Bei kleineren Flächen oder schmalen Wegen sollte überschüssiges Wasser in nahe Pflanzungen oder einen gut entwässerten Rasen ablaufen. Bei größeren oder geschlossenen Flächen brauchen Sie an der Pflas-terkante unter Umständen eine Abflussrinne, die mit einem Sickerschacht verbunden ist. Ist dafür kein Platz, muss die Pflasterung so gelegt werden, dass sie in einen zentralen Ablauf oder mehrere Abläufe führt, die eben-falls mit einem Sickerschacht oder der Kanalisation ver-bunden sind. Abgelegene Flächen können Sie mit Profi-len versehen, damit sie Abflusswasser seitlich sammeln und weiterleiten können. Die Flächen mit Profil müssen auf einem wasserdichten Betonfundament ruhen, auch wenn die Fläche ansonsten flexibel angelegt ist. Kanäle und Abläufe gibt es in vielen verschiedenen Formen und Durchmessern beim Hersteller.

Bei glatten, wasserdichteren Oberflächen genügt ein flacheres Gefälle, damit das Wasser rasch abfließen kann. Beachten Sie die Angaben zum für die Entwässerung nöti-gen Mindestgefälle im Kasten links.

Für die Entwässerung erforderliches Gefälle

Materialien	Neigung
Plattenbelag	1,5–2 %
Strukturierte Platten	2,5–3 %
Glatte Asphaltdecke	1,5–2 %
Raue Asphaltdecke	2 %
Ortbeton	1,5–2 %
Betonblöcke/Klinker	2–2,5 %
Granitpflastersteine/Kopfsteinpflaster	3–3,5 %
Kies-Lehm-Gemisch und feiner Kies	3 %
Kies	3 %

Kieselsteinmosaike

Einbetten ist eine sehr effektive Methode, um einen Weg oder eine Pflasterfläche individuell zu gestalten. Die Materialien müssen nicht teuer sein. Die Arbeit ist zwar zeitraubend, aber sehr einfach. Entscheiden Sie zuerst, welche Muster und Materialien Sie verwenden möchten. Legen Sie neben sich auf einer Plastikplane die Fliesen, Kiesel, Steine, Muscheln, Glasscherben oder andere Materialien zurecht. Mischen Sie dann den Mörtel, vielleicht mit einem Verzögerer, um den Härtungsprozess zu verlangsamen, und gießen Sie ihn in einen kleinen Abschnitt des Wegs auf die geeignete Höhe.

Tragen Sie beim Verlegen Gummihandschuhe. Drücken Sie zuerst die Kiesel für den Hauptumriss Ihres Musters ein. Achten Sie darauf, dass jeder Kiesel bis zu zwei Drittel seiner Tiefe eingebettet ist, damit er sich nicht später durch Frost oder Druck löst. Verwenden Sie für das Innenmuster deutlich kontrastierendes Material.

Nehmen Sie sich immer einen kleinen Abschnitt vor, da der Mörtel innerhalb von einer Stunde hart wird. Ist er ganz ausgehärtet und das Muster gelegt, spritzen Sie Überreste oder Verunreinigungen ab.

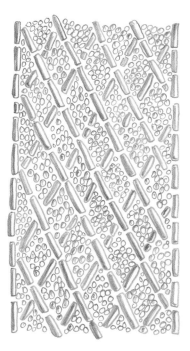

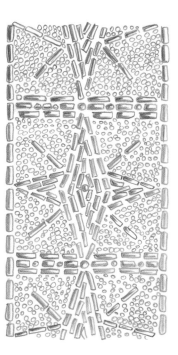

Oben Solch ein kompliziertes Muster aus verschiedenfarbigen Steinen muss von erfahrenen Handwerkern verlegt werden.

Links Seit Jahrhunderten legt man langlebige Wege aus einfachen, sich wiederholenden Mustern aus Kieseln und kleinen Steinen an. Mit kräftig gefärbten oder farblich kontrastierenden Steinen erzielt man die beste Wirkung.

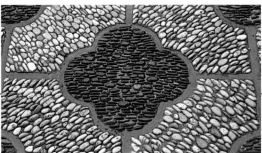

Unten links Mithilfe von Betonbändern zwischen den Mustern kann man jede Fläche einzeln bearbeiten.

Rechts Wege lassen sich aus vielen, manchmal ausgefallenen Materialien anlegen. Hier wurden die Böden von Bierflaschen in feuchten Mörtel verlegt.

Bei dieser Gestaltung wurden Zugang und Höhenunterschiede durch verstärkte, auf Betonstelzen übereinander angeordnete Betonplatten gelöst.

Ein Doppelkreis aus flach verlegten Ziegeln weist auf
einen wichtigen Übergang auf dem Kiesweg hin.

Akkurat zugeschnittener Stein und Kalksteinsplitt sorgen für Abwechslung in der Textur und weisen auch
auf kleine Höhenunterschiede hin.

Durch die großen Holzschwellen wird ein einfacher
Kiesweg erst interessant.

Um diesen Flintstein-Hügel in der Mitte wurden
Kreise aus festgestampfter Erde angelegt, die durch
schmale Grasstreifen unterteilt sind.

Die Randbegrenzung dieses Steinplattenwegs wird
durch die moderne Beleuchtung und den starken
Hell-Dunkel-Kontrast hervorgehoben.

In einen Kiesweg eingelassene schmale, hochkant verlegte Steine geben die Wegrichtung vor.

In die Steinplatten geätztes farbiges Emaille erzeugt
ein Bandmuster.

Dieser unebene Steinweg ist zwar sehr dekorativ,
doch er macht das Gehen beschwerlich.

Bei diesem als Mähstreifen zwischen Rasen und Erde fungierenden alten Steinweg können Pflanzen über den Rand wachsen, ohne dass der Rasen leidet.

Hier wurde Metallgitter als Wegmaterial zur Überbrückung der unebenen Oberfläche und der Bepflanzung verwendet. Von oben wirkt es fast durchsichtig.

Eine Fläche aus polierten Steinplatten bringt die Schönheit des Naturmaterials erst richtig zur Geltung. Bei Nässe entstehen interessante Spiegelungen.

Ziegelsteine sind ein vielfach einsetzbares Material. Man kann sie leicht verlegen und braucht sie an Wegeinmündungen nur minimal zuzuschneiden.

Diese Steinplatten können verschieden groß zugeschnitten werden und sich damit dem größer werdenden Kreisradius anpassen.

Gebrochener Kalkstein als Felsen oder Stufen bringt Textur und Licht in diesen nach japanischem Vorbild angelegten Garten.

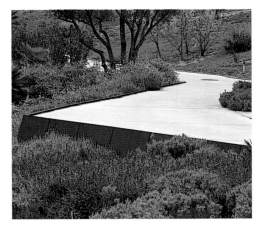

Als starres Material ist Beton gut geeignet, wenn man glatte Oberflächen braucht. Er kann mit einer Verschalung aus oxidierendem Blech eingefasst werden.

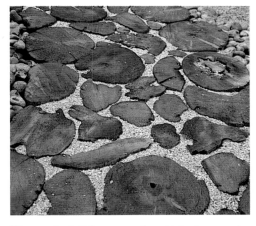

Hier wurde ein Weg aus zersägten Holzstämmen mit Kies aufgefüllt und erhielt dadurch eine ungewöhnliche Textur und ein apartes Aussehen.

Kräftige Linien, stark kontrastierende Farben und Texturen sowie ein klein strukturiertes Ziegelmotiv wurden hier sehr effektvoll kombiniert.

2

TREPPEN & RAMPEN

Diese beeindruckende Anordnung von Stufen und Podesten, die scheinbar zu einem Ziel führen, wird durch dekorative Urnen betont und erhält so einen Rhythmus.

Vorhergehende Seite Setz- und Trittstufen gebührt beim Treppenbau höchste Aufmerksamkeit. Hier fungiert ein Handlauf aus Holz als Stütze. Verfüllungen mit einheimischem Steinsplitt geben der Trittstufe ein ungezwungenes Aussehen.

Mit Treppen und Rampen lassen sich nicht nur Hänge und unterschiedliche Niveaus überwinden. Sie sind mehr als ein funktionales Element in Ihrem Garten, denn mit ihnen lassen sich auch attraktive Übergänge gestalten. Sie verbinden unterschiedliche Bereiche von Garten oder Terrasse oder grenzen sie voneinander ab und können, je nachdem ob sie steil, sanft abfallend oder mäandernd sind, beeinflussen, wie schnell man sich durch den Garten bewegt. Mit ihren Windungen sorgen sie für überraschende Ausblicke oder zeigen einen Richtungswechsel an.

In den meisten Gärten braucht man Treppen aus folgenden Gründen:

➤ um Erosion durch Betreten des Bodens oder der Pflanzen zu verhindern

➤ um Menschen zu animieren, eine Pause zu machen, wenn sie durch den Garten gehen, um auf eine schöne Aussicht oder auf eine Gefahr aufmerksam zu machen

damit man mühelos und gefahrlos Hänge hinauf- und hinuntergehen kann. Dabei setzt man weniger die schwächere Muskulatur der Beinrückseite, sondern eher die stärkere Oberschenkelmuskulatur ein

➤ um die Bedeutung von Eingängen zu Bereichen oder Gebäuden zu unterstreichen

➤ um interessante Stellen und neue Blickfänge zu schaffen

Ein flaches Grundstück erhält einen ganz eigenen Charakter, wenn ein Niveauunterschied und Treppen oder eine Rampe eingebaut werden. Vor allem auf kleiner Fläche können bewusst angelegte Höhenunterschiede den bereits bestehenden Garten und die Art, wie er genutzt wird, verändern. Oft braucht es dazu nicht mehr als zwei oder noch besser drei Stufen.

Wo baut man Treppen und Rampen ein?

Obwohl Treppen und Rampen vermutlich die sicherste und einfachste Art sind, verschiedene Ebenen miteinander zu verbinden, sollten sie auch zu einem architektonischen Bindeglied zwischen Haus und Garten werden.

Es gibt viele Beispiele für ebenso einfache wie verblüffend detaillierte und komplexe Treppen. Derzeit experimentieren moderne Designer mit traditionellem Material und Techniken und versuchen, sie auf neuartige Weise zu verwenden. Doch so verlockend es auch sein mag, alte, oft aus Stein gebaute Vorbilder nachzuahmen – Facharbeit macht heute einen großen Anteil der Gesamtkosten aus. Alternativ können Sie preisgünstige Fertigbauteile verwenden. Für solche sollten Sie sich aber nur entscheiden, wenn sie die Gesamtwirkung nicht beeinträchtigen.

Im Freien möchte man sich mühelos bewegen können, entweder schnell oder gemächlich. Das setzt voraus, dass die Treppen flache Setzstufen und tiefere, groß-

EINE TYPISCHE TREPPENFLUCHT

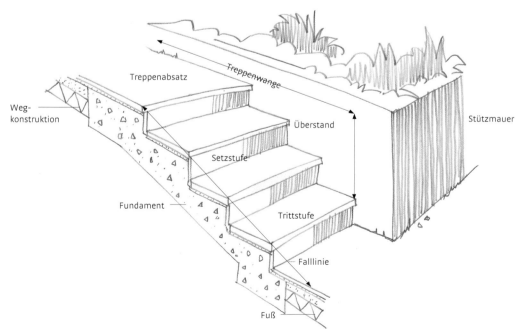

TREPPEN & RAMPEN **41**

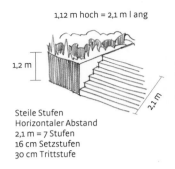

1,12 m hoch = 2,1 m lang

1,2 m

2,1 m

Steile Stufen
Horizontaler Abstand
2,1 m = 7 Stufen
16 cm Setzstufen
30 cm Trittstufe

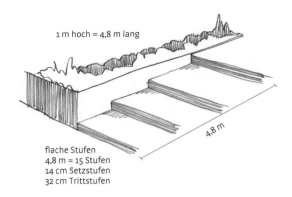

1 m hoch = 4,8 m lang

4,8 m

flache Stufen
4,8 m = 15 Stufen
14 cm Setzstufen
32 cm Trittstufen

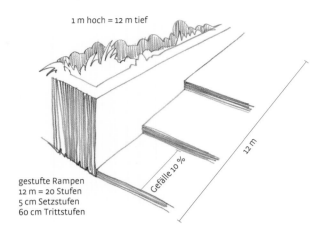

1 m hoch = 12 m tief

Gefälle 10 %

12 m

gestufte Rampen
12 m = 20 Stufen
5 cm Setzstufen
60 cm Trittstufen

Richtlinien für Treppen

▸ Setz- und Trittstufen sollten jeweils einheitliche Abstände haben.

▸ Setzstufen sollten nicht weniger als 14 cm und nicht mehr als 16 cm hoch sein.

▸ Trittstufen sollten nicht weniger als 26 cm und nicht mehr als 32 cm tief sein.

▸ Flachere Setzstufen erfordern tiefere Trittstufen.

▸ Bestimmen Sie die Maße so, dass man von einer Stufe zur anderen bequem eine volle Schrittlänge machen kann.

▸ Planen Sie hin und wieder Podeste ein — nach elf Stufen, damit das Gehen leichter wird. Diese können auch als Aussichtspunkte fungieren.

▸ Podeste und Treppenabsätze sollten nicht weniger als 1 m tief sein.

▸ Wo ein Treppenlauf von einer erhöhten Terrasse ausgeht, bauen Sie am oberen Ende einen Absatz ein.

▸ Planen Sie zur Sicherheit 90 cm oberhalb der Lauflinie Handläufe ein.

▸ Vermeiden Sie einzelne Stufen. Sie sind eine Gefahr, weil man sie leicht übersieht.

zügigere Trittstufen haben. Manchmal ist eine Rampe die bessere Lösung, wenn sich Personen mit dem Treppensteigen schwer tun oder im Rollstuhl sitzen. Aber sie nimmt immer viel mehr Raum als eine Treppe ein und lässt sich womöglich nur sehr schwer in einen kleinen Garten integrieren. Ist genug Platz, kann man Treppe und Rampe nebeneinander bauen und dann je nach Bedarf eine der beiden nutzen.

Planung der Treppen

Meist ist es empfehlenswert, gleich hohe Stufen zu verwenden. Bei längeren Treppenläufen an steileren Hängen ist es ratsam, in der Mitte und auf jeden Fall nach jeder 11. Stufe einen Absatz einzubauen. Wenn Sie genügend Platz haben, verhindern großzügige Absätze, dass jemand beim Hinuntergehen den Halt verliert. Dies sollen jedoch nur Anhaltspunkte sein, keine Vorschriften.

Überlegen Sie als Erstes, wie viele Stufen Sie benötigen, um den Höhenunterschied auszugleichen. Danach richtet sich die Höhe der Setzstufen und die Tiefe der Trittflächen. Dies geschieht, indem Sie die Höhe der Böschung (oder den Höhenunterschied) in eine gerade Anzahl von Stufen mit passabler Höhe dividieren (siehe Richtlinien für Treppen, Kasten links). Diese Zahl, multipliziert mit der gewünschten Trittfläche, ergibt den benötigten horizontalen Gesamtabstand auf dem Boden.

Höhe 84 cm dividiert durch Stufenhöhe 14 cm = 6 Stufen
6 Stufen × 32 cm Trittfläche = 1,92 m horizontaler Abstand

Mit etwas Mathematik können Sie die Gesamtzahl der Stufen, ihre Höhe und Breite berechnen. Machen Sie sich aber schon von Anfang an Gedanken zum Baumaterial.

Ortbeton lässt sich zu jeder beliebigen Form gießen und den mathematischen Erfordernissen entsprechend formen. Holz lässt sich ganz einfach zu Setzstufen von unüblicher Höhe zuschneiden oder verbinden. Auch Stein lässt sich auf Größe zuschneiden, kostet aber ziemlich viel. Bauteile vom Hersteller oder Baumarkt sind nur in Standardgrößen erhältlich und deshalb problematischer, weil man nur geringen oder keinen Einfluss auf die Höhe der Stufen nehmen kann.

Durch Variieren der Trittstufentiefe und Setzstufenhöhe werden die Stufen bequemer und lassen sich leichter überwinden. Dafür braucht man aber viel Platz.

Um die Rutschgefahr auf nassen oder vereisten Oberflächen zu verhindern, sollte jede Stufe ein kleines Gefälle von hinten nach vorn oder zu den Rändern hin haben, wo das Wasser sich sammeln oder in das umgebende Erdreich abfließen kann. Achten Sie genau darauf, wo sich Abflusswasser sammeln könnte, vor allem unten an der Treppe – hier können sich gefährliche und unansehnliche Pfützen bilden.

Entwurf und Gestaltung

Es gibt zwar allgemeine Empfehlungen für Stufenbreiten, aber in der Praxis hängt diese Breite letztendlich davon ab, wie viele Menschen die Treppen benutzen, in welcher Richtung die Treppen benutzt werden und um was für einen Weg es sich handelt. Ein gewundener Weg durch ein Waldstück könnte flache, nicht formale, schmale Holzstufen haben, aber neben dem Eingang eines großen Landhauses wären breite, großzügige, klassische Ausmaße sicher besser geeignet.

Durch einen Absatz und eine leichte Richtungsänderung wird ein Treppenlauf interessant und gestattet unterschiedliche Ausblicke auf den Garten.

Viele Gestaltungsfragen, die sich auf das Aussehen von Wegen und gepflasterten Flächen beziehen, gelten auch für Treppen. Dazu gehören Gestaltungsmöglichkeiten mit Muster, Farbe und Textur sowie die Auswahl von Materialien, Örtlichkeit, Stil und Kontext. Dennoch werfen Stufen im Garten zusätzlich ein paar wichtige gestalterische Fragen auf, die Sie schon in der Anfangsphase berücksichtigen sollten. Treppen sehen unterschiedlich aus, je nachdem ob man sie hinauf- oder hinuntergeht. Beim Hinaufgehen sehen Sie mehrere horizontale Linien (die Setzstufen), die vielleicht ganz anders als die Trittstufen beachtet werden müssen. Sie können im Schatten liegen oder Schatten werfen, aus demselben Material bestehen wie die Trittflächen oder ganz anders aussehen. Beim Abwärtsgehen sieht man die Setzstufen überhaupt nicht, sondern nur die Trittflächen. Auch hier bietet sich wieder die Möglichkeit für ein Muster, aber Sie sollten vermeiden, dass die Stufen für den Betrachter ineinander verschwimmen. Es besteht auch die Möglichkeit, durch diskrete Beleuchtung Schatten hervorzuheben oder zu vermeiden.

Gartendesign im modernen Landschaftsbau, vor allem Treppen, entsteht heute am Computer. Damit lassen sich Entwürfe verwirklichen, die es bisher nicht gab – nicht, weil die Technologie dazu nicht vorhanden war, sondern weil allein die Kosten für Gestaltung und Herstellung davon abgehalten hätten. Einen Treppenlauf beispielsweise kann man heute aus Naturstein bauen, und jede Stufe hat eine andere Form und Größe, ja jeder einzelne Stein sieht anders aus. Vor 40 Jahren hätten Steinmetze Vorlagen anfertigen und dazu die Steine einzeln zuschneiden, sie markieren und dann vor Ort wie ein Puzzle

Sich windende Stufen sind einladend und betonen oder umgehen bereits vorhandene Elemente wie Bäume.

Unten links **Die horizontalen Linien dieser sanften Setzstufen sind durch ihren Schattenwurf besonders beim Aufwärtsgehen gut sichtbar.**

Unten rechts **Beim Hinabgehen wird der Schatten verdeckt, das Muster der Trittstufen kommt zum Vorschein.**

Diese Treppe mit niedrigen Setz- und ausladenden Trittstufen verschwindet im Nichts und macht deshalb neugierig.

MÖGLICHE TREPPENWANGEN

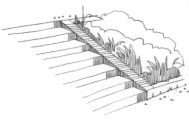

In die Böschung gebaute, von einer Begrenzung gestützte Treppen.

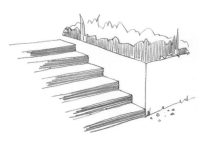

Von einer Stützmauer eingefasste Treppe

zusammensetzen müssen. Heute ist ein CAD-Programm (Design) direkt mit dem der Herstellung beim Steinmetz verbunden, sodass der Designer direkt mit der Steinschneidemaschine kommuniziert. Die Arbeitskosten werden erheblich gesenkt und das Design lässt sich zu zwar immerhin noch beachtlichen, aber doch reduzierten Kosten umsetzen.

Einfassungen und Seitenwände

In vielen Gärten brauchen die Treppen an der Seite eine Stütze, die sie zusammenhält und verhindert, dass Material wie Erde oder Kies von benachbarten Oberflächen auf die Trittflächen fällt. Die Stützen können entfallen, wenn die Treppen frei stehend sind, wenn sie aus Bauteilen wie Blocksteinen bestehen oder wenn sie keine Dauerlösung sein sollen.

Seitenwände stützen den Treppenlauf oberhalb des umgebenden Erdbodens und halten die ganze Konstruktion zusammen wie die Seiten einer Kiste. Diese fungieren als Stützvorrichtungen und werden in Kapitel 3 ausführlicher behandelt.

Einfassungen stützen in eine Böschung geschnittene Treppen an der Seite und verhindern, dass Erde auf die Trittflächen gelangt. Sie haben dieselbe Aufgabe wie Pflastereinfassungen und bestehen meist aus Ziegeln, Holz oder Steinsegmenten. Mauerwerk-Bauteile erfordern Fundamente und Betonkeile, sprich Ortbeton, der ein Kantenteil an der Seite stützt, damit es nicht umkippt oder umgeworfen wird. Bei Holzbrettern braucht man eine Stütze in Form von Pflöcken oder kleinen Pfosten. Alle können verfugt oder bündig angeschlossen werden, wenn es mehr als eine Stufe gibt.

In Treppeneinfassungen sammelt sich wie auf gepflasterten Flächen Wasser. Deshalb müssen Sie überlegen, wie es ablaufen kann. Auch die Einfassungen müssen gestützt und stabilisiert werden. Deshalb muss zuerst ein Fundament tief in den Untergrund gelegt werden. Damit die Einfassungen bei Gartenarbeiten wie etwa dem Rasenmähen nicht stören, schütten Sie das Erdreich etwas höher als die Einfassung auf, damit der Rasenmäher darüber gleiten kann.

Handläufe

Bei längeren Treppenläufen – ab drei Stufen – oder wenn die Gefahr besteht, auszurutschen, empfiehlt es sich, Handläufe (Geländer) anzubringen. Der Handlauf sollte 90 cm oberhalb der Treppe angebracht werden und glatt und bequem sein. Die Hände sollten auf den Handlaufstützen entlanggleiten können, ohne dass man sie loszulassen braucht. Wenn Sie Holz verwenden, sollten Sie darauf achten, dass keine Splitter herausstehen.

Wie man die Handlaufstützen an Treppen, Einfassungen oder Seitenwänden befestigt, hängt vom Material und vom Verputz ab (siehe Kapitel 6).

Gestaltungskriterien für Rampen

Wo Rollstühle, Kinderwagen, Rasenmäher und Schubkarren ungehindert passieren sollen, sind Rampen eine sinnvolle Alternative zu Stufen. Doch sie nehmen viel mehr Platz weg als Stufen und bereiten Gartenplanern auf kleinen, begrenzten Flächen viel

Dieser schattige Gehweg mit Treppen und dem blauen, geschwungenen Handlauf hat Trittstufen aus Kies und hölzerne Setzstufen.

Jeder Benutzer stellt andere Anforderungen an Beweglichkeit und Raum. Sie können eine Kombination aus Stufen und Rampe, d.h. eine Rampe mit Stufen bauen. Bei dieser Technik werden zwei Niveaus in kürzerem Abstand als bei einer durchgehenden Rampe miteinander verbunden. Kleine, vertikale Höhenunterschiede erreicht man mit Setzstufen, die an der Rampe entlang verlaufen. Das Gefälle der breiteren Rampe/Trittstufen sollte in der Regel nicht größer als 10 % und die – gut sichtbaren – Stufen (oder genauer gesagt: Setzstufen) nicht mehr als 7,5 cm hoch sein.

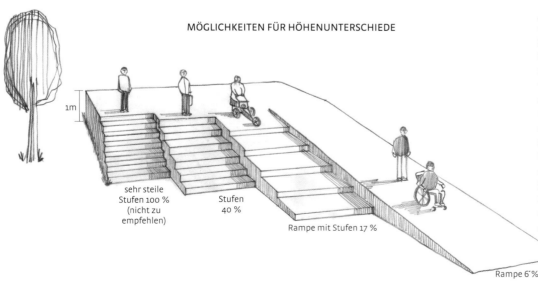

MÖGLICHKEITEN FÜR HÖHENUNTERSCHIEDE

1m

sehr steile
Stufen 100 %
(nicht zu
empfehlen)

Stufen
40 %

Rampe mit Stufen 17 %

Rampe 6 %

Diese Kombination aus Steinstufen und Rampe ist für Fußgänger und Fahrgeräte gleichermaßen geeignet. Für die Rampe wurde ein Steinbelag gewählt, der die Rutschgefahr reduziert.

Kopfzerbrechen. Was Aussehen und Anlegen betrifft, kann man sie als abschüssige Wege bezeichnen. Daher gelten die Prinzipien für Wege auch für Rampen. Von Wegen unterscheiden sie sich durch ihre Einfassungen, die oft eine Stützmauer statt einer einfachen Bordkante oder Kanteneinfassung sein müssen. Genau diese Verbindung mit der Stützmauer bedarf größerer Aufmerksamkeit.

Ein weiterer wesentlicher Unterschied ist die Frage der Rutschfestigkeit, denn eine rutschfeste Oberfläche ist für Rampen unerlässlich. Achten Sie darauf, dass alle Rampen ein Quergefälle oder eine Wölbung haben, die seitlich in einen Entwässerungskanal mündet. Dieser sollte so steil sein, dass das Wasser nicht die Rampe hinunter-, sondern eher zur Seite abfließt. Das Wasser auf der Oberfläche muss sich an den Seiten und unten an der Rampe in einem Kanal sammeln. Entwässerung ist besonders bei steileren Rampen aus Kies, Kies-Lehm-Gemisch oder Splitt wichtig. Für ältere Personen, die noch kurze Entfernungen gehen können, kann man ein maximales Gefälle von 15 % ansetzen, noch besser wären aber 10 %. Das Gefälle von Rampen, die mit Rollstühlen befahren werden, sollte nicht steiler als 6 % sein.

❏ Selbst wenn Stufen und Rampen in Ihrem Garten keinen praktischen Zweck erfüllen, sollten Sie überlegen, ob solch ein Niveauunterschied ein interessantes und einfallsreiches Gestaltungselement sein könnte.

In diesem zwanglosen ländlichen Garten ist eine genaue Abgrenzung von Stufen und Setzstufen nicht so wichtig. Eine Randbegrenzung aus aufrechten Steinen dient als Stütze für diese Rampe mit Stufen.

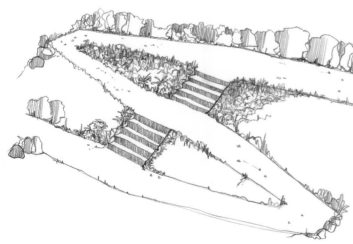

Links Mit Rampen sind Hänge in beiden Richtungen mühelos begehbar. Sie sind nicht nur ein Mittel zur Überwindung von Steigungen, sondern eine enorme Erweiterung des Wegenetzes, denn sie nehmen zehn- bis fünfzehnmal mehr Platz ein als ein Treppenlauf.

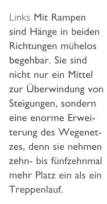

Praktische Hinweise

Der Bau von Treppen

Wie bei so vielen anderen Bauelementen im Garten gibt es auch beim Bau von Treppen zwei Varianten. Die flexible Bauweise nutzt man z.B. bei Treppen, die sich während ihrer Lebensdauer etwas verschieben dürfen, wenn sich das Erdreich oder der Untergrund senkt. Diese flexible Bauweise ist billiger, einfacher in der Umsetzung und besonders geeignet für Land- oder Naturgärten.

Wo es keine Bewegung geben darf, etwa in einem Stadtgarten, benötigt man exakte Verbindungen zwischen einzelnen Gartenelementen. Dann müssen die Stufen mit festen Fundamenten aus Beton oder Hohlblockmauerwerk errichtet werden.

Flexible Bauweise

In vielen Gärten genügen einfache und billige Varianten der flexiblen Bauweise. Sie passen gut zu einer eher entspannten Atmosphäre ohne viele architektonische Elemente und in zwanglose Pflanzflächen, Waldstücke und Wiesen. Die einfachste und oft effektivste flexible Bauweise besteht darin, grobe Stufen zuzuschneiden, große und schwere, flache oder annähernd flache Steine vorn an jeder Stufe anzubringen und mit Kies oder gar

FLEXIBLE BAUWEISE MIT SCHWEREN PLATTEN

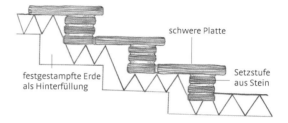

schwere Platte

festgestampfte Erde als Hinterfüllung

Setzstufe aus Stein

Oben **Bei dieser einfachen, flexiblen Bauweise werden schwere Platten auf verdichtetem Erdreich verlegt.**

Hier wurde die klassische Kombination aus steinernen Trittstufen und zurückversetzten Setzstufen einmal kreisförmig angelegt. In den Ritzen sprießen Gänseblümchen.

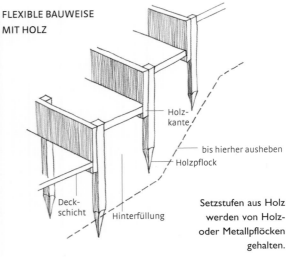

Holz-
kante

bis hierher ausheben

Holzpflock

Deck-
schicht

Hinterfüllung

**Setzstufen aus Holz
werden von Holz-
oder Metallpflöcken
gehalten.**

übereinander in festgelegten Abständen gesetzt, sodass
sich für den gesamten Treppenlauf eine bestimmte Zahl
gleich hoher Setzstufen ergibt. Ungleiche Höhen lassen
sich leichter anpassen, da es keine Rolle spielt, ob zwischen den Stufen ein leichter Unterschied besteht.

Bei fast allen flexiblen Setzstufen können Wasser und
kleine Partikel durch die Fugen dringen, was zur Erosion
der Trittflächen führen kann. Filtervliese hinter den Setzstufen sorgen dafür, dass kein Erdreich hindurchfällt,
Wasser hingegen ablaufen kann.

Verschiedene Arten flexibler Setzstufen:

➤ mindestens 2,5 cm dicke Holzbretter, gestützt von
Holz- oder Metallpflöcken, die mindestens 30 cm in
den Boden getrieben werden müssen

➤ größere Holzsegmente, mit einer Mindestgröße von
15 × 15 cm oder der Größe von Bahnschwellen

MIT BAUMSTÄMMEN EINGEFASSTE HOLZSTUFEN

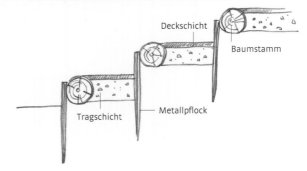

Deckschicht

Baumstamm

Tragschicht

Metallpflock

**Holzschwellen sind als Setz-
stufen gut geeignet, weil sie
das Gewicht der mit Kies
bestreuten Trittstufen aus
Erde gut verkraften. Da das
Erdreich bei häufiger Beanspruchung zur Erosion neigt,
müssen die Trittstufen von
Zeit zu Zeit erneuert
werden.**

**Rechts Rustikaler wirken
roh zugesägte Baum-
stämme und Metall-
pflöcke.**

Erde zu hinterfüllen. Verwendet man große, schwere
Bauteile für die Setzstufe, verschiebt sie sich nicht und
fungiert auch als Kante für das Material, das für die Trittstufen verwendet wurde.

Bei der flexiblen Bauweise braucht man kein Fundament, obwohl einige Setzstufen unter Umständen indi-
viduelle Fundamente benötigen, damit sie nicht im
Boden versinken oder sich absenken. Dennoch lohnt es
sich, den Boden möglichst stark zu verdichten.

Im Folgenden werden die grundlegenden Prinzipien
dieser Bauweise beschrieben. Ist sie für Ihren speziellen
Fall nicht geeignet, sollten Sie auf die feste Bauweise aus-
weichen.

Flexible Setzstufen Der wichtigste Teil dieser Treppenart
sind die Setzstufen. Flexible Setzstufen werden einzeln

- Trockenstein- oder Bruchsteinmaterial mit einer Mindestgröße von 20 cm
- Mauerwerk mit Trockenfugen und einer Trittflächenplatte obendrauf
- Metalleinfassung – schmal und stark, biegsam
- Fertigteile aus Beton

Flexible Trittflächen Wo Trittflächen aus losem Material wie Kiesel oder Erde gebaut werden, kann man sie wie Pflasterflächen zwischen den Setzstufen und den Seitenrändern betrachten. Die Bauprinzipien sind dieselben wie bei flexiblen Wegen. In anderen Fällen kann man größere flache Steine oder Platten direkt auf gut verdichtete Erde setzen, sodass sie über die Vorderkante der Setzstufe hinausragen. Verwenden Sie in diesem Fall nur 45-cm-Platten und keine kleineren, die sich verschieben oder wackeln, wenn sich der Untergrund senkt.

Treppenwangen/seitliche Begrenzung Die Behandlung der Kanten hängt davon ab, ob die Treppen in die Böschung gegraben werden oder aus dem Hang herausragen. Im ersten Fall braucht man Material, um die dreieckige Lücke zwischen der Oberseite der Trittstufe und der Falllinie der Stufen aufzufüllen (der Linie, die den Winkel des Hangs angibt). Sehr oft wird sie aus demselben Material wie die Setzstufe gebaut. Wo die Treppen aufgesetzt auf dem umgebenden Niveau liegen, müssen die Seitenflächen der Stufe geschlossen sein, um das Material der Trittstufe zusammenzuhalten.

Starre Bauweise

Anders als bei der flexiblen Bauweise, bei der eine gewisse Verschiebung toleriert werden kann, gibt es viele Situationen, bei denen die fertigen Treppen absolut stabil bleiben müssen. Bei der Ausführung sind höchste Kontrolle und Genauigkeit vonnöten. Das ist besonders da wichtig, wo unterschiedliche Teile des Gartens wie Stufen, Stützmauern, Terrasse und – ganz wesentlich – Wasser zusammentreffen. Eine weitere Überlegung ist, dass viele Materialien, wie Klinkersteinplatten, Pflastersteine, Fliesen, kleinere Steineinheiten und Mosaike, fest verlegt werden müssen. Bei praktisch allen Gartenbauprojekten, in denen Treppen vorgesehen sind, muss Erde

bewegt werden, und der Untergrund wird sich im Lauf der Zeit absenken. Es wird Probleme mit Bodenniveaus und der Entwässerung geben, sofern nicht eine solide Vorrichtung gebaut wird, die eine Verschiebung verhindert. Starre Treppen sind viel teurer als flexible und erfordern oft fachmännischen Rat. Große Treppen benötigen eine frostfreie Gründung, sonst können später Probleme mit großflächigen Setzungen auftreten. Fragen Sie im Zweifelsfall auch hier einen Fachmann.

Fundament, Setz- und Trittstufen müssen alle zu einer soliden, festen Einheit verbunden werden. In einigen Fällen lassen sich die Treppenwangen bzw. die Stützmauern auch in die Gesamtanlage integrieren, meist werden sie aber getrennt von den Stufen gebaut. Ziehen Sie den Bau der Treppenwangen rechtzeitig in Erwägung (siehe Kapitel 3).

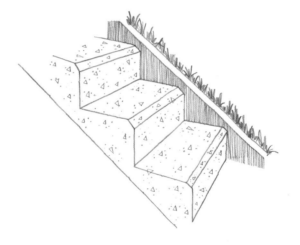

Setz- und Trittstufen aus Ortbeton lassen sich exakt in die gewünschten Maße gießen. Die Vorderkanten wurden abgeschrägt, damit sie nicht so leicht abbrechen.

Feste Fundamente werden aus Hohlblockmauerwerk, Ortbeton oder armiertem Beton gebaut. Fundamente aus Hohlblockmauerwerk eignen sich gut für weniger formale Gärten. Sie bestehen im Wesentlichen aus einem gestuften Stapel aus Blocksteinen, deren Maße so konstruiert sind, dass die Oberfläche mit Setz- und Trittstufen in den entsprechenden Maßen verkleidet werden kann. Wenn es genormte Einheitsgrößen sein sollen (z.B. Klinkerplatten, Fertigbauplatten), ist dies bei der Dimensionierung des Fundaments zu berücksichtigen. Soll der Verputz eine weitere dünne Schicht Beton-Rohbewurf sein, können sich die Maße aus der Anordnung der Blöcke ergeben, möglichst mit kleineren Elementen wie

Ortbeton-Fundamente sind durchgängig und – falls erforderlich – nur durch Dehnfugen getrennt. Sie sollten aus Beton der Festigkeitsstufe C25/30 oder stärkerem Beton bestehen. Starre Fundamentkörper sind dicker als solche aus Stahlbetonplatten und sollten nirgends dünner als 80 cm sein. Fundamente aus Stahlbetonplatten müssen mindestens 15 cm dick sein, sie eignen sich besser zur Überbrückung von schwachem Untergrund und sind oft billiger für große Treppenläufe. In den meisten Fällen lohnt es sich, verstärkendes Drahtgeflecht auf dem Boden des Fundaments zu verlegen (aber mindestens 5 cm von der unteren Oberfläche entfernt). Wenn Sie armierten Beton für große oder komplexe Formen verwenden, sollten Sie sich von einem Hochbauingenieur beraten lassen.

Fundamente für Böschungsstufen können abrutschen. Hier kann man durch Zusatz einer nach unten weisenden »Zehe« vorbeugen, einem Punktfundament, das sich über die volle Breite der Stufen erstrecken und ein fester Bestandteil des Fundaments sein sollte. Eine Querschnittsfläche von 80 cm × 40 cm reicht in den meisten Fällen aus. Ist die Treppenlauflänge groß oder

Das Spiel von Licht und Schatten bei diesen Steinstufen macht neugierig auf das, was hinter dem Bogen liegt.

Klinkerplatten und Fliesen, die den Abschluss der Setzstufenhöhen und Trittstufenbreiten darstellen.

Fundamente aus Hohlblockmauerwerk legt man normalerweise da, wo es nicht mehr als vier oder fünf Stufen gibt und wo die Treppenlänge nicht sehr lang ist. Ist der Lauf mehr als 1 m lang, ist Ortbeton oder armierter Beton preiswerter.

Wichtiger sind die Oberflächenausmaße von Ortbeton-Fundamenten. Fundament und Stufe können dieselbe Struktur haben. Hier wird der Beton in eine hochwertige Verschalung mit den entsprechenden Maßen gegossen, sodass er, wenn er sich gesetzt hat und die Verschalung entfernt wird, nicht weiter bearbeitet werden muss. Das nennt man Sichtbeton. Er entsteht durch eine Kombination aus der Oberflächenstruktur der Verschalung, der Art und der Farbe des Betons. Sind Fundamente mit einem anderen Material verkleidet, muss die Verschalung ganz akkurat angebracht werden, damit die Materialien ohne Zuschnitt auf die Oberfläche aufgebracht werden können.

Treppen aus Ortbeton lassen sich in jede Größe und Form gießen. Bei einer Richtungsänderung werden die Trittstufen nach unten hin breiter, und das Wasser kann seitlich ablaufen.

das Fundament verstärkt, sollten Sie sich von einem Hochbauingenieur beraten lassen.

Eine große, schräg über der Oberfläche eines Hangs verlaufende Fundamentplatte wirkt als Wassersperre. Unter solchen Fundamenten kann Wasserdruck entstehen, der »Verwerfungen« verursacht (der Boden dehnt sich aus, wenn Wasser hineinsickert), oder es dringt Wasser durch das Fundament und schwemmt Zement und Kalkpartikel mit, die auf der Oberfläche als Ausblühungen zurückbleiben. Um zu vermeiden, dass Wasserdruck entsteht, legen Sie unter dem Fundament eine Dränagematte oder eine 10 cm dicke Schicht aus Dränagematerial an.

Die Versiegelung des Fundaments mit einem wasserdichten Anstrich verhindert, dass Wasser durch Fundament und Oberflächenverputz dringt. Dadurch verringert sich jedoch die Wirksamkeit von Mörtelbindemittel vor allem bei Oberflächenmaterialien wie Fliesen oder Mosaiken.

Oberflächenmaterialien für starre Bauweise Starre Treppen erhalten ihre Standfestigkeit meistens durch das Fundament. Deshalb kann man die Oberflächenmaterialien weitgehend nach ihrem Dekorationswert auswählen. Die meisten Materialien müssen mit Zementmörtel mit dem Fundament verbunden werden. Dünneres Keramikmaterial kann man mit einem Bindemittel auf Zementbasis und Estrich verarbeiten.

Oberflächen aus Klinker sollten so angeordnet werden, dass die kurzen Seiten des Ziegelsteins rechtwinklig zur Vorderkante der Stufe stehen. Die Kante ist der anfälligste Teil der Stufe und geht am schnellsten kaputt. Kleine Fliesen und andere leichte Materialien sollten nicht an der Kante verwendet werden, da sie abbrechen und gefährliche Löcher zurücklassen können.

Oberflächen für Rampen Für Rampen gilt dasselbe wie für Wege. Mehr über geeignete Oberflächen finden Sie daher in Kapitel 1.

In diesen schönen Treppenlauf aus breiten Steinstufen sind mehrere Terrassen eingebaut. Gestutzte Eiben und Buchsbaum zu beiden Seiten verleihen dem Ganzen ein vertikales Element. Durch die der Jahreszeit entsprechend bepflanzten Tontöpfe wirken die Stufen nicht so breit.

Holztreppen sind anspruchslos, passen gut zu Ziegeln oder anderen Naturmaterialien und sollten – sofern sie nicht aus Hartholz bestehen – kesseldruckimprägniert werden.

Diese flachen Steintreppen haben einen deutlichen Überstand. Die Absätze sind jeweils durch ausladende Töpfe gekennzeichnet.

Die mit ganz schmalen Fugen hochkant verlegten Ziegel haben die richtige Höhe und Breite für diese gerundeten Stufen. Den Boden deckt farblich passender Kies.

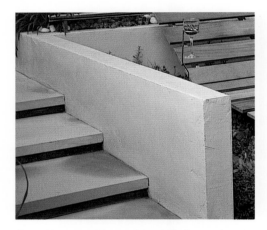

Diese Mauer mit Rauputz dient als Einfassung für eine Natursteintreppe. Durch die überhängenden Trittstufen entstehen markante Schatten.

Hier wurde für Terrasse und Stufen rotbrauner Backstein verwendet. Alle Ziegel müssen absolut frostbeständig sein.

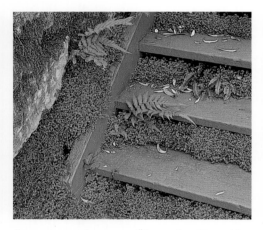

Eine preiswerte Lösung zur Überwindung kleiner Niveauunterschiede sind Treppen aus getrichenem Weichholz, die sich gegen die Bepflanzung abheben.

Jede dieser breiten Stufen besteht aus drei gleich großen Steinplatten, deren Fugen die Lauflinie hervorheben.

Diese Kalksteintreppen sind Teil einer Mauer, die den Pool umgrenzt, und setzen das kreisförmige Design der Anlage fort.

Das stark abgenutzte, grau glänzende Kopfsteinpflaster bildet einen reizvollen Strukturkontrast zu den hölzernen Setzstufen dieser flachen Treppe.

Durch den Farn zwischen den Holzstufen sind die Seiten dieser beiden kurzen Treppen unsichtbar. Die unterschiedliche Stufenbreite fällt nicht mehr auf.

Auffallend an diesem gestuften Hang sind die über die ganze Breite verlaufenden Steinstufen, die die regelmäßigen Grasflächen voneinander abgrenzen.

Treppen können als Achse fungieren, wenn sie an den Ecken einen Richtungswechsel vorgeben. Für diese Biegung sind flache Treppen ungefährlicher.

Präzise abgegrenzte, steinerne Setz- und Trittstufen aus Schiefer, bei denen die Stufen sich nach unten hin großzügig verbreitern.

Flache Setzstufen erfordern tiefere Trittstufen, damit man die große Strecke bequem überwinden kann.

Blau gescheckte, mit einer roten Ziegelmauer eingefasste Stufen gehen in einen bunten Deckstein über, der sich als zusätzliche Sitzgelegenheit anbietet.

Eine Rampe aus Ortbeton mit Klinker dient als Weg. Die quer verlaufende Entwässerungsrinne für das Sickerwasser tritt durch die Pflanzen in den Hintergrund.

Vom Teich aus führt eine geschwungene Metallrampe in anmutigem Bogen an der Bepflanzung vorbei zu einer Metallplattform.

Diese roh behauenen, robusten Steinstufen sowie die seitliche Begrenzung wurden direkt aus dem natürlichen Felsen geschlagen.

3

TERRASSIERUNGEN & STÜTZMAUERN

Neue, leicht verfügbare Materialien und Herstellungsmethoden erlauben es dem Gartengestalter, mit bisher unüblichen Mitteln bei der Anlage von Stützvorrichtungen zu experimentieren, wie diese elegante Gestaltung mit ihrer klaren, zeitgenössischen Linie zeigt.

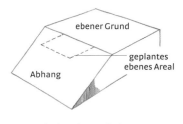

Bedarf an ebener Fläche

Lösung durch Veränderung der Geländeform

Lösung mithilfe einer Stützmauer

Unterschiedliche Niveaus und Vorrichtungen, die die Erde abstützen, sind unumgänglich, denn die Bodenoberfläche ist selten eben. Selbst Stadtgärten weisen oft ein – manchmal ziemlich steiles – Gefälle auf. Ist die Neigung zu stark, kann das Gefälle für den Besitzer, der aus ästhetischen Gründen und für Freizeitaktivitäten ebenes Gelände vorzieht, zum Problem werden. In diesem Kapitel sehen wir uns eine Vielzahl von Möglichkeiten an, wie man Niveauunterschiede verändern und wie man Erde bewegen und abstützen kann. Mithilfe vertikaler Elemente lassen sich Stützvorrichtungen für Bänke, Stufen, Hochbeete oder Terrassen schaffen.

Flache Terrassen und Plattformen am Hang, die dank Mauern oder Erdwällen auf unterschiedlichen Ebenen liegen, waren im Lauf der Geschichte das Merkmal vieler bemerkenswerter Gärten. Dieser Gestaltungsansatz war in den europäischen Renaissance-Gärten ebenso beliebt wie zuvor in den klassischen Gärten des Römischen Reichs und des antiken Griechenlands, in Nordafrika und in Kleinasien. Selbst wenn wir heute selten die Gelegenheit oder die Mittel haben, Gärten dieser Größenordnung anzulegen, ist die Bedeutung, die die Aufteilung des Geländes in mehrere Ebenen für die Gartengestaltung hat, bis in unsere Zeit ungebrochen.

Stützmauern sind kostspielig. Ihr Bau ist zeitaufwendig und muss exakt ausgeführt werden, damit sie ihre Aufgabe erfüllen. Erlaubt es die Grundstückgröße, ist eine Veränderung der Geländeform deshalb oft die bessere und meist auch preiswertere Wahl.

Vorhergehende Seite Diese dekorative Mauer, die den oberen Gartenbereich abstützt, bildet das Zentrum der ganzen Anlage. Sie ist durch einen Wasserkanal von der tiefer liegenden Ebene abgegrenzt. Ein Bogen aus Stufen überbrückt den Raum zwischen den beiden Ebenen, während die Stützmauer und die kunstvollen Wasserspeier dezent von unten beleuchtet werden.

Stützwände werden meist aus folgenden Gründen verwendet:

▸ *Die nötige Begradigung des Geländes, um auf die gewünschte Höhe zu kommen, würde zu viel Raum beanspruchen.* Da das aufgeschüttete Material ohne weitere Hilfsmittel stabil bleiben muss, muss das Gefälle meist 1 : 2 oder flacher sein; d.h., pro 1 m Höhenunterschied sind 2 m in der Horizontalen nötig. Im Gegensatz dazu benötigen vertikale Stützwände für die gleiche Höhendifferenz nur ein Minimum an Gelände, im Idealfall brauchen sie nur so viel Platz, wie die Stützwand dick ist.

▸ *Stützwände ermöglichen eine sehr klare, architektonische Gestaltung.* Mit einer Kombination aus Stützwänden, Stufen, Wasserkaskaden, Terrassen und Balkonen kann der Gestalter einen ausdrucksvollen Raum schaffen.

▸ *Sie werden als Stütze für Stufen und Rampen benötigt.* Stufen und Rampen sind im Wesentlichen terrassierte und geneigte gepflasterte Areale, deren Ränder gestützt werden müssen. Stützwände geben Stufen und Rampen den nötigen Halt.

▸ *Mit Stützwänden kann man Pflanzen-Container schaffen.* Einer der häufigsten Verwendungszwecke von Stützwänden ist die Konstruktion von Hochbeeten.

▸ *Stützwände umschließen Wasserbecken.* Viele Gartenteiche – so genannte Aufsitzteiche – sind mit wasserdichten Stützwänden eingefasst. (Siehe Kapitel 8.)

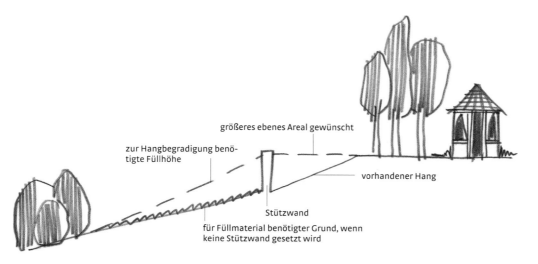

größeres ebenes Areal gewünscht

zur Hangbegradigung benötigte Füllhöhe

vorhandener Hang

Stützwand

für Füllmaterial benötigter Grund, wenn keine Stützwand gesetzt wird

Um das höher gelegene Gelände zu unterfüttern, benötigen Sie zusätzliches Füllmaterial, das Sie an einer anderen Stelle entnehmen oder von außen beschaffen müssen. Stützwände verbrauchen weniger Gelände und reduzieren den Bedarf an Füllmaterial.

Für den Bau einer Stützwand über 1,2 m Höhe sollten Sie die Dienste eines Ingenieurs in Anspruch nehmen. Selbst bei niedrigeren Mauern kann es ratsam sein, sich an einen Profi zu wenden, wenn Sie sich bezüglich der Bodenbeschaffenheit und der Grundwasser-Verhältnisse nicht ganz sicher sind.

Schlüsselfragen zur Gestaltung

▸ Sind Sie sicher, dass eine Stützwand die geeignetste Lösung ist? Erlauben Größe und Zugänglichkeit des Geländes alternativ eine Umgestaltung?

▸ Wird die Vorrichtung große Schatten werfen und unangenehm feuchte Areale entstehen lassen, vor allem in Hausnähe? Wenn ja, wäre eine Reihe kleinerer Terrassen nicht vorzuziehen?

▸ Ist genügend Material auf dem Gelände, um die gewünschten Ebenen errichten zu können? Wenn nicht, wo könnte das Material herkommen? Kann überschüssiges Material entsorgt werden?

▸ Wie hoch müssen die Stützwände für die jeweils gewünschten Niveaus sein? Sind Sie sicher, dass Ihre Kenntnisse dafür ausreichen, oder sollten Sie doch lieber einen Experten befragen?

▸ Haben Sie berücksichtigt, welches die kostengünstigste Art ist, die gewünschten Niveauänderungen zu erreichen? Würde eine zusätzliche Stahlarmierung Material sparen? Würde die Beauftragung eines Bauunternehmers oder eines Landschaftsgärtners Ihnen das Gefühl geben, das Richtige getan zu haben?

▸ Welche Materialien sollten Sie verwenden? Finden sie sich in den angrenzenden Gebäuden wieder?

▸ Wenn die Stützwand absolut stabil sein muss, welches Material sollte gewählt werden — Mauerwerk, Beton, Walzblech oder festes Bauholz?

Allgemeine Grundsätze bei der Hangbegradigung:

➤ Natürliche Gefälle sind eher konkav als konvex, da das Material dazu neigt, im Laufe der Zeit den Hang hinunterzugleiten.

➤ Runde Erhebungen kommen in der Natur selten vor — der glaziale Drumlin (ein ovaler Wall aus Geschiebelehm) ist die Ausnahme.

➤ Natürliche Ränder sind selten scharf, sondern durch die Erosion »abgerundet«.

➤ Spitze Winkel benötigen sorgfältige Bodenverstärkung.

➤ Hangneigungen müssen bequem und sicher sein. Fuß- und Fahrwege, Park- sowie Sport- und Spielareale sollten anerkannten Standards und an den Zugangspunkten dem Umgebungsniveau entsprechen. Hänge sollten z. B. mit Gras bepflanzt sein, wenn sie zum Rasenmähen und für Pflegemaßnahmen zugänglich sind. Spindelmäher sind (unter Schwierigkeiten) bei bis zu 30° Gefälle einsetzbar, Luftkissenmäher bis zu 45° Gefälle.

➤ Hänge müssen stabil und gegen Erosion durch Regen und Abnutzung geschützt sein.

➤ Sorgen Sie für den Abfluss von Oberflächen- und Grundwasser.

➤ Gesundes Pflanzenwachstum sollte jederzeit Vorrang haben. Muss der Oberboden, z.B. für eine Terrasse, gepflastert werden, sollte die Erde stabil und kompakt sein.

➤ Der Oberboden ist, wenn er gut ist, eine Ihrer größten Ressourcen und kann entscheidend für eine erfolgreiche Pflanzenpflege sein. Er sollte deshalb vor Bodenarbeiten abgetragen und bis zum Gebrauch zwischengelagert werden.

Die Begradigung von Abhängen ist eine raffinierte und oft sehr viel billigere Methode, um ebene Areale zu schaffen, als der Einbau kostspieliger Stützvorrichtungen. Sie sollte daher als Erstes in Betracht gezogen werden. Veränderte Hangneigungen ermöglichen es, sich im Garten bequem zu bewegen. Es entstehen Plätze für neue Gartenelemente und es wird die Grundlage für die gesamte Gartenkomposition geschaffen.

Niveauveränderungen können eine Kombination aus Erdbewegungen an den Hängen sowie Stützvorrichtungen beinhalten und sollten dem Charakter des Geländes und der Gesamtgestaltung entsprechen. In einem in einer hügeligen Landschaft liegenden Garten könnte es möglich sein, topographische — vielleicht die natürliche Umgebung reflektierende — Änderungen vorzunehmen, ohne dass dies groß auffallen würde. In einer flachen Landschaft ohne besondere Merkmale dagegen ist jede Veränderung der Geländeform offensichtlich. Es gibt zwei Hauptansätze. Der erste nutzt natürliche Hang- und topographische Formen, um innerhalb des Gartenareals eine Naturlandschaft im Miniaturformat zu schaffen. Doch dies ist sehr schwierig — eine Disziplin, die nur in chinesischen und japanischen Gärten wirklich bis zur Perfektion entwickelt ist. Die zweite Methode bedient sich vergleichbarer Landschaften und Erd-

Terrassierung durch eine natürliche Geländeformung — ohne Mauern — ist häufig eine sympathischere und weniger kostspielige Art des Umgangs mit der Landschaft. Die Hangneigung sollte jedoch nie den Böschungswinkel überschreiten.

arbeiten, die durch soziale, kulturelle und religiöse Ausdrucksformen entstand, durch landwirtschaftliche Eingriffe und solche, die zur Beherrschung der Landschaft durch den Menschen dienen – besonders in den architektonischen Gärten bis zur Mitte des 20. Jhs. Meist wurden solche Landschaften in Form von abgestuften Terrassen angelegt, so in italienischen Renaissancegärten und klassischen hängenden Gärten. Sie wurden aber auch für landwirtschaftliche oder Bewässerungszwecke angelegt – zum Anbau von Reis, Wein und Tee. Abgestützte Böschungen verbinden sich auch gut mit Gebäuden und haben eine Tradition in Sakralbauten wie Pyramiden und Zikkurate (Tempeltürme), ebenso wie Erdbefestigungen – Burggräben, Schutzwälle und versenkte Grenzzäune.

Darüber hinaus wird seit der zweiten Hälfte des 20. Jhs. die Geländeform auf eine mehr bildhauerische Weise genutzt. So hat die Arbeit von Landschaftskünstlern wie Michael Heizer, Walter De Maria, Robert Smithson, Isamu Noguchi, Robert Morris und Richard Long, sowie die von Andy Goldsworthy und, in jüngerer Zeit, mit der Landschaft arbeitender Designer wie Charles Jenks, Martha Schwartz mit Peter Walker und Kathryn Gustafson, andere Designer und Künstler ermutigt, mit Erde wie mit einer Modelliermasse zu arbeiten.

Sowohl die Geländeform als auch die Stützmauer stehen in Beziehung zur umgebenden Landschaft. Die Wahl des Materials und die Art ihrer Anwendung sind von entscheidender Bedeutung für die Wirkung derart auffallender Gestaltungselemente.

So funktionieren Stützvorrichtungen

Um sich für eine Art der Stützvorrichtung entscheiden zu können, brauchen Sie grundlegendes Wissen darüber, wie diese funktionieren. Sämtliche Stützvorrichtungen halten Erde mit einem Neigungswinkel, der so groß ist, dass die Erde dahinter nicht mehr stabil ist, zurück. Umgekehrt ist aber nicht alles, was von einer Wand gestützt wird, instabil. Stellen Sie sich eine vertikale Stützwand vor, die Erde zurückhält. Würde die Wand entfernt, würde nur ein Teil der Erde abrutschen – Sie würden einen Abhang sehen, an dessen unterem Ende sich etwas Erde angesammelt hat. Der Hang hätte sich in einem stabilen Winkel (dem Böschungswinkel) gesetzt, sodass die Mauer eigentlich nur die jetzt (hypothetisch) ans Hangende gerutschte Erde hätte zurückhalten müssen. Stützvorrichtungen müssen also nur das keilförmige Stück Erde halten, das den Raum zwischen dem natürlich (im Böschungswinkel) geneigten Hang und ihrer Rückseite ausfüllt. Indem dieser Keil aus Erde ständig gegen die Abstützung drückt, kann er sie deformieren oder gar zerbrechen. Deshalb muss die Abstützung an ihrer Basis stabiler oder schwerer sein, um dem Druck standhalten zu können. Eine Stützvorrichtung muss drei Hauptkräften widerstehen, die vom Wasserdruck und Materialdruck auf der Rückseite der Stützwand abhängen. Die erste ist eine horizontale Kraft, die der Erdkeil von der Seite gegen die Abstützung ausübt. Die zweite ist die Kraft, mit der die zurückgehaltene Erde gegen die Wand drückt und die sie umkippen lassen kann. Die dritte ist eine Kraft, durch die eine Wand so verformt werden kann, dass sie schließlich bricht.

Pflanzen wie mehrjährige Gänseblümchen säen sich gern in den Ritzen hoher Bruchsteinmauern aus. Damit diese stabiler sind, sind sie leicht schräg nach innen gebaut. Eine dünne, überragende Mauerkrone, die nur wenig breiter ist als der Mauerabschluss, verhindert, dass Wasser an der Mauer entlangläuft oder Flecken auf der Oberfläche hinterlässt.

So können Stützwände den natürlichen Kräften widerstehen:

> *Man macht die Stützwand schwer.* Die Gesamtmasse der Wand wird von der Schwerkraft nach unten gezogen, sodass, wenn die Gravitationskraft größer ist als die horizontale Druckkraft, die Wand stabil bleibt.

> *Man legt ein breites Fundament an.* Hier hilft die Reibung am Boden des Fundaments, die horizontale Schubkraft aufzuheben.

> *Man macht die Wand stabil.* Die gegen die Rückseite einer Stützwand drückenden Kräfte führen zu einer leichten Verbiegung. Dadurch können Mauerfugen oder das

LIMITIERENDER SCHATTEN

Schattenlinie · bestehendes Bodenniveau · Schatten

Hohe Stützmauern werfen lange Schatten. Stufen dagegen lassen Licht in den Raum und verhindern schattige Areale.

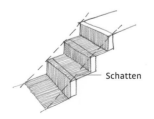

Schatten

Material brechen, besonders wenn es wenig Zugfestigkeit besitzt wie etwa Beton und Mauerwerk. Statt ihrer können sehr zugfeste Materialien wie Holz und Stahl (letzterer zumindest als Verstärkung) verwendet werden.

Warum sorgt man dann nicht einfach immer für stabile, schwere und breite Vorrichtungen? Der Grund ist, dass diese sehr teuer sowie material- und arbeitsaufwendig sind. Es ist um einiges günstiger, einen minimalen Anteil Mauerwerk, das Biegekräften schlecht widersteht und daher nicht sehr stabil ist, mit einem kleinen Anteil Stahl zu kombinieren, der sehr stabil ist. So lässt sich eine schmale, aber stabile Mauer sehr viel billiger bauen. Weil sie aber sehr leicht ist, braucht sie ein breites Fundament.

Ein anderes wichtiges Thema ist der Aufbau von Wasserdruck. Eine undurchlässige Stützwand hält gut die Erde zurück, wird aber auch Wasser aufhalten. Die Wasseransammlung hinter der Wand übt einen erhöhten Druck auf sie aus und kann sie zum Einsturz bringen. Damit dies nicht passiert, muss in wasserdichten Mauern immer eine Dränage eingebaut sein in Form einer Bodendränage und eines Dränagevlieses. Alternativ muss das Wasser über Rohre durch die Wand abfließen können, darf sich aber nicht auf angrenzenden Flächen sammeln. Von Trockenmauern, Gabionen (mit Steinen gefüllte Drahtkörbe) und Holzwänden fließt das Wasser von selbst ab.

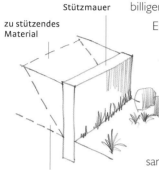

Stützmauer

zu stützendes Material

unterhalb dieser Linie ist der Untergrund von Natur aus stabil

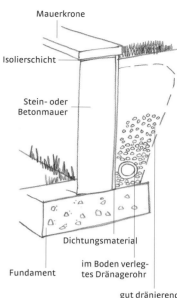

AUFBAU EINER TYPISCHEN STÜTZMAUER

Mauerkrone

Isolierschicht

Stein- oder Betonmauer

Dichtungsmaterial

Fundament

im Boden verlegtes Dränagerohr

gut dränierende Hinterfüllung, von Dränagevlies umhüllt

Die Wahl der Stützvorrichtung

Am häufigsten werden Stützvorrichtungen dazu verwendet, um eine steile Böschung zu stützen und damit nutzbaren Raum zu schaffen. Ist dazu eine Wand nötig, die mehr als Augenhöhe hat, dann wird die Wand übertrieben wirken und kann Schatten wer-

Als Hintergrund für den Rasen und die Anpflanzung wurde adrett aussehender, heller Kalkstein für niedrige Mäuerchen, Wege und Stufen verwendet. Seine neutrale Farbe kontrastiert mit den dunkleren Grüntönen von Buchsbaum und Eibe.

fen und es können feuchte Areale entstehen. Wo genug Platz ist, kann es vorteilhafter sein, eine Reihe niedrigerer, versetzt übereinander angeordneter Mauern zu bauen, die weniger erdrückend wirken.

Ein weiterer Zweck von Stützwänden ist die Anlage von Hochbeeten (siehe unten). Dabei wird die bepflanzbare Erdschicht aufgestockt und der Boden kann den Bedürfnissen bestimmter Pflanzen angepasst werden. Hochbeete erlauben außerdem älteren oder auf den Rollstuhl angewiesenen Personen den Zugang zu den Pflanzungen.

Bei der Wahl der für Sie geeigneten Stützvorrichtung sollten Sie Folgendes bedenken:

▸ die Art des Materials, das gestützt werden soll

▸ die Höhe der Stützvorrichtung

▸ die Form der Stützvorrichtung

▸ die Materialien, aus denen die Stützvorrichtung bestehen soll

▸ wie leicht der Zugang ist

▸ ob auf dem Gelände ein Bagger eingesetzt werden kann

▸ die Gesamtkosten unter Berücksichtigung des erwarteten Nutzens

Die Gestaltung kann auch von der Gesamtkomposition beeinflusst sein. Urbane, stark architektonische Ansätze und solche, die extrem stabil sein müssen, können sehr feste Stützstrukturen aus Stein, Beton oder Metall erfordern. In einer ländlichen Umgebung oder wenn das Gelände weniger stark gestützt werden muss, sind einfachere Lösungen geeigneter, z.B. große Steine und Strukturen aus Holz.

Massive, schwere Steinmauern können, richtig angelegt, nicht nur ganze Hänge, sondern auch Stufen stützen. Auf einem schmalen Erdstreifen blühen Schmucklilien. So erscheint die harte Linie zwischen Mauer und Treppe weicher.

Stahlplatten wie dieses selbstoxidierende Material können zu langen Stützmauern geschweißt, geformt oder gebogen werden. Aufgrund ihrer Stärke erzielen sie mit einem Minimum an Material eine maximale Wirkung.

Hochbeete

Mit ähnlichen Konstruktionsmethoden können Sie auch Hochbeete anlegen. Solche Beete sind besonders nützlich bei besonderen Standorten wie Höfen, Dachgärten oder tief liegenden Hinterhofgärten, wo nicht genügend Erde zur Verfügung steht, damit Pflanzen wachsen können. Auch ist oft das gesamte Areal mit Beton oder einer anderen harten Oberfläche versiegelt, unter der wichtige Versorgungsleitungen verlegt sind.

Doch selbst wo Erde verfügbar ist, kann es gute Gründe für ein Hochbeet geben. So z.B. wenn die Erde nur aus einer dünnen Schicht Oberboden über Fels oder Kalkgestein besteht, wo das für das Pflanzenwachstum nötige Wasser sowie die Pflanzennahrung, also Dünger, zu schnell ablaufen würden.

Vielleicht ist die Erde auch einfach nicht geeignet. Sie möchten aber dennoch Pflanzen ziehen, die einen bestimmten Boden brauchen, z.B. sauren Boden liebende Heide oder alpine Pflanzen. Oder Sie möchten vielleicht mediterrane Pflanzen setzen wie Zistrosen oder Lavendel, die gut dränierte magere Böden bevorzugen. Alternativ möchten Sie vielleicht einen erhöhten Teich anlegen, was oft weniger kostspielig ist als die Aushubarbeiten für einen in die Erde eingelassenen Teich.

❑ Hochbeete haben viele Vorteile, v.a. für ältere oder behinderte Menschen: Sie können die Beete besser erreichen und bei nachlassendem Augenlicht lassen sich die Pflanzen leichter aus der Nähe bewundern.

Weiden- und Haselruten oder die Zweige anderer geeigneter Gehölze können Sie zu Randbegrenzungen für Hochbeete flechten. In den Boden getriebene kräftige, aufrechte Pflöcke fixieren die Ruten.

Praktische Hinweise

Einfache Stützvorrichtungen mit leichter Erdbewegung

Trockenmauern

Sie eignen sich als Stützvorrichtungen, weil sie schwer sind und Wasser durch sie leicht abfließen kann. Allerdings kann man mit ihnen keine absolut vertikale Stützmauer konstruieren, sie würden sonst umkippen. Baut man jedoch eine Trockenmauer so, dass sie sich mit einem Winkel von 10–20 % zur Böschung neigt (das nennt man »Dossierung«), kann sie bis zu einer Höhe von 1,2 m sicher errichtet werden, vorausgesetzt, sie ist fachmännisch konstruiert. In vielen Teilen der Welt hat der Bau von Trockenmauern eine lange Tradition. Wo es die Mittel erlauben (die Arbeitskosten sind hoch), kann man mit Trockenmauern einen großen Beitrag zur Landschaftsgestaltung leisten.

Soll die Mauer mehr als sechsmal so hoch wie dick sein, empfiehlt es sich, bei einem Fachmann Rat zu suchen. Mauern von 1,2 m Höhe sollten mindestens 40 cm dick sein. Größere Steine, manchmal als »Binder« bezeichnet, baut man in vertikalen Intervallen von 50 cm so ein, dass sie in die Böschung hineinragen. Jede Trockenkonstruktion nimmt mit der Zeit an Stabilität zu, wenn sich die Steine nach und nach setzen. Daher sollte man kein Betonfundament, das das Setzen verhindert, einbauen.

Eine Dränage ist nicht unbedingt nötig, weil die Mauer durchlässig ist. Besteht jedoch die Gefahr, dass Erde durch die Mauer gespült wird und sich vorne ablagert, sollten Sie zur Sicherheit ein Geotextilvlies auf der Rückseite der Mauer anbringen, um dies zu verhindern.

Gabionen

Eine moderne Version der Trockenmauer sind Gabionen. Nach dem französischen Wort für »Käfig« benannt, sind Gabionen im Prinzip mit Steinen gefüllte Maschendrahtkäfige. Gabionen werden in Form quadratischer oder rechteckiger Gitterkörbe erbaut, die von Hand mit örtlich verfügbaren großen Steinen meist gleicher Größe gefüllt werden. Gabionenmatten sind flacher und geeignet, um abfallendes Ufergelände zu stützen.

Gabionen sind extrem schwer und sind – wie breite Stützmauern – stabil. Im Garten sind sie bis zu einer Höhe von 2 m einfach zu verwenden und verleihen ihm einen modernen Touch. Achten Sie darauf, dass der Draht der Gabionen durch einen Zink-Aluminium-Über-

zug geschützt ist. Denn wenn der Draht korrodiert, können die Steine herausfallen. An Gebäuden oder wo sie zur Gefahr werden könnten, empfiehlt es sich, fachmännischen Rat zu holen. Auf der Innenseite des Gitters kann man Geotextilvlies anbringen, damit man kleinere Steine und Erde für Pflanzen einfüllen kann. Gabionen halten kein Wasser, wenn sie mit Steinen gefüllt sind, deshalb muss man die Pflanzen eventuell bewässern.

Baukastensysteme

Solche Systeme bestehen aus Betonböschungssteinen oder Holz-Steckelementen (Palisaden). Sie eignen sich für Konstruktionen bis zu einer Höhe von 15 m, doch schon ab einer Höhe von 2 m sollten Sie fachlichen Rat einholen. Betonböschungssteine sind wasserdurchlässig und bilden oft an der Frontseite einen Halbkreis, in den Pflan-

Rechts **Rechteckige Käfige** oder Gabionen können mit großen, lokal vorkommenden Steinen gefüllt werden; Schwerkraft und Reibung halten sie an ihrem Platz. In den Spalten siedeln sich Pflanzen an.

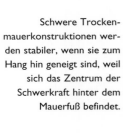

Schwere Trockenmauerkonstruktionen werden stabiler, wenn sie zum Hang hin geneigt sind, weil sich das Zentrum der Schwerkraft hinter dem Mauerfuß befindet.

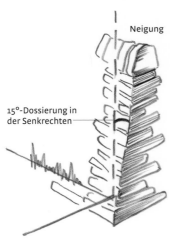

Neigung

15°-Dossierung in der Senkrechten

zen gesetzt werden können. Aber weil sie steil sind, fließt Wasser rasch durch sie nach unten ab und geht damit möglicherweise den Pflanzen verloren. Unter solchen Umständen muss bewässert werden oder man muss trockenheitsresistente Pflanzen wählen.

Das Prinzip der Baukastensysteme basiert auf der Schwerkraft. Sie verbinden leichte Elemente mit schwerer Hinterfüllung und sind in unterschiedlichen Größen erhältlich. Sie werden nach hinten zum Hang hin versetzt

genannte Böschungsmatten, die aus Kunststoff-Wirrgewebe oder Kokosmatten mit einem Geotextilvlies bestehen, zur Hangabstützung genutzt werden. Drahtgeflecht verwendet man wie eine Tasche, um Erde an steilen Hängen am Platz zu halten. Es ist billig, eignet sich zum Ansiedeln von Pflanzen, hat kleine Löcher und wird mithilfe langer Holz- oder Metallnägel in der Böschung fixiert. Nach und nach durchwurzeln die Pflanzen die Erde und der Abhang wird immer besser stabilisiert.

Holzwände

Holz ist eine gute Wahl, um in kleinen Gärten Hänge abzustützen und Hochbeete anzulegen. Es ist einfach in der Anwendung und man kann damit schnell und billig Stützwände bauen. Soll es lange haltbar sein, muss man vorbehandeltes, von Natur aus haltbares Weichholz oder nachhaltig produziertes Hartholz verwenden.

Zwei Varianten, Erde mit Holz abzustützen:

▸ *Holzbretter, die auf der Vorderseite von Pfosten gestützt werden.* Die Bretter verlaufen parallel zum Boden und werden auf der Vorderseite von senkrechten Holzpfosten gestützt, die auf 40 % ihrer Länge in den Boden getrieben oder auf weichem Boden in ein ca. 45 × 45 ×

eingebaut, sodass eine Dossierung entsteht und jede Schicht völlig gestützt wird. Für Höhen bis 1 m sind Streifenfundamente von 10 cm , bis 2 m Höhe sind Betonfundamente von 15–25 cm Dicke nötig. Sie sollten im gleichen Winkel dossiert sein wie die auf ihnen zu errichtende Stützwand. Da sich die verschiedenen Betonböschungssteine voneinander unterscheiden, entnehmen Sie die gültigen Empfehlungen den Herstellerkatalogen.

Raumgitterwände werden aus miteinander verzahnten Holz- oder Beton-Fertigbauteilen zu einem dreidimensionalen Gitter zusammengesteckt und mit Steinen befüllt. Das Gitter dient als Rahmen und die sehr schwere Steinfüllung verhindert, dass die zurückgehaltene Erde nach vorne fällt. Werden die Gitter an der Frontseite mit Oberboden verfüllt und ist Wasser verfügbar, ist eine Bepflanzung der Mauer möglich. Außerdem können so

Links **Holz- und Raumgitterwände** sind flexible Varianten, um Erde abzustützen. Am besten werden sie stark bepflanzt, sodass sie sich im Laufe der Zeit in »grüne Mauern« verwandeln.

Schnell zu installieren und kostengünstig sind zur Abstützung von Erde aufeinander gestapelte Holzstämme. Damit sie dauerhaft stabil sind, sichert man sie mit Winkelelementen oder Metallbolzen, die in ein in den Boden eingelassenes Betonfundament getrieben werden.

Gerade geschnittene Holzbretter können waagerecht oder senkrecht zur Anlage eines Hochbeets oder einer Stützwand verwendet werden. Wichtig ist, dass alle Teile fest miteinander verbunden sind.

45 cm großes Betonfundament eingelassen werden.

Das geht bis zu 1 m Höhe. Der Raum zwischen den Pfosten sollte ca. 50–75 % der Höhe über Grund betragen. Die Bretter sollten mindestens 7,5 cm breit sein.

Waagerechte Bretter sollten ebenfalls miteinander verbunden werden, sodass sie eine Einheit bilden und die Konstruktion stabiler ist, wenn sie in der Böschung befestigt wird. Das unterste Brett sollte in den Boden eingelassen sein, damit der Fuß der Konstruktion für Erde undurchlässig ist. Gute Dränage ist wichtig, und um zu verhindern, dass Erde auf angrenzende Oberflächen gespült wird, ist ein Geotextilvlies auf der Rückseite der Wand zu empfehlen.

▸ *In den Boden getriebene senkrechte Pfosten mit stumpfer Verbindung* Holzpfosten oder -stämme werden vertikal oder in einer Dossierung gesetzt, sodass 40 % des

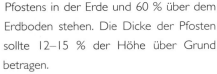

Pfostens in der Erde und 60 % über dem Erdboden stehen. Die Dicke der Pfosten sollte 12–15 % der Höhe über Grund betragen.

Senkrecht verlaufende Holzteile müssen miteinander zu einem stabilen Ganzen verbunden werden. Waagerecht verlaufende Bretter können auf die Vorder- oder Rückseite der Holzwand an den Pfosten festgeschraubt werden. Dazu kann man Nut- und Federbretter benutzen oder die Bretter mithilfe von Schraubblechen miteinander verbinden. Wichtig ist, dass die einzelnen Holzteile sich nicht gegeneinander bewegen können – sonst entstehen Schwachstellen und Lecks.

Extrem stabile Stützkonstruktionen

Wo eine hohe Stabilität nötig ist (an den Rändern von Stufen und in Gebäudenähe), entscheidet man sich besser für eine Massivbauweise, obwohl dies bedeutend teurer kommt. Meist nimmt man Mauerwerk oder Ortbeton, in größeren Garten kann Werkstein und sogar Stahlbeton günstiger sein.

Fundamente Eine Grundregel besagt, dass jede aus Ziegel- oder Blocksteinen errichtete Stützmauer ein Fundament benötigt, das bis unterhalb der Frostgrenze reicht, aber oberhalb des Grundwasserspiegels bleibt. Es sollte auf festem, gewachsenem Boden errichtet werden. Die Breite des Fundaments sollte ungefähr 60 % der Mauerhöhe betragen. Für eine 1,2 m hohe Mauer bedeutet dies, dass das Fundament 72 cm breit sein muss. Die Tiefe des Fundaments hängt von den Bodenbedingungen ab, wobei 40 cm meist angemessen sind. Stahlbetonmauern benötigen ein frostfrei gegründetes Stahlbetonfundament; für sie gelten andere Regeln.

Dränage Sie erfolgt oft durch das Hinterfüllen der Konstruktion auf der gesamten Höhe mit einem frostsicheren Dränagematerial, das freien Abfluss gewährleistet. Das Wasser wird aufgrund der Schwerkraft durch die Dränageschicht nach unten fließen und sich am Mauerfuß

in einem Dränagerohr sammeln. Das Rohr kann aus perforiertem Kunststoff, Beton oder einem anderen Material bestehen und mit der Oberflächen-Entwässerung oder einer Sickergrube verbunden sein. Inzwischen werden Dränagematten hergestellt, die auf der Rückseite der Mauer eingebaut werden und die gleiche Aufgabe erfüllen, ohne dass dazu große Mengen Kies nötig sind.

Abflusslöcher, aus denen Erde und Wasser fließen, sind neben gepflasterten Oberflächen mit Gullys nicht empfehlenswert.

Dichtungsmittel Die Rückseite der Mauer sollte mit drei Schichtaufträgen einer Isolierfarbe auf Bitumenbasis oder durch Anbringen einer wasserdichten Folie (mit wasserdichten Nähten) und sorgfältiger Hinterfüllung imprägniert werden. So kann das Wasser nicht mit den in Ziegelsteinen oder Mörtel enthaltenen Salzen reagieren.

Die Dicke der Konstruktion

Füllbeton, Mauerwerk und flexible Strukturen müssen schwer sein und eine breite Basis besitzen. Um in Bauten über 90 cm Höhe ein Gegengewicht zu den Kräften, die sie umkippen lassen können, zu schaffen, müssen sie am Fuß dicker sein als in der Höhe oder mit einer Neigung von 10–20 % in den Hang gebaut werden.

Ziegel- und Blocksteinmauern müssen an der Mauerkrone sowie auf den oberen 50 cm mindestens 20 cm breit sein (24 cm für Backstein- und Blocksteinmauerwerk): Darunter sollte die Dicke bis zu einer Höhe von 2 m pro 50 cm Höhe um 10 cm zunehmen. Demnach würde eine 1,5 m hohe Mauer am oberen Ende 20 cm und am Fuß 60 cm dick sein. Fundamente sollten doppelt so dick sein wie die Basis und mindestens 40 cm tief (in nicht frostsicheren Lagen 80 cm). Am Mauerfuß sollte keine Isolierschicht eingebaut werden, wohl aber unter der Mauerkrone, damit kein Wasser in die Mauer eindringen und diese beschädigen kann. Dehnungsfugen sollten in 5-m-Abständen angebracht und mit Dichtungsmasse verfüllt werden.

An Ort und Stelle gegossene Füllbetonmauern

müssen am oberen Ende mindestens 20 cm dick sein. Die Mauerdicke sollte dann mit einer Neigung von 10–20 % nach unten hin zunehmen bis zu einem Fundament, dessen Breite 60 % der Mauerhöhe beträgt. Demnach erhöht sich die Mauerdicke pro Meter Höhe bei einer Neigung von 20 % um 20 cm bzw. bei 10 % Neigung um 10 cm. Eine 1,5 m hohe Mauer mit einer 10-%-Neigung wird am oberen Ende 20 cm und am Mauerfuß 35 cm dick sein und ein Fundament von 90 cm Breite benötigen. Beton sollte mindestens bis zur Festigkeitsklasse C20/25 vorgemischt werden. In geringen Mengen zugegebenes Armierungsmaterial erhöht die Festigkeit und erleichtert die Verbindung der senkrechten Mauer mit dem Fundament.

Füllbeton- und Blocksteinmauern profitieren von einem dekorativen Abschluss. Dies kann ein Zementputz oder eine Naturstein- oder Ziegelverblendung sein, die über die Mauer übersteht und als Tropfnase ausgebildet ist, sodass Fleckenbildung auch dann verhindert wird, wenn Wasser eindringt.

Verstärkung

Für größere Konstruktionen kann es rentabler sein, anstelle von zusätzlichen Füllmaterialien Armierungen einzubauen. Betonstahlstäbe können an kritischen Stellen in Betonfundamente gegossen werden, sodass Hohlblocksteine über ihnen gestapelt werden können. Betonstahlstäbe von 20 mm Dicke und 60 cm Länge, in der Mitte eingebaut, sind für eine bis zu 1,2 m hohe Mauer ausreichend. Die Mauer wird wie üblich hochgezogen, dann wird Beton in die Hohlräume der Blöcke gegossen, sodass er die Stäbe einschließt. Auch Ziegelhohlblocksteine kann man auf diese Weise verwenden. Alle 25 m sind Dehnungsfugen nötig. Bei einem anderen System werden auf der Rückseite der nominell 24 cm dicken Mauer vertikale »Taschen« frei gelassen, gegen die Stützstäbe angelegt werden. Die Taschen werden mit Zement verfüllt und die Mauer wasserdicht imprägniert. Auf diese Weise lassen sich Ziegelsteinmauern bis zu 3 m Höhe relativ kostengünstig errichten.

Es lohnt sich, vor der Entscheidung für irgendeine Stützvorrichtung sich vollkommene Klarheit zu verschaffen. Bei Zweifeln ist es besser, den Rat eines Fachmanns einzuholen als sich mit einer Lösung abzufinden, die nicht fachgerecht ist und für die Sie womöglich verantwortlich gemacht werden könnten.

LÖSUNGEN FÜR MAUERWERK UND BETON

zurück-gehaltene Erde

Stütz-Mauerwerk

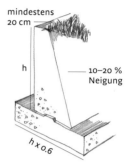

mindestens 20 cm

h

10–20 % Neigung

h x 0,6

Ortbetonstützmauern

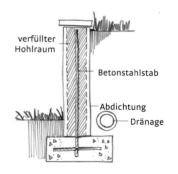

verfüllter Hohlraum

Betonstahlstab

Abdichtung

Dränage

Mit Beton ausgegossene Hohlblocksteine (Querschnitt)

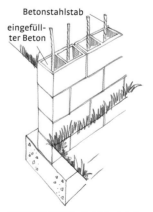

Betonstahlstab

eingefüllter Beton

Mit Beton gefüllte Hohlblocksteine

Diese rustikalen Holzäste wurden bewusst schräg zur Böschung ausgerichtet und mit einer waagerechten Holzlatte oder Draht stabilisiert.

Wiederverwendetes Holz ist preiswert und leicht einzusetzen. Es passt besonders gut zu zwanglosen Anpflanzungen, Kiesoberflächen und Naturstein.

Natürlich oxidierender Stahl wie Corten-Stahl, verwittert zu einem kräftigen, dunklen Purpurbraun. Er lässt sich verformen und passt gut zu warmen Farben.

Gegossener oder Ortbeton kann in fast jede Form gebracht werden. Hier schafft er fließende terrassierte Kurven, die zu einer Stützfront zusammenlaufen.

Feinbleche können aufgeschnitten und gebogen werden, um raffinierte Kurven und ungewöhnliche Pflanztaschen zu schaffen.

Auch Kunststoff kann kleinere Erdwälle zurückhalten und eignet sich gut für Pflanzboxen oder -taschen.

In den Boden eingelassene Holzlatten mit stumpfen Verbindungen lassen das Wasser durch die Fugen ablaufen und schaffen eine erhöhte Kante.

Weiden- oder Haselruten lassen sich mit traditionellen Korbflechtertechniken zu Stützwänden verarbeiten. Grünes Holz treibt aus, wenn es gut gegossen wird.

Dieses Arrangement aus verstärkten und mit Ziegeln verblendeten Betonmauern ließe sich im kleineren Umfang auf steil abfallendes Gelände übertragen.

Roh verputztes Blocksteinmauerwerk und verwittertes Holz schaffen eine zwanglose Struktur, die sich mit einer Vielzahl von Materialien gut verträgt.

Eine niedrige Steinmauer mit flacher Mauerkrone eignet sich als Hochbeet, kann aber genauso gut einen formalen Teich einfassen.

Mit Mörtel verbundene Steine mit geneigter Front sorgen dafür, dass diese Mauer solide konstruiert ist sowie dauerhaft und sicher wirkt.

Leichte, zwischen Metallbolzen gewobene Stahlstreifen schaffen eine wirksame Kante für dieses Hochbeet. Andere Metalle, Kunststoff oder Hartholzstreifen wären für diesen Zweck ebenso gut geeignet.

Dieses seit über 100 Jahren bestehende Amphitheater in Gwennap in Cornwall ist eine Lektion in Schlichtheit der Gestaltung. Trockensteinmauern stützen Rasenterrassen, die als Stufen und Sitzbänke dienen.

Tonziegel, kombiniert mit einer Fertig-Mauerkrone aus Beton schaffen ein zwanglos wirkendes, höher gelegtes Pflanzbeet.

Steingefüllte Gabionen, die auf der Böschung aufliegen, halten die Erde zurück und verhindern Erosion. Sie sind eine ausdrucksstarke Ergänzung zu einem Gestaltungsentwurf, aber sie sind auch kostspielig.

Die Rostoberfläche des Gitters und die Steine in dieser Gabione ergeben eine kraftvolle Komposition. Dank ihres Gewichts und der guten Dränage ist sie eine ideale Lösung, um Erdreich zurückzuhalten.

Holzsteckelemente, die mit Gelenkmechanismen oder Metallbolzen an Ort und Stelle gehalten werden, sind als Baukastensystem erhältlich und können zu rechteckigen Beeten zusammengebaut werden.

4

MAUERN

Warum Mauern?

Eine Mauer zu bauen ist kostspielig und schwierig. Deshalb sollten Sie sich nur mit gutem Grund für den Bau einer Mauer entscheiden.

▸ Festigkeit: Mauern bestehen meist aus Naturstein, Mauerwerk oder Beton. Sie sind solide, schützen vor Fahrzeugen und Lärm und verhindern unerwünschtes Betreten.

▸ Dauerhaftigkeit: Mauern sind langlebig, steigern den Grundstückswert und erfordern minimale Pflege- bzw. Instandhaltungskosten.

▸ Beitrag zur Landschaft: Wer eine Mauer baut, zeigt, dass er langfristig denkt. Mauern haben einen hohen sichtbaren Wert — sie sehen teuer aus.

▸ Energiespeicherung: Bei hohen Temperaturen speichert das Mauerwerk die Hitze und gibt sie später wieder ab, sodass die Bepflanzung dort vielfältiger sein kann.

▸ Eigener Stil durch Abgrenzung: Mit Mauern und Mauermaterialien lässt sich ein Bereich oder ein eigener architektonischer Stil definieren.

Häuser und Städte bestehen aus Mauern, die Respekt einflößen sollen. Vielen sieht man an, mit welcher Mühe und handwerklichem Geschick sie erbaut wurden. Deshalb erstaunt es nicht, dass manche Mauern, wie die Chinesische Mauer, die Klagemauer in Jerusalem und die Berliner Mauer, in der Geschichte besondere Bedeutung erlangt haben und als eindrucksvolle religiöse oder kulturelle Symbole gelten. Früher waren Königreiche und Städte von Mauern umgeben. Außerhalb von Städten dienen Mauern der Umfriedung von Feldern, dem Schutz von Vieh und sind gestaltendes Element der Landschaft. Sie stehen für Wohlstand, denn der Bau einer Mauer kann teuer sein: Einst konnten es sich nur die reichsten Landbesitzer leisten, ihre Anwesen und Gärten einzufrieden.

In Städten sind viele Gärten von Mauern umgeben, die das Eigentum schützen. In einem kleinen Garten können sie das beherrschende Element sein. Sie sorgen für Privatsphäre, gewähren Schutz und spenden Schatten, speichern aber auch Sonnenenergie in Form von Wärme, die sie abends langsam an die Umgebung abgeben. In größeren Gärten lassen sich Mauern als Trennelemente einsetzen, durch die voneinander getrennte Bereiche und Sichtschutz entstehen.

Wer eine Mauer erbt, hat eine große Verantwortung. Viele der Mauern, die bis Mitte des 20. Jhs. errichtet wurden, wären, wenn man sie heute bauen würde, kaum noch erschwinglich. Statt Mauern aus behauenen Steinen und Trockensteinmauern werden verputztes Hohlblockmauerwerk und Holzzäune errichtet, um Kosten zu sparen.

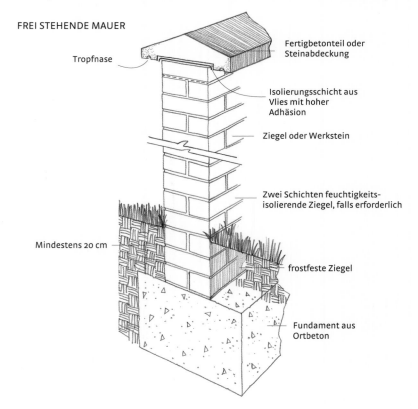

FREI STEHENDE MAUER

Tropfnase

Fertigbetonteil oder Steinabdeckung

Isolierungsschicht aus Vlies mit hoher Adhäsion

Ziegel oder Werkstein

Zwei Schichten feuchtigkeitsisolierende Ziegel, falls erforderlich

Mindestens 20 cm

frostfeste Ziegel

Fundament aus Ortbeton

Öffnungen in Mauern können den Gesamteindruck völlig verändern: Der Bogen erlaubt einen flüchtigen Blick auf das dahinter liegende Wasserbecken. Die Neugier wird durch den gewundenen Weg noch gesteigert. Die Pflastersteine und die flachen Setzstufen der Treppen haben denselben Richtungsfluss.

Traditionelle Materialien, die im Lauf der Zeit meist noch besser aussehen, sind durch modernere Konstruktionen ersetzt worden, die in vielen Fällen nicht lange halten.

Eine neue Mauer sollten Sie als Investition betrachten. Eine gute, solide gebaute Mauer hat eine viel längere Lebenszeit als ein Holzzaun. Sie hat eine positive Wirkung auf den Garten und hat viele Generationen Bestand. Sie erhöht den Wert des Anwesens, bietet Festigkeit und Schutz und strahlt durch ihre Dauerhaftigkeit etwas Beruhigendes aus, das Zäunen fehlt. Wie alle guten Bauwerke sollte sie mit dem Alter schöner werden. Vergessen Sie aber nicht, dass Mauern zwei Seiten haben und daher nicht unwesentlich zum Charakter des Bereichs außerhalb des Gartens beitragen. Hier müssen Architekten, Haus- oder Grundstücksbesitzer verantwortlich handeln.

Architekten sowie Landschafts- und Gartenbauer interessieren sich mittlerweile für neue Materialien und Techniken im Zusammenhang mit dem Bau und der Oberflächenbehandlung von Mauern. Dazu gehören Glas, Gabionen sowie mit Blech und

Schlüsselfragen zur Gestaltung

➤ Soll die Mauer einen praktischen oder ästhetischen Zweck erfüllen?

➤ Spielen Privatsphäre oder Sicherheit eine Rolle? Wie hoch oder mächtig soll die Mauer werden?

➤ Geben Gebäude in der Nähe oder angrenzende Mauern Anregungen für das Material?

➤ Wie wird sich die Mauer in der Umgebung auswirken?

➤ Wird die Wahl des Materials von dem gewünschten Stil vorgegeben?

➤ Welche Gestaltungsmöglichkeiten ergeben sich aus Textur, Größe, Relief/Schatten, Materialkombinationen und Fugen?

➤ Wird Ihre neue Mauer die Nachbarn stören? Wie wird sie auf deren Seite aussehen? Wird ihr Garten dadurch schattig?

➤ Entspricht die Mauer den Bauvorschriften? Welche Genehmigungen brauchen Sie?

➤ Ist die Mauer oben und unten vor eindringendem, besonders gefrierendem Wasser geschützt?

➤ Ist das Fundament ausreichend? Wie ist der Boden beschaffen? Wäre bei schwierigen Böden, vor allem Lehmboden, ein Zaun nicht die bessere Lösung?

➤ Wird die Mauer stark und dick genug sein, um Windbelastungen standzuhalten?

➤ Haben Sie die Wärme- und Schrumpfungsbewegungen der fertigen Mauer mit berücksichtigt?

Holz verblendetes Hohlblocksteinmauerwerk. In letzter Zeit werden auch sehr alte Mauerbautechniken wiederentdeckt wie Stampflehmbau und Lehmbau mit Lehmstrohziegeln.

Die Funktion von Mauern

Mauern haben weitgehend dieselben Funktionen wie andere Abgrenzungen, etwa Zäune und Geländer. Sie markieren Grenzen und lenken die Bewegung von Menschen, Tieren und Fahrzeugen; sie bieten Sicht- und Lärmschutz und regulieren das Kleinklima (Sonnenlicht, Temperatur und Wind). Mauern haben jedoch auf ihrer gesamten Länge Verbindung zum Boden. Deshalb muss man den Untergrund sorgfältig planen und sich über die Bodenbeschaffenheit informieren. Die meisten Zäune berühren den Boden nur dort, wo die Pfosten stehen, passen sich besser an wechselnden Untergrund und Erdboden an und sind preiswerter. Auch niedrige Mauern sind rechtsgültige Grenzen – damit man z.B. weiß, wo man gehen darf.

Örtlichkeit, handwerkliches Können und Muster

Details bei der Abdeckung (oder der Verkleidung) sind beim Bau jeder Mauer wichtig. Die ausgeprägte eckige Form dieser einfachen Bruchsteinmauer wird von der weiß gestrichenen Betonabdeckung noch betont.

Vermutlich mehr als irgendein anderes Gestaltungselement verleihen Mauern einer Landschaft ein anderes Gesicht. Als der Transport von schweren Gütern noch teuer und langwierig war, wurden Mauern aus einheimischen Materialien gebaut, die von den geologischen Verhältnissen der jeweiligen Gegend vorgegeben waren. In Gegenden, wo Kalkstein das natürliche Muttergestein war, waren graue oder weiße Trockensteinmauern typisch. Gab es in der betreffenden Gegend Schiefer, baute man schwarze, blockartige Mauern oder solche aus dünnen Bruchstein-Platten; in Gegenden mit Kreide sah man vor allem Flintplatten, die aber in Deutschland kaum verwendet werden. Gab es Ton, bestanden die Mauern aus Ziegeln; gab es vor Ort kein geeignetes Material, ersetzte man Mauern durch Zäune oder Hecken oder baute, wie im Südwesten der USA, mit luftgetrockneten Ziegeln.

Sogar innerhalb ein und derselben Region können die Varianten stark ausgeprägt sein. In Cambridgeshire und Bedforshire in England, wo Ton- oder Kiesböden vorherrschen, sieht man häufig Mauern aus Ziegelmauerwerk. In Suffolk und Teilen von Essex und Norfolk, die auf Kreideböden liegen, sind eher Flintsteinmauern anzutreffen, in den Grenzgebieten sind die Mauern aus Ziegeln und Flintsteinen gebaut.

Nicht nur die Materialien bestimmen das Aussehen der Mauer. Die Art, wie sie kombiniert werden, spielt mitunter eine große Rolle. In Kapitel 1, Wege und Beläge, wird ausführlich erklärt, wie man mit einer

Kombination von Baumaterialien interessante Muster legen kann, Viele Prinzipien, die dort beschrieben werden, gelten auch für Mauern. Auf den vertikalen Mauerflächen können Muster jedoch etwas anders wirken und sind bruchanfälliger. An solchen vertikalen Oberflächen kann man im Garten handwerkliches Geschick am besten unter Beweis stellen oder Kunstwerke oder Artefakte anbringen.

Muster ergeben mehrere Gestaltungsmöglichkeiten: erstens durch die Kombination von Materialien unterschiedlicher Farbe, Textur und Größe; zweitens aus den Mustern, die durch die Fugen zwischen den Bauelementen entstehen; drittens durch das Gestalten der Oberfläche, z.B. in Form von Mosaiken, Reliefs oder durch Behauen.

Gesetze, Vorschriften, Regeln und gute Nachbarschaft

Für Mauern gibt es meistens strenge Vorschriften und Regeln. Deshalb sollten Sie sich vor dem geplanten Bau oder Abriss unbedingt mit den Behörden vor Ort in Verbindung setzen und alles klären. Es gibt Vorschriften hinsichtlich der Höhe (ortsübliche Einfriedungen), manchmal auch, was Aussehen und Konstruktion betrifft, vor allem in historischen Bereichen. Vermeiden Sie Mauerkronen ohne Genehmigung, die auf das Nachbargrundstück überhängen.

Ziehen Sie vor allem Ihre Nachbarn zurate und holen Sie deren (schriftliche) Zustimmung ein, bevor Sie anfangen. Bedenken Sie, dass Ihre neue Mauer von Ihrer Seite aus schön aussehen mag, Nachbars Garten dadurch aber kalt und schattig wird.

Einfaches, verputztes Mauerwerk kann dekorativ sein, wenn man in die oberste Schicht Putz ein Muster einritzt, bevor sie völlig getrocknet ist.

Wo genügend Platz ist, geben Stützpfeiler der Mauer Festigkeit. Hier wiederholt sich ein Relief in regelmäßigen Abständen, erzeugt dadurch einen Rhythmus und lässt die verputzte und gestrichene Mauer zu einem beherrschenden Element werden.

Abdeckplatten, Rollschicht

Als Mauerabschluss werden oft Ziegel-, Beton-, Stein- oder Tonbauteile verwendet. Das hat praktische Gründe – die Mauer wird so vor Wasser geschützt. Der Mauerabschluss kann aber auch die Funktion eines Rahmens haben, der die Gesamtkomposition aufwertet. Wichtig sind die Proportionen und die Materialien: Dünne Fertigbauteile aus Beton sehen mitunter billig, große Blöcke dafür kopflastig aus.

Viele Materialien sind anfällig für Wasserschäden, vor allem, wenn das Wasser von der Mauer absorbiert wird und gefriert. Wasser kann in Form von Regen (oder Schnee) und durch Kapillarwirkung durch den Boden in die Mauer eindringen. Das

Traditionelle Mauerabschlüsse sind vielseitig einsetzbar. Hier wurden Firstziegel und Fliesen so verwendet, dass das Regenwasser von der Seite der Mauer weggeleitet wird und nicht in das Mauerwerk einsickern kann.

Wasser, das oben auf die Mauer auftrifft, ist das größte Problem, da es aufgrund der Schwerkraft tief ins Mauerwerk einsickert und dort Frostschäden und Flecken verursachen kann. Besteht in Ihrer Gegend keine Frostgefahr, sind feuchtigkeitsisolierende Maßnahmen womöglich nicht notwendig. Einige Materialien wie frostfeste Ziegel sind nicht anfällig für Frostschäden und müssen eventuell nicht geschützt werden.

Abdeckplatten sind größere Bauteile, die normalerweise aus Fertigbauteilen aus Beton oder Stein bestehen, die oben auf der Mauer sitzen und das Wasser von dort ablaufen lassen. Sie bleiben durch ihr eigenes Gewicht an ihrem Platz, es sei denn, sie sind groß und massiv. Dann müssen sie zusätzlich mit Metalldübeln befestigt werden, die man oben in die Mauer setzt, damit die Teile nicht seitlich wegrutschen. Je nach Region haben diese Mauerabschlüsse unterschiedliche Formen. In einigen Teilen der Welt sind Abdeckungen aus Ton- und bunten, glasierten Keramikteilen beliebt.

Rollschichten schließen bündig mit der Mauer ab. Sie bestehen aus einer oder mehreren Lagen Mauerwerk und werden meist hochkant auf die Läufer verlegt. Die Ziegel müssen absolut frostfest sein. Es gibt spezielle Formziegel, die sehr dekorativ sind und oft ans Ende der Mauer gesetzt werden, um zu verhindern, dass der letzte Ziegel bricht oder herabfällt. Ziegel unterhalb der Krone müssen ebenfalls frostfest sein.

Ziegel und Tonfliesen können auch kombiniert werden, wobei die Fliesen über die Mauerkante hinausragen, damit das Wasser ablaufen kann. Hier hat man die unterschiedlichsten Gestaltungsmöglichkeiten.

Selbst wenn ein Großteil des Wassers abläuft, dringt doch immer etwas durch die Fugen in die Mauer ein. Bei der Verwendung nicht frostfester Materialien ist daher eine Isolierschicht beziehungsweise eine Feuchtigkeitsabdichtung erforderlich.

Traditionelle Steinmauern

Als die Transportmöglichkeiten noch beschränkt waren, baute man Mauern meist aus einheimischem Material. Stein ist äußerst haltbar und in der Regel langlebig. Selbst wenn er nur sparsam eingesetzt wird, kann er einem Garten ein anderes Gesicht geben.

MÖGLICHKEITEN FÜR MAUERABDECKUNGEN

ABDECKPLATTEN

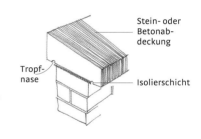

Stein- oder Betonabdeckung

Isolierschicht

Tropfnase

Stein- oder Betonabdeckung

Tropfnase

Isolierschicht

ROLLSCHICHT

Rollschicht aus Ziegeln (müssen frostfest sein)

Firstziegel

zwei Lagen gerillter Fliesen

Wer Naturstein als Baumaterial verwendet, kann unter mehreren Bauarten wählen. So kann er etwa einen befestigten Erdwall oder eine Trockenmauer aus Bruchsteinen oder eine stattliche Quadersteinmauer bauen. Eckige oder unregelmäßige Steine muss man unter Umständen mit Mörtel fixieren, und da man die Fugen viel eher sehen wird, sind auch deren Farbe, Form und Textur wichtig. Behauener oder sandgestrahlter Stein kann sehr teuer sein, vor allem, wenn die Fähigkeiten eines Steinmetzes erforderlich sind. Für solch ein Projekt lohnt es sich, jemanden heranzuziehen, der sich auf die Bearbeitung von Steinen spezialisiert hat.

Man kann auch Kunststein verwenden. Er ist viel billiger als Naturstein, die Fertigteile passen mühelos und exakt aneinander, und meist braucht man sie nicht mit Mörtel zu verfugen. Echter Stein sieht jedoch immer noch am besten aus. Hochwertiges Recyclingmaterial mit Patina ist selten und sehr teuer.

Trockenmauern

Die wohl schönsten Steinmauern sind Trockenmauern, deren Ursprünge Tausende von Jahre zurückreichen. Sie passen besonders gut in ländliche Gegenden in der Nähe von Steinbrüchen, wo sie eine wichtige Verbindung zwischen Garten und Land schaffen können, da sie mit heimischen Pflanzen gut harmonieren. Viele hatten früher einen praktischen Aspekt: Man schichtete vom Feld gesammelte Steine aufeinander.

befestigter Erdwall

Trockenmauer

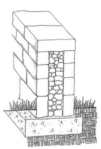

regelmäßige
Bruchsteinmauer

Mauer aus Quadersteinen

In Devon, Cumbria und Cornwall sieht man häufig befestigte Erdwälle und erhöhte Heckenwälle, die mit festgestampfter Erde gefüllt und bepflanzt sind. Am beliebtesten ist jedoch die zweiseitige, frei stehende Trockensteinmauer, die Felder begrenzt, Grundstücke markiert und Vieh schützt.

Bei der Konstruktion von Trockenmauern (und ihrer Instandsetzung) muss man meist einen Formrahmen errichten. Das ist ein einfacher Holzrahmen, dessen Innenmaße mit den Außenmaßen der Mauer identisch sind. An diesen Rahmen werden Richtschnüre befestigt, entfernt und erneut befestigt, je höher die Mauer wird. Sie geben die Umrisse der Mauer an, sodass man den Stein gleichmäßig verlegen kann.

Eine ordentlich gebaute Trockenmauer braucht keinen Mörtel oder Zement. Trockenmauern werden nämlich robuster, da sie sich im Lauf der Zeit setzen und die Steine sich verkeilen. Mörtel würde diesen Vorgang verhindern. In jeder Gegend hat sich ein anderer Mauerstil etabliert. Schauen Sie sich um, welcher in Ihrer Gegend dominiert. Je nach Steinvorkommen und Tradition können die Mauern typisch aufgeschichtet sein (Steine in horizontalen Lagen, etwa so wie Ziegel) oder in Blöcken, wenn rundere oder unterschiedlich große Steine verwendet werden. In Irland verlegt man oft große Steine vertikal; in anderen Gegenden legt man komplizierte Muster. Als Durchgänge baut man Tore, Zaunübertritte oder Torpfosten ein.

Zaunübertritt

Durchlass

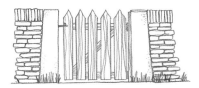

zwischen Pfosten eingelassenes Törchen

Kompliziertere Steinmauern

Mit Mörtel kann man Mauern höher, senkrechter und exakter bauen als Trockenmauern. Mit geradlinig geschnittenen Steinblöcken gelingt die Konstruktion sogar noch exakter. Geradlinige Steinblöcke lassen sich in horizontalen Lagen mit in jeder Lage versetzt angeordneten vertikalen Fugen verlegen, sodass ein starker Verband entsteht. Bei diesen Mauern werden oben meist Decksteinabschlüsse angebracht oder Steine hochkant verlegt. Mörtelfugen können zum Stein passen oder ein besonderes gestal-

Links Mit einheimischem Stein kann man Mauern bauen und die Seiten von Erdböschungen verstärken. Im Lauf der Zeit setzen sich die Steine und verkanten sich und in den Ritzen siedeln sich Pflanzen an.

Eine niedrige Stützmauer vor einer höheren, frei stehenden Mauer. Eine Mauerkrone aus hochkant verlegten Ziegeln fungiert als Bindeglied und hebt sich vom Verputz der höheren Mauer gut ab.

terisches Element der Mauer werden, wenn sie leicht versenkt oder andersfarbig sind. Behauener Stein, der sorgfältig mit der Hand oder der Maschine bearbeitet wurde, kann je nach Gestaltung, Steintyp und Herstellungsprozess in speziellen Formen und Oberflächen geliefert werden. Die Oberfläche kann – je nach Bearbeitung – sägerau, scharriert, gestockt, gespitzt oder geschliffen sein. Theoretisch ist auch jedes andere Muster möglich, das sich in den Stein schneiden lässt.

Quadersteine sind Mauersteine bester Qualität und passen im Idealfall so nahtlos aneinander, dass man die Fugen praktisch nicht sieht. Durch moderne Techniken sind diese Steine erschwinglicher geworden, trotzdem sind sie immer noch teuer. In jedem Fall muss der Stein extra im Steinbruch bestellt und laut mitgelieferten Zeichnungen in Form und Maß zugeschnitten werden. Mithilfe von CAD lassen sich Produktionszeichnungen für Quadersteinkonstruktionen heute erheblich leichter anfertigen. Bei den meisten Steinmauern werden die Mörtelfugen auffallen. Sorgen Sie deshalb dafür, dass die Farbe des Mörtels zu der des Steins passt. Qualitativ hochwertiger Mörtel lässt sich aus Steinmehl herstellen, das als Nebenprodukt im Steinbruch anfällt und genau passend sein sollte. Naturstein kann man in andere Mauern in Form von Abdeckungen, Ecksteinen oder als dekoratives Element integrieren.

Feuchtigkeitsisolierende Schichten sind bei Steinmauern kaum erforderlich, können aber zusätzlich gelegt werden, damit es auf poröserem, hellem Stein keine Flecken gibt oder Sedimentgestein nicht durch aufsteigende Salze in Lehmböden beschädigt wird.

Oben **Mauern werden mit Öffnungen oder anderen auffälligen Merkmalen aufgelockert. Hier wurde dafür eine Natursteinmauer mit einem Wasserspiel gewählt.**

Unten **Für Mauerverkleidungen aus Stein braucht man qualitativ hochwertiges Material und die Hilfe eines Fachmanns. Aus sorgfältig ausgewählten Natursteinplatten kann man Muster legen, die an Furniermöbel erinnern.**

Geschwungene Mauern ziehen die Blicke auf sich. Die Öffnungen in dieser Mauer können mit Buntglas versehen sein oder als eine Art Fenster dienen. Auf den Simsen kann man Topfpflanzen platzieren.

Ziegelmauern

Seit mindestens 7000 Jahren werden Mauern auf der ganzen Welt aus Ziegeln gebaut. Im 18./19. Jh. waren Ziegel sehr in Mode, gerieten im 20. Jh. aber in Vergessenheit. Heute erleben sie wieder ein Comeback. Aus Ziegeln lassen sich unendlich viele verschiedene Muster anlegen und Bauformen errichten, da sie leicht zu bearbeiten sind. Allerdings sind nicht mehr viele Handwerker mit ihrer Verarbeitung vertraut. Obwohl den Verwendungsmöglichkeiten nahezu keine Grenzen gesetzt sind, sehen viele Ziegelmauern in Gärten einfallslos und ausschließlich funktional aus: Hier hat man sich mit dem Standarddesign begnügt und die Chance vertan, etwas Interessanteres zu schaffen. Es gibt viele gute Bücher zum Thema »Gestalten mit Ziegeln« und unzählige Trends und historische Vorbilder, von denen sich jeder anregen lassen kann, der Ziegel verwenden will. Ziegelmauern sollten immer in Gegenden in Erwägung gezogen werden, wo Ziegel als Baumaterial verwendet werden. In Gegenden, in denen vorwiegend mit Naturstein, Beton oder Holz gebaut wird, wirken sie hingegen völlig deplatziert.

Das Aussehen von Ziegelmauern

Wie eine Ziegelmauer aussieht, hängt einerseits von den Ziegeln selbst (ihrer Farbe, Größe, Textur), den Fugen (Farbe, Größe, Gestalt), dem Verbandmuster (wie die Ziegel kombiniert werden, siehe Seite 87) und der Wirkung aus der Ferne ab. Die Auswahl der Ziegel wird sich nach bereits in der Gegend vorhandenen Bauwerken richten, beispielsweise einem Haus oder einer angrenzenden Mauer. Man kann aber auch Ziegel mit unterschiedlicher Farbe und Textur auswählen und Muster anlegen. Da es buchstäblich Tausende verschiedener Ziegel gibt und der Bau einer Mauer doch erhebliche Kosten mit sich bringt, sollten Sie gleich nach den geeignetsten suchen. Ziegel, die vor Ort erhältlich sind, müssen nicht zwangsläufig die richtigen sein. Vielleicht finden Sie das Gesuchte in der Mustersammlung eines großen Bauunternehmens oder in einem Baumarkt.

Auch die Fugen sind ein sichtbarer Teil der Mauer. Sehr viele Mauern sehen unansehnlich aus, weil Mörtel mit einer völlig unpassenden Farbe verwendet oder nachlässig verarbeitet wurde. Der Handel bietet Pigmentzusätze, die zum Mauerwerk passen. Das Profil und die Tiefe von Mörtelfugen wirkt sich ebenfalls beträchtlich auf den Gesamteindruck der Mauer aus und sollte mit Bedacht gewählt werden.

Auch das Verbandmuster beeinflusst das Gesamterscheinungsbild. Traditionelle Verbandmuster sind Läuferverband, Binderverband, Blockverband, Flämischer Verband und leichte Abwandlungen derselben. Sie können natürlich auch einen anderen speziellen Verband wählen, bei dem weniger Material benötigt wird oder durch den die Mauer mehr Festigkeit erhält. Die sorgfältige Verlegung der Ziegel zu dreidimensionalen Oberflächenmustern kann beeindruckende Wirkung haben. Ihren Möglichkeiten sind nur durch die Fantasie, Kosten und Fähigkeiten Grenzen gesetzt. Ziegelmauern, die einen halben Ziegel dick sind, können nur im Läuferverband gebaut werden. Bei

Bei geschwungenen Mauern wie dieser ist der Materialverbrauch gering. Sie sind standfest und trotzen dem Wind, müssen aber vom Fachmann gebaut werden. Sie nehmen mehr Platz ein als gerade Mauern und können auf Nachbargrundstücke ragen.

Mauern, die einen Ziegel oder mehr dick sind, sind unterschiedliche Verbandmuster möglich, wenn man Binder (die Schmalseiten) und Läufer (die Längsseiten) kombiniert. Die Entscheidung für ein bestimmtes Verbandmuster hängt von der Festigkeit der Mauer, ihrem Aussehen und dem Ort ab, an dem sie errichtet werden soll. Es lohnt sich, mit Mustern und Farben zu experimentieren. Mauern, die nur einen halben Ziegel dick sind, dürfen nur 50 cm hoch gebaut werden. Gerade, einen Ziegel dicke Mauern dürfen bis 1,3 m hoch sein.

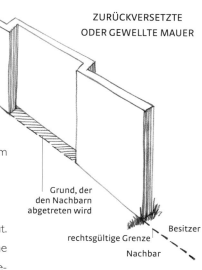

ZURÜCKVERSETZTE ODER GEWELLTE MAUER

Grund, der den Nachbarn abgetreten wird

rechtsgültige Grenze

Besitzer

Nachbar

Die Form von Ziegelmauern

Ziegelmauern und auch andere Mauern werden normalerweise geradlinig gebaut. Wegen ihrer geringen Größe eignen sich Ziegel aber auch für sanft geschwungene Mauerfluchten. Solche Mauern haben den Vorteil, dass sie horizontalen Kräften, besonders Wind, besser standhalten. Nur ein Fachmann kann eine geschwungene Ziegelmauer akkurat errichten. Oft werden die Mauern mit Pfeilern und zurückversetzen Feldern gebaut oder mit Zinnen versehen. Die beiden letztgenannten Bauweisen sind für Grenzmauern weniger geeignet, weil sie mehr Fläche in Anspruch nehmen als gerade Mauern und unter Umständen in ein Nachbargrundstück ragen.

GESCHWUNGENE MAUER

Betonmauern, Hohlblockmauern und Mauern aus Ziegeln

Traditionelle Gartenmauern aus Steinen und Ziegeln sind sehr teuer. Preisgünstigere Mauersysteme, die auch von Laien schneller gebaut werden können, sind inzwischen sehr beliebt, obwohl man sich vielleicht nur aus Kostengründen für diese Variante entschieden hat. Nur so kann man große Oberflächen effektiv anlegen, die später gestrichen werden sollen.

Verputzte und mit Stein oder Ziegel verkleidete Mauern

Mauern aus Hohlblockmauerwerk sind relativ preisgünstig und können im Gegensatz zu Ziegelmauern schnell errichtet werden. Die Konstruktionsregeln sind dieselben wie bei Ziegeln, mit dem Unterschied, dass die Mauer anders aussieht. Blöcke gibt es in Standardgrößen. Da sie den Standardmaßen von Ziegeln entsprechen, hat man, wenn man sie kombiniert, beim Bauen mehr Möglichkeiten, die Mauermaße festzulegen, ohne dass man harte Betonblöcke zerschneiden muss. Die meisten Leute überziehen das Hohlblockmauerwerk mit einem glatten oder profilierten Verputz auf Zementbasis, aber man kann auch Keramikfliesen, Mosaike, Steinfliesen oder Holz verwenden.

Frei stehende Mauern aus Beton

Bei Mauern aus Ortbeton hat man mehr Möglichkeiten, dreidimensionale Verkleidungen anzubringen, da die Auswahl bei verschiedenen Arten von Fachwerk, Verschalungen und Beton größer ist. Bei diesen Mauern stellt man vor Ort eine Form (Verschalung) her, in die der nasse Beton gegossen wird. Den Bau von Ortbetonmauern sollte man dem Fachmann überlassen, besonders, wenn sie lang und aus Stahl-

Mauern aus preiswertem, ver-
putztem und gegossenem Beton
kann man auf unterschiedlichste
Weise verkleiden. Modern wirken
sie mit abstrakter Bemalung, die so
platziert ist, dass man sie durch die
Lücke in der Bepflanzung sieht.

beton sind. Für die meisten Grundstücke sind sie nicht empfehlenswert, hier passen
einfachere Hohlblockmauern besser und sind auch einfacher zu errichten. In vielen
neuen Gärten sieht man jedoch solche Mauern, denn mithilfe eines Spezialisten
lassen sich Entwürfe verwirklichen, die mit anderen Techniken gar nicht möglich
wären.

Selbst wenn der Gestaltungseffekt oder das gewünschte Aussehen die Verwendung von Ortbeton nicht erforderlich machen, ist es in größeren Bereichen kostengünstiger, Ortbeton statt Hohlblockmauerwerk zu verwenden. In diesem Fall sollte
die Mauer mindestens 20 cm dick sein und pro 50 cm Höhe nach unten jeweils
10 cm dicker werden. Die Betonmischung sollte Festigkeitsklasse C30/37 haben (siehe
Materialien).

Ortbeton kann als Sichtbeton hergestellt werden, wenn er in eine qualitativ
hochwertige glatte oder profilierte Form gegossen wird. Er kann später auch durch
Sandstrahlen, Ätzen, Polieren oder durch Ausarbeiten des Zuschlags bearbeitet werden.

Soll die Betonmauer mit Stein oder Ziegeln verkleidet werden, sollten in Abständen von 1 m entlang der Mauer Maueranker in die Mauer eingelassen werden, sodass sie in jede dritte oder vierte Lage des Verblendungsmaterials hineinreichen. Das
Fundament ist dasselbe wie bei Ziegelmauern.

Durch zusätzliche Stahlverstärkungen zur Verteilung von Belastungen lässt sich
Material einsparen, aber ziehen Sie in diesem Fall einen Spezialisten zurate.

Rechts **Das Mosaik auf dieser geschwungenen Stützmauer wurde mit einem Fliesenkleber aus Epoxidharz oder auf Zementbasis aufgebracht. Große Keramikfliesen verleihen der Mauer Ausgewogenheit.**

Unten **In diesem modernen Trockengarten kamen traditionelle Trockensteintechniken zum Einsatz. Die dünnen Abdecksteine wurden so ausgerichtet, dass eine scharfe Kurve entstand.**

Verblendung von Betonmauern

Dickere und blockartige Materialien wie Ziegel oder Steinblöcke können als dünne Mauer neben die Betonmauer gebaut werden, wobei Metallanker die beiden »Häute« verbinden, damit sie nicht auseinander klaffen. Hier sind Abdecksteine erforderlich, die so breit sein müssen, dass sie die Mauer auf der gesamten Breite sowie den Hohlraum und etwaige Überhänge bedecken.

Dünnere Materialien, wie Natursteinplatten, Keramikfliesen und Mosaike, lassen sich mit einem wasserfesten Fliesenkleber auf Zementbasis direkt auf die Maueroberfläche kleben. Größere dünne Steinverkleidungen werden normalerweise mit speziellen Metallklammern und Hakensystemen aufgehängt, wie man sie üblicherweise beim Verkleiden moderner Gebäude verwendet. Hier gibt es je nach Hersteller Unterschiede. Auch Holz ist eine wirkungsvolle und vergleichsweise billige Verkleidung.

Sonstige Materialien

Es lohnt sich, andere Materialien in Erwägung zu ziehen, wenn man qualitativ hochwertige, langlebige Gartenbarrieren bauen will.

Metallbleche sind schnell aufgebaut und sind, wenn sie gekonnt gestaltet werden, eine hochwertige Barriere, die gut zur Bepflanzung passt und Wärme sowie Licht in den Garten abstrahlen kann. Auch Stahlblech oder Corten-Stahl (geschützt durch Rost), der sich ätzen, schneiden oder biegen lässt, eignen sich.

Auch mit Glasbausteinen lassen sich überraschende Effekte erzielen. Sie eignen sich gut als Trennelemente, ohne die Lichtverhältnisse allzu sehr zu beeinträchtigen, müssen allerdings regelmäßig gereinigt werden, damit sie gut aussehen. Verarbeitung und Bauweise sind ähnlich wie bei Hohlblocksteinen und es gelten dieselben Prinzipien mit der Ausnahme, dass man für sie einen speziellen Mörtel benötigt.

Da Umweltfragen für Gartenplaner und Grundstückseigentümer ständig an Bedeutung gewinnen, werden umweltfreundliche Bauweisen immer beliebter. Mauern im Stampflehmbau aus Erde, Fasern und Stroh sind sehr attraktiv und in aller Regel langlebig, wenn sie oben und unten trocken gehalten werden. Man braucht allerdings einen Fachmann, der die Materialmischung besorgt und die Mauer vor Ort errichtet.

Gemalte Szenen oder Trompe-l'Œil-Malereien können eine Mauer beleben. Verwenden Sie Spezialfarbe, die für Außenbereiche geeignet ist, oder schützen Sie Ihr Werk zum Schluss mit einer Lackschicht.

❏ Mauern sind zwar kostspielig, bergen jedoch ein riesiges Gestaltungspotenzial. Wenn Sie die Möglichkeiten der Bauelemente verstanden haben, ist es nicht so schwer, interessante Formen zu entwerfen. Ihre Mauern sollten auch dann noch stehen, wenn andere Teile des Gartens – Bauten oder Bepflanzung – schon ersetzt werden mussten. Sie werden vielleicht zum dauerhaftesten Element Ihres Gartens.

Praktische Hinweise

VERBANDMUSTER

Läuferverband

Flämischer Verband

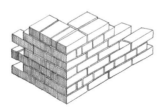

Blockverband

Fundamente für Ziegelmauern

Das Fundament besteht normalerweise aus durchgehenden Betonstreifen, die unter der ganzen Mauer entlang verlaufen und sie stützen. Sie sollen Belastungen ins Erdreich weiterleiten und verteilen sowie schwankenden Wasserständen trotzen. Wie bei jedem Fundament hängt die Festigkeit und Größe von den Bodenverhältnissen, vor allem der Bodenart, und den Wasservorkommen ab. Alle Böden enthalten Wasser, und das Gewicht der Mauer drückt dieses Wasser nach und nach weg, sodass sich das Erdvolumen unter dem Fundament mit der Zeit verändert. Wenn das Wasser gefriert, nimmt es an Volumen zu. Deshalb sollte ein Fundament bis unter die Frostgrenze reichen.

Bäume, die nahe an Mauern stehen – egal ob Sand- oder Lehmböden – sind ein Problem. Möchten Sie in der Nähe von Bäumen neue Mauern errichten, sollten Sie sich bei Baubehörden vor Ort oder Hochbauingenieuren erkundigen. Ziehen Sie auch für frei stehende Außenmauern auf Problemböden einen Ingenieur zurate. Für die meisten Vorhaben sollten die folgenden Regeln aber ausreichen.

➤ Fundamente müssen frostfest gegründet sein. Sie müssen 80 cm unter der Erdoberfläche in die Tiefe reichen.

➤ Das Fundament verhindert auch, dass die Mauer sich verschiebt. Solche Bewegungen können durch horizontale Belastung ausgelöst werden. Deshalb muss das Fundament so breit sein, dass es die Belastung nach außen verteilt. Fundamente sollten ungefähr doppelt so breit sein wie die Mauer.

➤ Bei geringen Belastungen dürften Ortbetonstreifen ausreichen. Es sollte Beton der Festigkeitsklassen C20/25 verwendet werden (siehe Materialien). Bei hohen Belastungen oder wenn ein tiefes Fundament erforderlich ist, ist Stahlbeton billiger.

➤ Das Fundament sollte zwei Ziegelschichten unterhalb der verblendeten Bodennähe aufhören, damit nichts davon zu sehen ist, falls die Bodenschichten an der Oberfläche weggeschwemmt werden.

➤ Fundamente in festen, bindigen Böden wie Lehm, die sich erheblich ausdehnen können, sobald sich der Wassergehalt verändert, müssen unter Umständen 1,5 m tief sein. In solchen Fällen kann es sein, dass eine Holzkonstruktion geeigneter ist als eine Mauer.

Dicke von Mauerwerkmauern

Im Allgemeinen muss bis zu 2 m hohes Mauerwerk 30 cm dick sei. Da die genaue Dicke in der Praxis eher von den verfügbaren Baumaterialien abhängt als von exakten mathematischen Formeln, sollte man sich ruhig einmal nach guten, stabil gebauten Mauern in der Umgebung umsehen und sie kopieren. An windigen oder exponierten Stellen muss die Mauer eventuell fester gebaut werden. Dazu legt man sie dicker an, verwendet also mehr Material für dieselbe Höhe. Kostengünstiger ist es, wenn man die Mauer stattdessen wellen- oder zickzackförmig baut, damit sie mehr Bodenkontakt bekommt. Eine 1 m hohe Mauer braucht an einer geschützten Stelle nur 10 cm dick zu sein, muss an einer exponierten Stelle jedoch unter Umständen 25 cm, also ein Viertel ihrer Höhe, stark sein. Im Allgemeinen sollte eine eine Ziegellänge dicke Mauer an einer exponierten Stelle nicht höher als 1 m sein. Man kann sie auch bis 1,8 m hoch bauen, falls sie anderthalb Ziegellängen dick werden soll. An sehr exponierten Stellen, an denen die Mauer tatsächlich sehr dick sein muss, können Sie Kosten sparen, wenn Sie ihr eine andere Form geben. Fragen Sie in diesem Fall einen Hochbauingenieur um Rat.

Mauern kann man auch stabilisieren, wenn man Pfeiler oder Vorsprünge einbaut. Dadurch wirkt die Mauer dicker, ohne dass man sehr viel mehr Material braucht.

Man kann beispielsweise eine 2,25 m hohe Mauer eine Ziegellänge dick – 24 cm – bauen, die an einem relativ geschützten Ort stabil ist. Eine eine halbe Ziegellänge dicke Mauer (11,5 cm) mit versetzt angeordneten Vorsprüngen in 1,8 m Abstand ist genauso stark, braucht aber nur 40 % des Materials, das Sie für die 24 cm dicke Mauer benötigen. Für eine eine halbe Ziegellänge dicke Mauer mit Pfeilern in 1,8 m Abstand

bündig

angeschrägt

halbrund

vertieft

braucht man 65 % des Materials. Bei langen Mauern, die über 2 m hoch sind und exponiert stehen, ist es kostensparender, von einem Fachmann die effektivste Variante einer Ziegelmauer berechnen zu lassen. Eine eine halbe Ziegellänge dicke Mauer mit 22,5 cm × 33 cm dicken Pfeilern in 2,5 m Abstand kann man bis zu 2 m hoch bauen.

Mit zusätzlichen Verstärkungsriegeln bei Hohlblockmauerwerk oder einem speziellen Zier-Ziegelverband erhöhen Sie die Stärke enorm und benötigen dafür nur minimal mehr Material.

Feuchtigkeitsbeständige Schicht

Eine feuchtigkeitsbeständige Schicht ist unter Umständen unten und oben an der Mauer notwendig. Sie verhindert, dass das Wasser aus dem Boden durch Kapillarwirkung die Mauer hinaufsteigt (aufsteigende Feuchtigkeit). Das kann zu Frostschäden und Ausblühungen führen und Algenwachstum fördern, ist aber kein bauliches Problem, sofern die Ziegel oder andere Materialien frostfest sind. Ist das Material nicht frostfest, sollten Sie an der Mauerbasis eine feuchtigkeitsbeständige Schicht aufbringen, die aus wenig durchlässigem Material oder frostfesten Ziegeln besteht. Ansonsten sollte man keine dünne, feuchtigkeitsbeständige Schicht anbringen, da dies das Haftvermögen des Mörtels beeinträchtigt.

Eine Bitumenisolierung oben auf der Mauer verhindert, dass Wasser, welches durch Abdeckungsfugen gedrungen ist, von oben in die Mauer gelangt.

Mörtelfugen

Steinblöcke, Betonblöcke, Mauerkronen und -abschlüsse werden mit Mörtel verbunden. Er fungiert gleichzeitig als Füllmaterial, mit dem man unebene Oberflächen leichter ausgleichen kann.

Mörtel hat einige ganz wesentliche Funktionen:
- Man kann Einzelteile zu einem einzigen soliden Bauwerk verbinden.
- Geringfügige Verschiebungen sind zulässig.
- Man kann Muster damit anlegen.
- Man kann ihn so einsetzen, dass er zu dem verwendeten Mauermaterial passt oder damit kontrastiert.
- Er ist nicht so fest wie die Einzelteile, sodass die Verschiebungen eher innerhalb der Fugen stattfinden als bei den Ziegeln.
- Je nach Anwendungsbereich kann er unterschiedlich stark angemischt werden.

Enthalten die Ziegel mehr als 0,5 % Sulfat, sollten Sie HPC (Portlandzement mit hoher Sulfatbeständigkeit) verwenden.

Bewegungsfugen

Ziegelmauern, die länger als 10 m sind, brauchen Bewegungsfugen:
- Mit *Baufugen* können neue Ziegel Wasser aufnehmen und sich ausdehnen. Dieser Prozess kann 20 Jahre dauern. Sie sollten alle 9–10 m entlang der Mauer ange-

Bei dieser ausgefallenen Mauer wurden Steinplatten auf eine Betonmauer geschraubt, aber mit Unterlegscheiben aus Gummi getrennt.

bracht werden und pro 1 m Mauerflucht 1 mm breit sein plus 30 %, d.h., Sie fügen alle 10 m eine 13 mm breite Fuge ein.

▸ *Dehnungsfugen* sind bei allen Mauern erforderlich, die aus neuen oder wiederverwerteten Ziegeln bestehen. Fügen Sie alle 10 m auf der gesamten Mauerlänge eine 10 mm breite Fuge ein.

▸ Da Betonblöcke trocknen und schrumpfen, müssen Sie auf der gesamten Mauerlänge alle 5 m 10-mm-Fugen einsetzen.

Die Fugen sollten vom Fundament aus durchgehend durch alle Mauerschichten vertikal von unten nach oben verlaufen.

Diese Lücken kann man mit einem flexiblen Fugenfüller füllen. Wichtig ist, dass man Bewegungsfugen niemals zu dicht an Tür- oder Fensteröffnungen anbringt.

Verputzte Mauern

Putz ist meistens eine Mischung aus Zement, Kalk und Sand, der in einer oder mehreren dünnen Schichten aufgebracht wird.

Mit Winkeln aus rostfreiem Stahl oder auch aus Kunststoff kann man exakt rechtwinklige Kanten anlegen, und wenn man zusätzlich Drahtgeflecht oder Verstärkungen aus Metall anbringt, erleichtert dies den Verband.

Kombinationen aus Hohlblockmauerwerk und Putz lassen sich formen, sodass geschwungene Mauern entstehen. Man darf dabei aber nie vergessen, dass Wasser von oben in die Mauer eindringen und zu einer Ver-

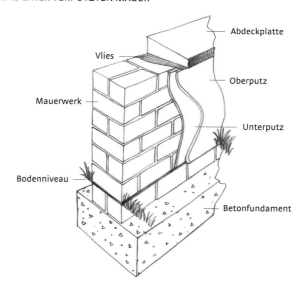

Abdeckplatte
Vlies
Oberputz
Mauerwerk
Unterputz
Bodenniveau
Betonfundament

schiebung des Putzes führen kann – besonders wenn es gefriert und sich ausdehnt. Um dies zu verhindern, kann man Abdeckungen anbringen oder den Putz profilieren oder wölben, damit das Wasser ablaufen kann. Man kann den Putz auch stellenweise etwas entfernen oder einritzen, sodass ein interessantes und originelles Oberflächenmuster entsteht.

Sollte eine Blocksteinmauer mit Ziegel oder mit Stein verblendet werden, sollten Sie nicht rostende Metallanker in das Mauerwerk setzen, mit denen die Verkleidung mit der eigentlichen Mauer verbunden wird.

Jede dritte oder vierte Lage der Verkleidung wird in Abständen von je 1 m im Mauerwerk verankert. Es empfiehlt sich, dabei einen Hohlraum zwischen Verkleidung und Hohlblockmauerwerk zu lassen.

BLENDMAUER

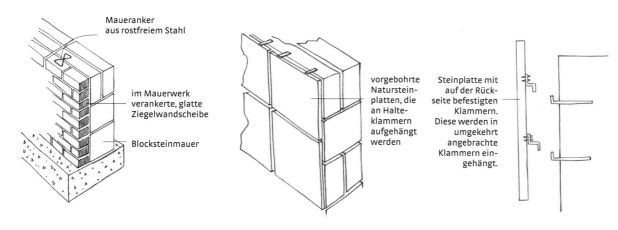

Maueranker aus rostfreiem Stahl

im Mauerwerk verankerte, glatte Ziegelwandscheibe

Blocksteinmauer

vorgebohrte Natursteinplatten, die an Halteklammern aufgehängt werden

Steinplatte mit auf der Rückseite befestigten Klammern. Diese werden in umgekehrt angebrachte Klammern eingehängt.

Ein doppelwandiges Gitter mit eingelegten Kunststoff-platten wurde mit Kieseln aufgefüllt und bildet einen attraktiven und stabilen Sichtschutz.

Die Mauerverblendung besteht aus vulkanischem Gestein, das in den nassen Verputz gedrückt wurde. Das Muster kommt durch Mosaike zustande.

Dekorativ sind diese kleinen Gabionen aus Stahl-gittern. Die kleineren Elemente bestehen aus Plexiglas und wurden mit großen Flusskieseln gefüllt.

Das durch die Vegetation entstehende Spiel von Licht und Schatten belebt diese Mauer.

Durch Schiebeplatten aus gemustertem Glas kann man einen Blick in den Innenhof werfen, wenn man seitlich hineinschaut.

Ziegel gibt es in vielen Größen, Formen und Farben. Hier wurde zwischen Abdeckung und Mauer eine dekorative Rillung aus glasierten Fliesen eingebaut.

Für diese Mauer wurden Bruchstücke alter Mauern verwendet. Die Teile setzen sich mit der Zeit, selbst ausgesamte Pflanzen geben ihnen noch mehr Halt.

Wer in eine alte Steinmauer solch ein »Fenster« inte-grieren möchte, sollte mit dieser Arbeit unbedingt einen Spezialisten beauftragen.

Die Schieferdeckplatte verleiht der gestrichenen Mau-er eine glänzende Oberfläche. Ihr Überstand schützt den Putz vor Regen.

Je nach den vorhandenen Materialien hat bei Mauerverblendungen jede Kultur ihren eigenen Stil entwickelt. Ton lässt sich vielseitig verformen und im Ofen brennen und ist dann als Mauerkrone verwendbar.

Gartenmauern haben ihren eigenen Charme, wenn sie mit Mosaiken verziert werden. Dieses italienisch angehauchte Bauwerk erhält durch die vorspringenden Stützpfeiler mehr Kontur.

Auf dieser chinesischen Mauerkrone wurde eine glasierte Keramikverkleidung angebracht, die aber nur in wärmeren, frostfreien Regionen haltbar ist.

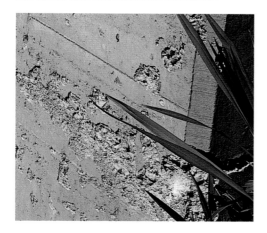

Mauern aus gestampftem Lehm werten moderne Gärten auf. Diese Mauer hat schon eine natürliche Patina.

In diesem kreisförmigen Gartenelement bieten geschwungene, transparente Glasblenden Schutz. Sie werfen keinen Schatten und vermitteln Weite.

Die Wände dieses »Gartenzimmers« bestehen aus leichten Kunststoffplatten – den traditionellen japanischen Schiebetüren nachempfunden.

Latten fungieren als Einschübe in diesen verspiegelten Wänden. Letztere erfüllen den Raum mit Licht.

Hohe Mauern können erdrückend wirken. Eine Öffnung in der Wand lässt Licht durch und gewährt Ausblicke. Steinsäulen stützen den Rahmen.

Kurven müssen großzügig sein, damit sie mit der Landschaft konkurrieren können. Hier folgt die Steinabdeckung der geschwungenen Mauer auf ganzer Länge.

ZÄUNE, GITTER & GARTENTORE

Zäune, Geländer oder Gartentore sind die Visitenkarte jedes Anwesens und beeindrucken jeden, der das Grundstück betritt. Sie teilen sich viele Funktionen mit frei stehenden Ziegel- und Steinmauern oder Erdwällen, definieren Grenzen, kontrollieren Zugänge und geben dem Garten Struktur. In ganz bestimmten Punkten unterscheiden sie sich von Mauern, und dies macht sie manchmal zur geeignetsten Form einer Abgrenzung. Wie Mauern sind sie Elemente, die Landschaft und Garten gestalten, und sie werden nicht nur von ihren Besitzern geschätzt, sondern vom gesamten Umfeld. Sie bilden den Rahmen für das, was sie umgeben, und sollten deshalb mit Bedacht ausgewählt werden.

Mauer oder Zaun – was ist die bessere Wahl? Mauern sind etwas Dauerhaftes und Stabiles, sie speichern die Sonnenwärme besser, aber die Material- und Arbeitskosten sind deutlich höher. Zäune sind preiswerter und schneller zu errichten. Sie können eine vorübergehende Lösung sein und sind ein besserer Windschutz. Man kann durch sie hindurchsehen und sie bieten doch Sicherheit und obendrein dekorativen Kletterpflanzen Halt. Oft entscheidet das Budget, aber man sollte auch andere Faktoren in Betracht ziehen.

Ein gut gestalteter Zaun sollte kein Fremdkörper sein. Er sollte im Kontext mit allen anderen baulichen Elementen wie Bänken, Tischen und Stühlen, der Beleuchtung, Bäumen, Pflaster und Mauern stehen. Entscheiden Sie, ob Ihr Zaun dominierend sein soll wie in japanischen Gärten oder ein dezenter Hintergrund für Pflanzen. Ein vertikaler Lattenzaun zum Beispiel, ein Paneelzaun oder einer aus Beton ist ein wirkungsvoller Kontrast zu den runden Formen der Pflanzen.

Das Design von Zäunen und Gittern sollte auch mit der umgebenden Landschaft harmonieren. Zu ländlichen und landwirtschaftlich geprägten Gebieten passen rustikale Zäune aus rohem Holz oder willkürlich zusammengesteckten Ästen. In der Stadt

Ein Überblick über Zäune und ihre Bestandteile

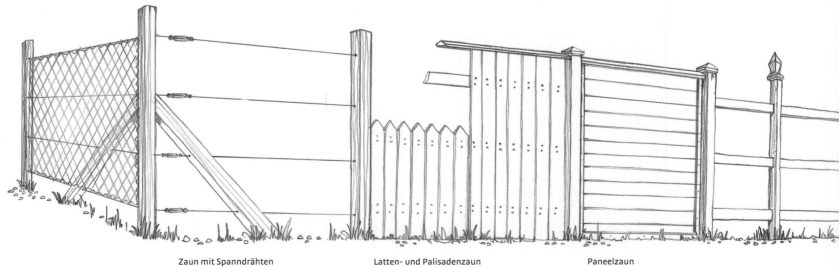

Zaun mit Spanndrähten   Latten- und Palisadenzaun   Paneelzaun

verwendet man eher behandelte Holzlatten in festen Rahmen oder Paneele mit einem Muster. In Stadtgärten des 19. und 20. Jhs., als das Design eigenständiger wurde, fiel die Wahl oft auf Metallzäune und Gitter mit bewusst gestalteten Verbindungsstücken und Befestigungen. Die Form jedes einzelnen Teils wurde wichtig.

Zäune bestehen aus relativ kleinen Teilen und die Form und Größe sowohl der einzelnen als auch der zusammengesetzten Teile erfordem es, die Proportionen und Maßstäbe zu berücksichtigen. Sind einzelne Bauteile überdimensioniert, können Holzzäune klobig wirken. Elegante Lösungen mit einem Minimum an Material gibt es in Metall, während ein Zaun derselben Größe aus Holz leicht brechen und verrotten würde. Holz wird in Form langer Latten oder Bretter verwendet und eignet sich für Zäune mit geraden Linien. Metall kann gebogen, gezogen, verdreht, geschweißt und gelötet werden und verschlungene sowie komplexe Formen annehmen. Sowohl Holz als auch Metall kann man farbig streichen und ihre Oberfläche behandeln.

Zäune und Gitter erlauben es, interessante Öffnungen zu integrieren wie Türen und Fenster, die einen flüchtigen Blick in andere Bereiche des Gartens ermöglichen oder einen weiten Blick freigeben. Türen verbergen und machen neugierig. Ein Zaun mit niedrigen Abschnitten unter Augenhöhe bietet Schutz und zugleich einen freien Blick. Enge Durchlässe an der Basis des Zauns gewähren Tieren unauffälligen Zutritt. Durchbrochene Paneele oder Lamellen erlauben den ungehinderten Durchblick in eine Richtung, sind aber in die andere Richtung blickdicht. Durchbrochene Zäune sind der beste Windschutz, während massive Zäune auf der Lee-Seite Wirbel verursachen. Lattenzäune bieten außerdem etwas Schutz vor der Sonne und werfen attraktiv gestreifte Schatten.

Alle Zäune und Gitter, vor allem solche, die Grenzen nach außen oder zum Nachbarn bilden, müssen den jeweiligen regionalen Vorschriften entsprechen. Sprechen Sie sich vorher mit den Nachbarn ab und holen Sie sich deren Zustimmung schriftlich ein. Erkundigen Sie sich nach den Bauvorschriften. Es könnte sein, dass Ihr Zaun Ihnen Privatsphäre und Schutz bietet, Ihren Nachbarn jedoch in tiefen Schatten taucht.

Schlüsselfragen zur Gestaltung

➤ Kann man die Begrenzung nur von einer oder von beiden Seiten sehen?

➤ Kann man durch den neuen Zaun hindurch- oder über ihn hinwegsehen?

➤ Nimmt der neue Zaun einem Nachbargrundstück das Licht weg?

➤ Welche Materialien eignen sich für den Zaun? Werden sie von regionalen oder benachbarten Gebäuden vorgegeben?

➤ Wenn in der Gegend traditionelle Metallzäune üblich sind, möchten Sie sich eine zeitgemäßere Lösung überlegen?

➤ Haben Sie alle Bauvorschriften berücksichtigt?

➤ Legt die Form des Zauns nahe, dass gerade Linien (wie z.B. bei einem Holzzaun) unangemessen sind?

➤ Ist das Gelände abschüssig? In diesem Fall sind Paneelzäune ungeeignet.

➤ Ist der Boden stabil genug, um in ihm Pfosten ohne Beton zu fixieren?

➤ Ist das Gelände windexponiert? Wenn ja, muss der Zaun winddurchlässig sein.

➤ Wo ist der Zugang? Wie breit müssen die Lücken sein?

➤ Können Pflanzen den Zaun als Rankgerüst nützen? Trägt der Zaun das Gewicht?

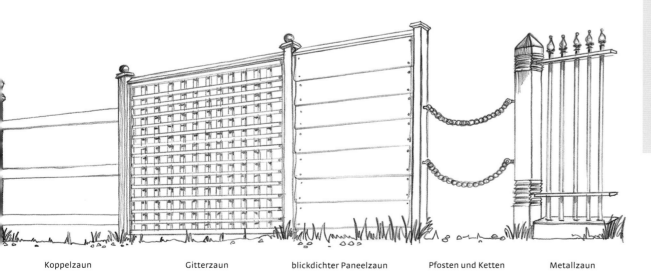

Koppelzaun   Gitterzaun   blickdichter Paneelzaun   Pfosten und Ketten   Metallzaun

Funktionen von Zäunen und Gittern

Grenzen abstecken: Aus rechtlichen Gründen, um Grundstücke zu markieren und zur Landnutzung.

Zutritt kontrollieren: Um Menschen (vor allem Kinder), Tiere und Objekte (vor allem Bälle) abzuhalten und Abkürzungen zu vermeiden.

Zur Absicherung: Zäune halten vom Durchgehen ab und sichern so Grundstück und Eigentum.

Sichtschutz: Zäune schaffen Privatsphäre, erlauben aber den Blick nach draußen und betonen Ausblicke — mit verschiedenen Materialien.

Sie ändern den Garten, indem sie Wind, Lärm und Sonne abhalten.

Pflanzen stützen: An Gittern zieht man Früchte oder gibt einer Hecke an gezogenen Drähten Halt.

Sicherheit für Kinder: Zäune machen Schwimmbecken oder Gartenteiche für Kinder sicher.

Formen, Größen und Bauteile

Das Erscheinungsbild von Holz- und Metallzäunen ist rund um den Globus ziemlich ähnlich – das liegt an den gemeinsamen historischen Wurzeln. Zäune wurden z.B. zur Einfriedung von Verteidigungsanlagen und Forts benutzt; gewöhnlich waren es Latten oder Palisadenzäune. Metallzäune, meist mit spitzen Enden, wurden geschaffen, um Eindringlinge abzuhalten. In der Landwirtschaft verwendete man Zäune, um das Vieh unter Kontrolle zu halten. Diese Zäune überdauerten in Form des Koppelzauns entweder aus ganzen Elementen oder einem Rahmen für senkrechte oder diagonal montierte Bretter. Wo nur minderwertiges Bauholz zur Verfügung stand, enwickelte man Flechtzäune aus Ästen und Weiden. Eine schnelle Lösung in einem modernen Umfeld sind Fertigpaneele, die man zwischen Pfosten befestigt.

Das Aufkommen von Metalldraht im 19. Jh. ermöglichte Weidezäune aus sehr billigen Pfosten und Draht zu einem Bruchteil der Kosten eines Zauns aus Pfosten und Ketten; andere Materialien wie Maschendraht konnten daran befestigt werden. Im Lauf der Geschichte haben Metallarbeiter und Handwerker Zäune und Gartentore mit wundervollen Ornamenten in vielen architektonischen Stilen geschaffen. Sie tragen religiöse und heidnische Symbole sowie Motive, die Geschichten darstellen und von Menschen erzählen. Seit Kurzem werden hochwertige Metalle, Segeltuch, Glas, Plexiglas und andere Materialien für Zäune verwendet. Art und Form Ihres Zauns werden nur von Ihren Bedürfnissen, Ihrem Budget und den Bauvorschriften begrenzt.

Mit qualitativ hochwertigen Materialien kann man fantasievolle Abgrenzungen schaffen – in Kombination mit Zäunen und Gittern. Transparente, bemalte Glas- oder Kunststoffscheiben sind ein Blickpunkt in diesem Metallgitter und bereichern den Garten mit einem neuen Element.

Die Auswahl der Komponenten, die Zusammenstellung und die Methoden, wie sie verbunden und fixiert werden, bestimmt das Erscheinungsbild jedes Zauntyps. Der funktionelle Schwerpunkt liegt je nach verwendetem System anders. Doch der Zaun sollte mit Haus und Garten und der Umgebung insgesamt harmonieren.

Einfache Zäune

Die einfachsten Zäune zum Markieren von Pflanzbeeten oder Rasen oder um das Betreten zu verhindern, sind oft nur eine Andeutung. Bambus, Weiden und andere Schnittabfallzweige, die zu Bögen geformt und in die Erde gesteckt werden, kosten nichts und reichen dafür oft aus. Ein wirklicher Zaun sind sie nicht. Eine robustere und dauerhaftere Version eines Zauns besteht aus kurzen Holzpfosten mit einer einzigen horizontalen Strebe aus Holz oder Metall. Die Quer-strebe muss stabil genug sein, damit sie nicht verbo-gen wird, wenn man darauf steigt oder mit dem Rasenmäher dagegen stößt. Wege für Blinde können mit einem Geländer versehen sein. Seine Oberfläche sollte schön glatt und möglichst durchgehend sein. Die Geländerpfosten helfen Blinden bei der Orien-tierung.

Je schlichter der Entwurf, desto perfekter sollte die Ausführung sein. Schlampige Verarbeitung oder min-derwertiges Material wirkt lieblos und lädt zu Miss-brauch ein. Selbst einfache Zäune mit kurzen Pfosten können mit sorgsam ausgewählten Beschlägen und Scharnieren versehen sein, die ihre Erscheinung enorm aufwerten.

Staketenzäune aus Edelkastanie, gefertigt aus ge-spaltenem Holz und Draht, sind in ländlichen Gegen-den und in Nordeuropa populär, und sogar schlichte Zäune aus Pfosten und Draht sind sehr weit verbreitet.

Koppelzäune

Anders als Zäune aus Pfosten und Draht funktionieren Koppel- oder Bohlenzäune nicht mit Zugkräften und sind deshalb einfacher zu bauen. Sie sind ausgefallener, teurer, dauerhafter und bestehen gewöhnlich aus Vier-kant- statt Rundhölzern, sodass man Beschläge und Scharniere akkurat anbringen kann. Man kann auch bil-lige Koppelzäune aus runden Pfosten mit Halbrundlat-ten bauen, aber sie passen besser aufs Land. Versteht man das Bauprinzip des Koppelzauns, ist dies sehr nütz-lich, weil er auch den Rahmen für Palisaden- und Pa-neelzäune bildet.

Koppelzäune sind auf der ganzen Welt verbreitet. Sie können ganz unterschiedlich kunstvoll ausgear-beitet sein, sollten aber immer zur Umgebung und Gestaltung passen.

Koppel- oder Bohlenzäune

Koppelzäune sind keinen Zugkräften ausgesetzt, und weil der ganze Zaun viel schwerer ist als ein Drahtzaun, genügt eine einfachere Befestigung im Boden. Die Pfosten stehen normalerweise in einem Abstand von 2–2,5 m. Da sie aber horizontalen Kräften ausgesetzt sind, sollten sie in Abständen von 10 m genauso in einem Fundament fixiert werden wie die Pfosten eines Drahtzauns, vor allem, wenn der Boden weich ist oder sie an exponierter Stelle stehen. End- und Eckpfosten müssen ebenfalls fest im Boden verankert werden. Verwendet man keine quadratischen, sondern rechteckige Pfosten, werden sie mit ihrer breiteren Seite in Windrichtung eingebaut. Die Querstreben haben dann eine breitere Auflage im Pfosten.

Ziehen Sie 10 cm breite den 7,5 cm breiten Pfosten vor. Sie wirken solider und haben fast den doppelten Querschnitt, sodass sie viel stabiler sind.

Querbretter sind die horizontalen Elemente eines Zauns. Sie verbinden die Pfosten und schaffen eine physische und optische Barriere. Man kann leicht auf sie klettern und manchmal werden sie auch als Sitzgelegenheit genutzt — und dafür müssen sie stabil genug sein. Für einfache Koppelzäune verwendet man 10 cm breite Pfosten und 3,8 x 10 cm breite Bretter. Im Allgemeinen eignen sich Bretter mit einer Breite von 7,5–10 cm und einer Dicke von 3,8–5 cm.

Die Positionierung der Bretter in Bezug zu den Pfosten prägt die Gesamterscheinung des Zauns, vor allem, wenn man weitere Holzelemente anbringt, um einen aufwendigeren Zaun zu gestalten. Müssen die Bretter bündig mit den Pfosten sein, zum Beispiel um eine Art Verschalung auf der Frontseite zu bekommen, sollten die Bretter in eine Nut eingesetzt werden, die exakt dieselben Maße hat wie das Brett. Eleganter ist es, in die Seite des Pfostens einen Schlitz zu schneiden und das Brett quasi »durchzufädeln«. Besitzt der Zaun Holzlatten (senkrechte Bretter), die an der Vorderseite angebracht werden, bringt man die Verzapfung in derselben Entfernung hinter der Vorderseite an, die der Dicke der Holzlatten entspricht. So ist der Zaun an der Vorderseite bündig. Sind die Holzlatten genauso breit wie die Pfosten, stehen die Pfosten nicht hervor und sind nicht zu sehen.

Die oberen Enden der Pfosten und Bretter schneidet man schräg oder sie bekommen eine Abdeckung, sodass kein Wasser eindringen kann und das Holz nicht verrottet.

Ein typischer Koppelzaun aus Holz

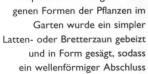

Inspiriert von den geschwungenen Formen der Pflanzen im Garten wurde ein simpler Latten- oder Bretterzaun gebeizt und in Form gesägt, sodass ein wellenförmiger Abschluss entstand.

Das Erscheinungsbild dieses gestrichenen, soliden Zauns passt zu einer formalen Umgebung. Achten Sie auf den hölzernen Abschluss und das schwenkbare Tor, das nicht zu sehen ist, wenn es geschlossen ist.

Palisaden- und Staketenzaun

Dies ist der traditionelle Stil für einen Zaun in Cottage-Gärten. In einem städtischen Umfeld wirkt er dagegen völlig deplatziert. Im Wesentlichen ist er genauso konstruiert wie ein Koppelzaun, außer dass er zusätzlich senkrechte Holzlatten oder Pfähle besitzt, die an der Vorder- und manchmal auch Rückseite angebracht sind. Solche Zäune können sehr unterschiedlich hoch sein, man kann sie nur sehr viel schwerer übersteigen als Zäune mit Querbalken. Weil die Pfähle dicht bis zum Boden reichen, können Haustiere nicht nach draußen und unerwünschte Tiere bleiben ausgesperrt.

Die Größe der Lücken zwischen den Brettern wird weitgehend davon bestimmt, wie viel »Durchblick« man möchte oder wie stark sie vor Wind schützen sollen. Am besten funktionieren sie als Windschutz und bieten auf der Lee-Seite einen gemütlichen Platz, wenn 20–30 % des Zauns mit Holzlatten beplankt sind. 30 % sind jedoch kein hoher Anteil an der Oberfläche, deshalb wird ein solcher Zaun keine Privatsphäre schaffen. Wo der Wind kein Problem ist, kann man die Größe der Lücken auf etwa 10 % reduzieren, sodass zwischen 10 cm breiten Brettern nur 1 cm Lücke bleibt. Experimentieren Sie mit den Proportionen, bis es natürlich aussieht, und achten Sie darauf, dass alle Lücken die gleiche Breite haben. Eine Alternative ist ein Variante des Koppelzauns, der den Wind bremst und Sichtschutz bietet: Die Querstreben sitzen mittig zwischen den Pfosten, die Bretter sind abwechselnd auf der Vorder- und Rückseite befestigt. Oben wird der Zaun mit einem breiten Holzbrett abgedeckt.

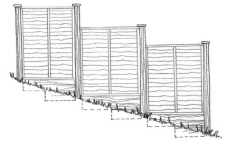

abgestufter Paneelzaun

blickdichter Paneelzaun

schräger, blickdichter Bretterzaun

An Hängen müssen Paneelzäune in Stufen angelegt werden. Deshalb entstehen zwischen Boden und Zaun dreieckige Lücken, die mit Holz oder Stein gefüllt werden müssen. Koppelzäune mit zusätzlichen senkrechten Brettern können sich dem Hang viel gefälliger anpassen.

Dichte Zäune mit vertikalen oder diagonalen Brettern

Sind zwischen den Brettern keine Lücken, können sie die Querstreben verkleiden und außerdem dünner sein als bei Zäunen mit Lücken. Dies ist eine der häufigsten Zaun-Varianten, wenn es darum geht, Privatsphäre zu schaffen.

Die Bretter können gleichmäßig dick sein oder sich verjüngen. Auch dünnere Schindelbretter oder solche mit Nut und Feder eignen sich.

Damit sie hübsch aussehen, bekommen solche Zäune oben und unten eine Abschlussleiste. Die oberste Querleiste wird bündig an den Pfosten festgeschraubt. Die Dicke der Pfosten hängt davon ab, wie stark der Zaun dem Wind ausgesetzt ist.

Paneelzäune (Zaunfeldelemente)

Paneelzäune sind schnell zu bauen und preiswert, doch die billigen Fertig-Varianten sind kurzlebig. Sie haben gewöhnlich keine stabilisierenden Querstreben, weil die Pfosten im Abstand der Breite der Paneele, die zwischen den Pfosten oder an der Vorder- oder Rückseite befestigt sind, aufgestellt werden.

Pfosten sind beweglich und ersetzbar. Bevor Sie sie in ihrer endgültigen Position fixieren, sollten Sie prüfen, ob ein Betonfundament notwendig ist. Weil der Abstand zwischen den Pfosten exakt der Größe der Paneele entsprechen muss, können Fundamente schwieriger zu legen sein, als es scheint. Es ist klüger, sich Zeit zu nehmen und nicht zu viel auf einmal zu machen. Oder Sie entwickeln ein eigenes Montagesystem, das mehr Spielraum erlaubt. Ein Kunststoff-Abstandhalter in der passenden Größe und der richtigen Länge, um Schraube oder Bolzen angebracht, sieht gut aus und löst ein eventuelles Problem.

Nicht empfehlenswert sind Paneele für Hänge. Anders als bei Zäunen mit senkrechten Pfosten und Brettern oder Latten, deren Querstreben parallel zum Boden verlaufen können, sind Paneele an einem Hang unflexibel und sehr schwer aufzustellen. An steilem Gelände müssen Paneele je nach Gefälle abgestuft werden, und selbst an flachen Hängen ist alle zwei oder drei Paneele eine Stufe nötig. Die unter dem Zaun entstehenden, hässlichen dreieckigen Lücken müssen geschlossen werden – eine schwierige Arbeit, die leicht misslingt.

Zu den preiswerteren Alternativen gehören Flechtzäune aus Lärche, Kiefern- oder Fichtenholz, die in Elementen von 100 cm, 150 cm und 180 cm erhältlich sind. Leichte, preiswerte Gitterspaliere mit großen Öffnungen gibt es in vielen verschiedenen Größen, sie sind aber nur eine Lösung auf Zeit. Paneele von besserer Qualität sind Flechtzäune aus Zeder oder Haselnussruten sowie Spaliergitter-Elemente von hoher Qualität, die in sta-

Rustikale Flechtzäune oder raffiniertere und langlebige Lösungen wie dieser Zaun aus gesägten Zedern-Brettern sind als Paneele erhältlich, können aber auch vor Ort geflochten werden.

bilen Rahmen sitzen und nur kleine Öffnungen haben. Sie sind langlebig und bei speziellen Herstellern erhältlich.

Es gibt auch qualitativ hochwertige Paneele mit schmalen Schlitzen sowie geflochtene Hartholz-Paneele. Die meisten Handwerker stellen solche Paneele gerne her. Sie können aufwendig in der Gestaltung sein, sind an Ort und Stelle aber leicht aufzubauen. Paneele aus Segeltuch, Plexiglas, Maschendraht und anderen Materialien werden auf Wunsch hergestellt. Sie sitzen meist in auf Holzpfosten montierten Metallrahmen und sind leicht zu montieren.

Spaliergitter

In der Geschichte des Gartenbaus wurden Spaliergitter schon ziemlich früh als Ersatz für Mauern oder Hecken verwendet. Weil sie in der Tiefe nicht viel Platz brauchen sowie rasch und einfach aufzubauen sind, sind Spaliergitter heute in vielen Gärten populär.

Spaliergitter gibt es in einfacher Rautenform oder rechteckiger Form, Fertigspaliere sind oft von minderer Qualität und aus dünnem Weichholz gefertigt. Es gibt aber auch teure, auf Wunsch gefertigte Elemente in vielen Formen, Mustern und Größen. Die einzelnen Elemente können vielfältig zusammengesetzt werden, wie etwa in komplizierten, geschwungenen Formen wie Rundbögen, die den Eindruck von Tiefe schaffen sollen. Betrachten Sie die Front Ihres Hauses ganz genau, bevor Sie sich für ein geeignetes Muster entscheiden und denken Sie daran, dass jede reiche Verzierung auffällig sein wird und optisch nur schwer zu integrieren ist.

Paneele gibt es in Breiten bis zu 1,8 m. Sie können bemalt, gebeizt oder imprägniert und die Pfosten zusätzlich mit Holzverzierungen wie Würfeln oder Kugeln geschmückt werden. Imprägnierte oder gebeizte Spaliergitter brauchen weniger Pflege, unbehandelte müssen von Zeit zu Zeit repariert oder gestrichen werden. In diesem Fall muss man die an ihnen kletternden Pflanzen kurzzeitig ablösen.

Relativ komplizierte Spaliergitter, die aus verleimten Holzlatten hergestellt und von Holzleisten eingerahmt sind, kann ein Schreiner zu einem vernünftigen Preis anfertigen. Der Nachteil von Spaliergittern ist, dass sie oft instabil und improvisiert wirken. Deshalb lohnt es sich, einen guten Handwerker in Anspruch zu nehmen.

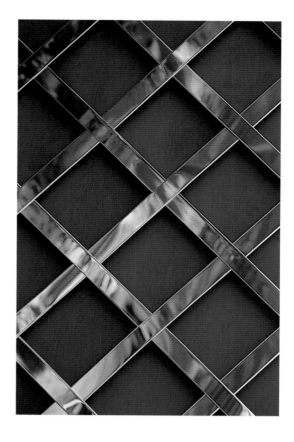

Ein dunkel gestrichener Hintergrund ist ein guter Kontrast für dieses vielfarbige, diagonale Spaliergitter. Da es alle Blicke auf sich zieht, sind Kletterpflanzen fast nicht nötig, um die Szene perfekt zu machen.

Spaliergitter und Sichtschutz-Wände gibt es in vielen Mustern – sowohl aus Holz als auch aus Metall.

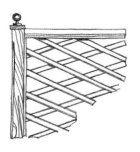
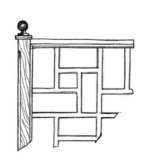

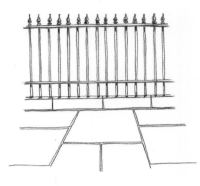

Zäune aus Metallstäben erzielen ihre Wirkung mit einem minimalen Aufwand an Material. Schaut man gerade durch sie hindurch, sind sie fast durchsichtig, aus einem seitlichen Blickwinkel sind sie so gut wie undurchsichtig.

Metallzäune und Rundstabzäune

Metallzäune können völlig transparent wirken, wenn man aus dem richtigen Blickwinkel durch sie hindurchschaut. Schaut man aus einem anderen Winkel auf sie, wirken sie fast undurchsichtig. Schmiedegitterzäune sind genauso respektabel wie Mauern. Doch sie werden nur selten in Gärten verwendet, vielleicht, weil sie teuer sind. Mauerwerk ist solide und undurchsichtig, während Holzzäune kurzlebig und meist auf gerade Linien begrenzt sind. Auf der anderen Seite ist Metall eines der flexibelsten Baumaterialien: Man kann es biegen, dehnen, kalt pressen, schmelzen, gießen, drehen, polieren und schweißen und auf verschiedene Weisen miteinander verbinden. Weil es fest ist, erfüllt Metall seine Funktion oft mit einem Minimum an Material. Muster sind meist dann am wirkungsvollsten, wenn sie einfach und anmutig und eher offen als geschlossen sind.

Die meisten Metallzäune, die es fertig zu kaufen gibt, sind für die Stadt gedacht – als Sicherheitszäune oder Abgrenzung für Sportanlagen –, sie werden hier nicht behandelt. Einige mögen sich auch für Gärten eignen, wenn man sie behutsam anpasst. Aber auch der Kontrast zwischen einem ganz gewöhnlichen Zaun und einer wunderschönen Bepflanzung kann ein Erfolg sein.

Fast alle Metallzäune bestehen aus eisenhaltigem Material wie Gusseisen, Stahl (Legierung aus Eisen und Kohle) und rostfreiem Stahl (mit Kohle und Chrom). Kohle verhindert das Verrosten und lässt das Metall bei einer niedrigeren Temperatur schmelzen, sodass es leichter geformt werden kann. Stahl mit niedrigem Kohlegehalt nennt man

Metall ist eines der flexibelsten Materialien. Obwohl Metall hart ist, lassen Metallzäune zum Teil Licht durch und die Luft zirkulieren.

Fluss-Stahl, er kann geschmiedet werden und wird meist für einfache Gartentore, Rankgerüste und Maßanfertigungen verwendet. Rostfreier Stahl ist extrem teuer, aber auch enorm haltbar (siehe Materialien).

Gartentore

Von alters her wurden Gartentore extra angefertigt. Sie wurden sorgfältig gearbeitet und selbst in kleinen Dörfern gab es keine zwei gleichen Gartentore. Auch in unserer modernen Welt brauchen die meisten räumlichen Grenzen, die einen Weg oder eine Straße queren, einen Durchgang, der vor allem Kinder, Haus- und Wildtiere davon abhält, nach draußen zu gelangen bzw. hereinzukommen. Nutzen Sie die Chance und gestalten Sie Ihren Eingang selbst, sodass er eine ganz persönliche Note bekommt, anstatt ihn aus dem Katalog auszuwählen. Bauen Sie ein Gartentor nicht nur ein, weil Sie einen Eingang brauchen. Abgesehen von der praktischen Notwendigkeit können Gartentore und sogar Zaunübertritte (die es erlauben, über einen Zaun zu steigen, Tiere aber zurückhalten) ein wichtiger Blickpunkt sein. Sind sie mit Bedacht gestaltet, ermutigen Gartentore zum Eintreten – besonders, wenn sie einladend in einer Gartenmauer platziert sind. Sie sollten sich einfach öffnen lassen und, wo es wichtig ist, sich von selbst schließen.

Bei der Wahl der Breite eines Gartentors sollten Sie an den schlimmsten Fall denken. Ist die Einfahrt für Notfahrzeuge nur durch das geplante Tor möglich, muss es breit genug für solche Fahrzeuge sein. Aus praktischen Gründen sollten Gartentore den auf Seite 105 empfohlenen Breiten entsprechen.

Grundbauplan für ein Gartentor

Egal, was für ein Gartentor Sie planen – es müssen immer folgende Fragen geklärt werden:

- ➤ Wie groß müssen die Pfosten sein?
- ➤ Wie müssen die Pfosten im Boden verankert werden?
- ➤ Wie wird der Rahmen des Gartentors konstruiert?
- ➤ Wie funktionieren Türangel und Schloss?
- ➤ Sieht das Tor von beiden Seiten gut aus?

BESTANDTEILE EINES HOLZ-GARTENTORS

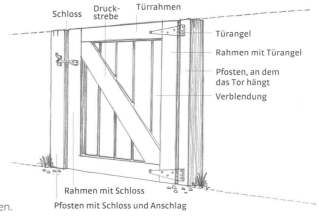

Schloss · Druckstrebe · Türrahmen · Türangel · Rahmen mit Türangel · Pfosten, an dem das Tor hängt · Verblendung · Rahmen mit Schloss · Pfosten mit Schloss und Anschlag

Holzpfosten für ein Gartentor unterscheiden sich von Zaunpfosten. Für Tore über 1,2 m Breite brauchen die Pfosten eine Kantenlänge von mindestens 15 cm und der Pfosten muss mindestens 1,10 m tief im Boden stehen. Meist werden sie in Fundamenten aus Einkombeton mit den Maßen 45 × 45 × 80 cm

Dieses traditionelle Tor im Menorca-Stil wurde aus halbiertem, gebogenem Spaltholz gefertigt. Die beiden Hälften sind gleich und ergeben ein Spiegelbild. Schlichte, traditionelle Befestigungen betonen die Gesamtwirkung.

Reminiszenz an den Lattenzaun: Das hübsche Törchen mit dem Bogen scheint Passanten einzuladen und ihnen zuzulächeln. Die Abschlüsse haben eine traditionelle Form.

verankert. Torpfosten aus Metall können schmaler sein, müssen aber meist in Maßarbeit angefertigt werden, damit sie genau zum Tor passen, weil man die Position der Türangeln nicht erst vor Ort festlegen kann.

Jedes Tor braucht zwei Pfosten: Einen, an dem das Tor hängt, und einen, gegen den es schließt. Dieser Pfosten kann mit einem Holz- oder Metallteil versehen sein, gegen das das Tor schließt; man nennt es Anschlag.

Torpfosten aus Holz sind meist aus kesseldruckimprägnierter Kiefer, Fichte oder Lärche gefertigt. Die Konstruktion des Torrahmens hängt von seiner Größe und davon ab, ob das Tor zum Zaun oder zu einer Mauer passen soll. Er muss in jedem Fall stabil sein.

Holztore

Ein Gartentor ist schwer und der Rahmen würde sich bald verziehen, wenn er keine Querverstrebung (Druckstrebe) hätte. Für Gartentore von 1,5–2 m Breite und 1 m Höhe reicht eine einfache diagonale Querstrebe, weil der Winkel der Strebe ziemlich steil ist. Ist das Tor länger und niedriger, reicht eine einzelne Querstrebe nicht mehr aus, weil sie fast horizontal verlaufen würde. In diesem Fall verwendet man kreuz- oder v-förmige Streben. Alternativ kann man den Rahmen auch mit tafelförmigem Material füllen, das mit zusätzlichen Latten auf der Vorder- oder Rückseite des Tors befestigt wird. Soll das Tor von vorn und hinten gleich aussehen, können Holztafeln in den Rahmen verzapft werden.

Der Torpfosten, an dem die Türangeln befestigt werden, muss besonders stabil sein. Der Pfosten mit dem Schloss oder Schließmechanismus kann, wenn nötig, schmaler sein.

Metalltore

Weil Metalltore aus viel dünnerem Material gefertig werden, brauchen sie keine Querstreben, die geschweißten Verbindungselemente sind viel stabiler. Am besten bestellt man Pfosten und Tor bei einem Schlosser. Nehmen Sie genau Maß und kalkulieren Sie einen Spielraum ein, damit das Tor wirklich passt. Es ist einfacher, das Tor in der Werkstatt polieren oder verzieren zu lassen – sprechen Sie dies also bei der Bestellung ab.

Fertigtore werden mit allen Beschlägen und der Montageanleitung geliefert. Sie müssen aber meist noch grundiert und gestrichen werden.

❑ Wir haben Zäune und Gartentore auf eine recht praktische Weise abgehandelt. Daraus können Sie schließen, dass man mit Fantasie auf viele Arten ein neues und anregendes Design schaffen kann, vorausgesetzt, man erkennt das Potenzial der Materialien.

Wie breit soll ein Tor sein?	
60 cm	für eine einzelne Person
80 cm	für Kinderwagen, Buggy oder Fahrrad
90 cm	für zwei Personen (eng)
1,1 m	für einen Rollstuhl
1,15 m	für einen Kinderwagen und ein zweites Kind
1,5 m	bequem für zwei Personen
2,25 m	für ein kleines bis mittelgroßes Auto
2,6 m	für großes Auto, Ambulanzwagen, Lieferwagen
3 m	für einen großen Traktor
3,5 m	für Feuerwehrzufahrt, LKW
5 m	für zwei Fahrzeuge, die nebeneinander passieren

Tore im traditionellen Stil erfüllen immer noch nützliche Funktionen. Neben dem breiten, ferngesteuerten Zufahrtstor nimmt die Viehtür nur wenig Raum ein und ist hilfreich für Fußgänger auf dem öffentlichen Weg.

Praktische Hinweise

durchgängige Abdeckung

Einzel-Abdeckung

Die Enden der Pfosten sollten angeschrägt sein oder mit einem Aufsatz vor Regenwasser und dem Verrotten geschützt werden. Auch dieses Detail ist wichtig für die Gesamterscheinung.

ABSCHLÜSSE

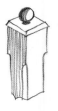

Zierende Abschlüsse kann man extra kaufen oder in den Holzpfosten schnitzen.

Holz als Material für Zäune

Die Holzart entscheidet über die Lebensdauer des Zauns. Die meisten Holzzäune werden aus Weichholz gefertigt. Es ist überall erhältlich und recht preiswert. Eine Alternative ist lang haltbares Plantagenhartholz mit Zertifikat. Die hauptsächlich in Europa verwendeten Hölzer sind kesseldruckimprägnierte Fichte, Kiefer und Lärche. Auch Hölzer wie Douglasie und Robinie eignen sich. In den USA verwendet man kesseldruckimprägnierte Kiefer, Zypresse, Redwood oder Zeder. Überlegen Sie sich, ob Sie verschiedene Hölzer kombinieren wollen – manche sind weicher, andere teurer wie z.B. Redwood. Letztere verwendet man deshalb nur da, wo sie zu sehen sind, während man für Elemente, die nicht ins Auge fallen, preiswerteres stabiles Holz wählt.

Damit das Holz möglichst lange hält, sollte es frei von Rinde, Rissen und Ästen sein. Wählen sie nur gut abgelagertes Hartholz aus und behandeln Sie das Hirnholz mit einem Holzschutzmittel oder imprägnieren und streichen sie es.

Seit einigen Jahren gibt es auch so genanntes Thermo-Wood (von verschiedenen Anbietern), das ist mit Hitze bzw. Dampf behandeltes Holz, das kaum noch Wasser aufnimmt.

Weichhölzer müssen mit Holzschutzmitteln behandelt oder kesseldruckimprägniert werden. Weil solche Mittel nicht umweltfreundlich sind, sollten Sie sich Alternativen überlegen. Alle für Rost anfälligen Metallteile sollten feuerverzinkt oder gestrichen sein.

Konstruktiver Holzschutz

Wasser sollte von allen Holzteilen möglichst schnell ablaufen können, damit das Holz nicht verrottet. Abdeckkappen, Überstände und angeschrägte Holzteile sind deshalb gleichermaßen Schutz und gestalterisches Element.

Die Oberflächenbehandlung von Holz

Einer der großen Vorteile von Holz ist, dass es leicht geschnitten und geformt werden kann. Die Oberfläche (rau oder glatt) wird durch Sägen, Hobeln und Schleifen verändert. Geformte Kanten, Schrägen und gehobelte Rillen können als Verzierung dienen.

Naturbelassenes Holz nimmt mit der Zeit einen silbriggrauen Farbton an. Hartholz behält seine Farbe, wenn man es einölt. Weichholz kann gebeizt werden, und jedes Holz kann man grundieren und streichen. Moderne mikroporöse Anstriche eignen sich speziell für draußen.

Befestigungselemente

Es gibt verschiedene Möglichkeiten, Holzelemente miteinander oder Holz und Metall oder Holz und Beton zu verbinden. Verbindungselemente sollten feuerverzinkt oder aus Messing oder rostfreiem Stahl sein. Verwenden Sie niemals Stahlteile in Holz mit einem hohen Tannin-Gehalt wie etwa Eiche, weil sie unaufhaltsam verrosten werden.

Am einfachsten verbindet man Holzteile mit Nägeln. Sie sind billig und nützlich, aber nicht besonders stark.

Schrauben sorgen für eine festere Verbindung und werden in vorgebohrte Löcher geschraubt, es sei denn, man verwendet spezielle Schrauben. Soll die Verbindung über ein längeres Stück Holz fester sein, wählt man Metall- oder Holzbolzen. Für draußen geeigneter Leim ist an begrenzten Stellen sinnvoll. Stahl-Verbindungen eignen sich mehr für Pergolen oder Holzdecks.

Holzverbindungen für Zäune

Holz für Querbretter ist maximal 4–5 m lang. Solche Bretter müssen für Zäune gewöhnlich an jedem zweiten Pfosten miteinander verbunden werden. Die Verbindungsstellen liegen entweder an der Vorder- oder Rückseite oder in der Mitte (Schlitze) des Pfostens.

Am einfachsten nagelt man die Bretter an die Pfosten, indem man zwei Nägel schräg versetzt einschlägt. Wo die Bretter auf einen Endpfosten treffen, müssen sie an diesem Pfosten befestigt werden, damit der Wind sie nicht losreißt. Einfache Holzverbindungen sind hier vorgestellt, aufwendigere auf den Seiten 144–147.

Stoßfuge: schnell und einfach, aber anfällig an der Lücke zwischen der Befestigung und dem Ende des Bretts.

Zapfverbindung: stabil, aber aufwendig und teuer.

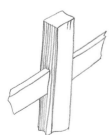

Schräger Stoß: Schräge Teile überlappen sich, sodass die Fläche zum Festnageln größer ist und das Risiko sinkt, dass das Holz splittert. Sehr verbreitet und effektiv.

Ein versetzter Stoß ist komplizierter, aber auch etwas stabiler.

Fundamente und Anker

Oft werden Pfosten einfach in den Boden eingeschlagen. Eine festere Verankerung ist in folgenden Fällen nötig:

▸ Der Boden ist extrem sandig, besteht aus schwerem Lehm und/oder ist nass oder flachgründig. Tragen Sie den Boden ab und tauschen sie ihn gegen geeigneteres Material aus oder verwenden Sie Betonfundamente.

▸ Der Zaun steht sehr windexponiert.

▸ Der Zaun besteht aus biegsamem Draht.

▸ Der Boden ist uneben oder abschüssig.

▸ Der Zaun ist sehr leicht.

DETAILS TYPISCHER PFOSTEN UND FUNDAMENTE

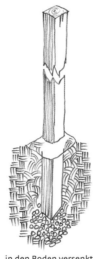

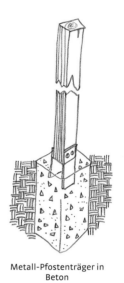

in den Boden versenkt

Betonfundament

Metall-Pfostenträger in Beton

Holz- und Metallpfosten nehmen im Boden leicht Schaden. Holz ist für Pilze und Bakterien anfällig, die in dieser Umgebung perfekte Lebensbedingungen finden. Man kann Holz auch mit speziellen Metallschuhen vom Boden isolieren oder sicherstellen, dass die Pfosten kesseldruckimprägniert wurden, bevor sie vor Ort eingebaut werden.

Es gibt drei Varianten, Pfosten einzusetzen. Bei den ersten beiden muss man Löcher für die Pfosten graben – eine Arbeit, die den Rücken sehr belastet. Leihen oder mieten Sie deshalb wenn möglich einen mechanischen Erdbohrer, der in Minuten exakte Löcher bohrt.

Drei Möglichkeiten, wie man Pfosten in der Erde fixieren kann.

Zäune oder Rankgitter können auch dazu verwendet werden, eine Mauer höher zu machen. Die Gesamthöhe muss den Bauvorschriften entsprechen, auch muss man eventuelle Einwände der Nachbarn berücksichtigen. Horizontale Elemente verhindern, dass der Zaun zu hoch wirkt.

Direkt in die Erde: Der Pfosten wird direkt in die Erde gerammt und mit Füllmaterial befestigt. Füllen Sie eine Dränageschicht am Grund des Lochs ein, damit das Holz nicht verrottet.

Pfosten und Betonfundament: Der Pfosten reicht bis auf den Boden des Betonfundaments. Er soll zu einem Drittel seiner Länge im Boden stehen, mindestens aber 80 cm tief. Das Betonfundament aus Einkombeton muss 45 × 45 cm groß sein und so tief reichen wie der Pfosten.

WIE MAN PFOSTEN VOM BETONFUNDAMENT ISOLIERT

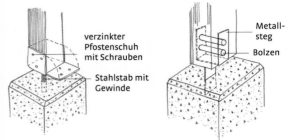

verzinkter Pfostenschuh mit Schrauben

Stahlstab mit Gewinde

Metallsteg

Bolzen

Details von Pfosten und Pfostenhülsen

In Pfostenschuhen verankerte Pfosten: Die Metallschuhe werden in den Boden eingeschlagen oder in Beton einbetoniert. Dies ist eine schnelle und einfache Art der Befestigung, aber schwer zu reparieren oder zu verändern.

Gartentore

Gartentore sollten sich grundsätzlich nach innen öffnen. Kalkulieren Sie den Platz ein, der für die sich öffnende Tür nötig ist. Ist der Boden flach oder schlägt die Tür gegen ansteigendes Gelände? Es ist wichtig, dass der Grund rund um das Gartentor eben ist.

Die Türangeln müssen stark genug sein, um das Gartentor zu tragen, und so konstruiert sein, dass sich die Tür unter ihrem eigenen Gewicht schließt, wenn sie offen gelassen wird. Am einfachsten konstruiert man einen selbstschließenden Mechanismus, indem man die obere und untere Türangel so installiert, dass das Tor ganz leicht schräg hängt. Ist die Angel an der Rückseite des Pfostens befestigt, kann sich das Tor 180° weit öffnen, ist sie an der Innenseite des Pfostens montiert, öffnet sich das Tor nur 90° weit, weil es gegen den Pfosten schlägt.

Lassen Sie eine Lücke von 7,5 cm unter dem Tor und 1 cm zwischen Rahmen und Pfosten mit dem Schloss.

Es gibt verschiedene Türangeln. Verwenden Sie Bänder für schwere Tore oder Angeln aus Messing oder rostfreiem Stahl, die für Außentüren konstruiert sind. Scharniere sollten galvanisiert oder lackiert sein.

Der Sinn eines Schlosses ist es, dass die Tür nicht aufspringt, wenn sie geschlossen ist. Die einfachste Form ist ein Riegel, der von beiden Seiten geöffnet werden kann. Komplexer sind selbstschließende Schlösser, die einschnappen, sobald das Tor gegen sie fällt. Federschlösser verwendet man für große Tore im Freien, ebenso Feststellschlösser. Achten Sie darauf, dass jeder, der das Tor benutzt, das Schloss ohne Mühe öffnen kann. Zugleich sollte es für Kinder, aber auch für unerwünschte Eindringlinge unerreichbar sein.

Oberflächenbearbeitung von Metall

Weil Designer heute mit neuen Techniken experimentieren, kann das Ergebnis nach einigen Jahren des Gebrauchs oft enttäuschend sein. Die Galvanisierung kann zerstört sein oder Metallbeschläge in Eiche rosten aufgrund des Tanningehalts. Ziehen Sie bei Zweifeln einen Fachmann zurate. Einige Metalle wie rostfreier Stahl oder Corten-Stahl brauchen keine Oberflächenbehandlung.

Aluminium: braucht keine Behandlung, ist aber empfindlich gegenüber ätzendem Vogelkot. Es bildet oft eine dünne Oxidhaut, die die Oberfläche etwas schützt.

Eisenhaltige Metalle: brauchen eine Oberflächenbehandlung, damit sie nicht rosten. Alle Anstriche werden am besten nach dem Formen und Schweißen aufgebracht.

Feuerverzinken: Die Oberfläche wird mit flüssigem oder pulverförmigem Zink beschichtet. Die Oberfläche verwittert langsamer, die Schicht korrodiert aber mit der Zeit.

Zink-Phosphat-Anstrich verleiht eine festere, glänzendere Oberfläche, ähnlich rostfreiem Stahl.

Metallbeschichtung: Blei, Cadmium, Zinn und Zink werden alle verwendet, im Freien wählt man am häufigsten Zink.

Farbe und Grundierung: Vor dem Auftragen der Farbe oder Grundierung wird die Oberfläche mithilfe einer schwachen Säure von Fett gereinigt und dann mit klarem Wasser abgespült. Der Untergrund muss immer trocken, fett- und staubfrei sein. Zunächst wird eine Schicht Haftgrundierung aufgetragen, dann zwei Schichten Farbe. Jeder Anstrich muss von Zeit zu Zeit erneuert werden.

Kunststoff-, Nylon- oder PVC-Beschichtung: Das Metall wird mit einer elektrisch geladenen Polyesterschicht behandelt, die durch elektrische Anziehung an der Oberfläche haftet. Diese Art der Beschichtung eignet sich am besten für Zäune aus Ketten.

Pulverlacke: Sie sind in nahezu jeder Farbe erhältlich, stabil, beständig und eignen sich hervorragend für Feinarbeiten.

Emaille: geschmolzenes Glas schützt das Metall, die Oberfläche verblasst weniger. Ein gutes Beispiel sind die roten Folies aus Emaille im Parc de la Villette in Paris.

Metallverbindungen
Es gibt vier Methoden, Metalle zu verbinden:

Mechanisch: Bolzen, Nägel, Schrauben und Nieten.

Löten und Schweißen: Zum Löten verwendet man ein Metall oder eine Legierung, gewöhnlich Zinn oder Blei, die bei einer niedrigeren Temperatur schmelzen als das Metall. Geschweißt wird mit einem Lötmetall aus Zink bei hohen Temperaturen.

Schmieden: Das Metall wird unter Druck oder mithilfe eines Gasschweißbrenners geformt.

Klebstoffe: Gängig sind Klebstoffe auf Epoxid-Basis.

Vermeiden Sie den Kontakt verschiedener Metalle, sie korrodieren. Im Zweifel fragen Sie einen Fachmann.

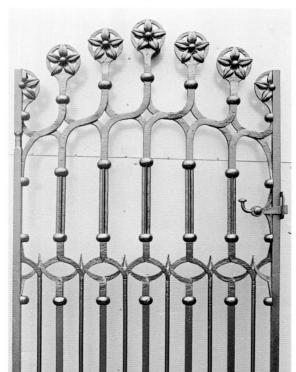

Ein guter regionaler Kunstschmied oder Schlosser kann mit der Herstellung eines originellen Tors beauftragt werden. Viele sind sehr geschickt und können sowohl traditionelle als auch zeitgemäße Entwürfe umsetzen.

Das für die Häuser in diesem japanischen Garten verwendete Holz wird in den Pfosten wieder aufgenommen. Die gespannten Seile trennen den Weg von dem sorgsam geharkten Kies rund um die Pflanzen.

Transparente, hoch belastbare Glaspaneele trennen die verschiedenen Bereiche dieser Wasserlandschaft ohne den Blick einzuschränken.

Das apart geschwungene Muster dieses Tors, inspiriert von der Form des Mondes, erlaubt einen Blick auf den Raum dahinter. Die Metall-Scharniere an der Ziegelmauer bestimmen den Öffnungsradius des Tors.

Ein zeitgemäßer, halbdurchsichtiger und winddurchlässiger Wandschirm aus Lochblechhalbkreisen. Er wird von aufrechten Streben aus rostfreiem Stahl gestützt.

Wo Eindringlinge kein Problem sind, reichen von Schnur oder Kordel zusammengehaltene Bambusrohre aus, um eine Grenze zu markieren, und sind zugleich eine dezente Ergänzung.

Das unregelmäßige Flechtwerk der Zaunfüllungen wirkt zwanglos, aber durch die geradlinige Einfassung nicht »nachlässig«.

Ein Metallbogen mit einem einfachen Gartentor aus Metall. Die kurzen, aufrechten Streben reichen aus, um die meisten Tiere fern zu halten.

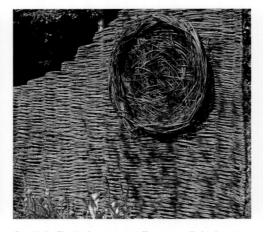

Rustikale Flechtelemente eröffnen unendliche kreative Möglichkeiten. Hier wird der Blick auf ein kreisrundes Motiv aus geflochtenen Weidenzweigen gelenkt.

Das Flechten von Weidenzweigen ist wieder ein populäres Handwerk geworden. In den Boden gesteckt, können weiche Triebe wie Weide oder Haselnuss sogar austreiben – es entsteht ein »lebender Zaun«.

Massive, ungeschälte Pfosten mit Rinde mögen kurzlebig sein, sind jedoch nützlich für provisorische Rankgitter oder Zäune und regen zum Experimentieren an.

Kommen verschiedene Arten von Metall miteinander in Kontakt, können sie korrodieren und sehen dann unschön aus. In Zweifelsfällen sollten Sie einen Fachmann fragen.

Die Durchblicke zwischen den waagerechten Latten dieses Sichtschutzes aus Holz sind zum Teil verspiegelt und erzeugen die Illusion eines Fensters. Die Bretter bieten Kletterpflanzen Halt.

Ohne eine Behandlung mit Holzschutzmitteln werden die Holzpfosten dieses zwanglosen Arrangements, die zwei Bereiche trennen, nur wenige Jahre halten. Trotzdem ist dies ein effektiver und sehr hübscher Zaun.

Inspiriert von der Benjes-Hecke sind Koniferen-Äste aufeinander geschichtet, um Pfosten geflochten und an diesen befestigt. So bleibt die Rinde von Nadelhölzern länger erhalten als die von Harthölzern.

Eine Mode aus Viktorianischer Zeit: Zement wurde in die Form rustikaler Pfosten, Sitze oder anderer Objekte gegossen. Heute findet die Methode kaum noch Gefallen, trotzdem sind noch Exemplare erhalten.

Weil sie meist Einzelanfertigungen sind, eignen sich Gartentore besonders für künstlerische Gestaltungen. Das Beispiel zeigt ein witziges, verspieltes Drachentor von Gaudí in Spanien.

Trotz seiner schiefen Pfosten vermittelt die Schlichtheit dieses Gartentors einen rustikalen Charme.

Mit Holzstücken als Abstandhalter schaffen die massiven, horizontalen, behandelten Holzklötze eine solide Barriere zwischen Garten und Garagenplatz.

Holzdecks & Oberflächen wie Gehwege und Stege sind für viele Gärten eine wunderschöne und langlebige Bereicherung. Holzdecks können den Lebensraum rund ums Haus enorm erweitern, weil sie ein bequemer und vielseitiger Ort für Unterhaltung und Entspannung sind. Sie sind vergleichsweise preiswert, schnell aufzubauen und einfach zu konstruieren. Weil die Höhe der Pfosten variiert werden kann, können erhöhte Decks problematische Hänge und unebenes Gelände überbrücken, ohne dass teure und aufwendige Stützmauern errichtet werden müssen. Holzdecks passen gut zu Wasser und zu Bepflanzungen – besonders solchen mit einheimischen Pflanzen, die oft nur schwer mit anderen Materialien harmonieren. Holzdecks ermöglichen auch einen einfachen Zugang zu nassem, sumpfigem Terrain und bieten in Form von Piers und Brücken Zu-

AUFBAU EINES TYPISCHEN DECKS

GELÄNDER ODER BALUSTRADEN
können an erhöhten Holzdecks notwendig sein, damit niemand in die Tiefe stürzt. In manchen Ländern sind sie gesetzlich vorgeschrieben.

SITZE und andere Möbel lassen sich in Decks oder Plattformen integrieren.

PFOSTEN müssen das Gewicht des Holzdecks auf die Fundamente übertragen. Sie bestimmen, wie hoch das Deck oder der Weg letztendlich ist.

FUNDAMENTE verankern das Deck im Grund, tragen sein Eigengewicht sowie das der sich darauf befindenden Personen.

DECKS ODER BREITE HOLZBRETTER verteilen das Gewicht. Die Oberfläche wird oft aus qualitativ hochwertigen Hölzern gefertigt.

WANDPLATTEN ODER QUERBALKEN werden an der Wand oder anderen Kanten befestigt, um die Bretter oder Stufen zu stützen. Sie brauchen keine Pfosten.

VERSTREBUNGEN schützen das Holzdeck oder den Weg vor seitlichen Bewegungen. Sie sind für Decks nötig, die über 1,5 m hoch sind.

WINKEL & BESCHLÄGE verbinden die Teile des Decks miteinander. Zu ihnen zählt man Nägel, Schrauben, Bolzen, Winkel und Stabdübel.

QUERSTREBEN stützen die Bretter des Decks in relativ kurzen Abständen. Weitere Streben zwischen den Querstreben sind bei größeren Decks nötig, damit sie sich nicht seitlich bewegen. Querstreben müssen an beiden Enden abgestützt werden.

BALKEN ODER TRAGBALKEN stützen die Querstreben (oder die Bretter des Decks, wenn ohne Streben gearbeitet wird). Sie übertragen das Gewicht auf die Pfosten.

Holzelemente können so gestaltet werden, dass sie gut zu bereits vorhandenen Strukturen passen. Dieses Deck, das einen Baum umgibt, bietet einen schattigen Aussichtsplatz und gleicht das unebene Gelände aus.

tritt an das Ufer von Gewässern. Weil Decks aus kleinen Einheiten bestehen, können sie gut zum Einfassen von Bäumen und anderen Elementen im Garten genutzt werden. Ein Deck, in dessen Mitte ein Baum steht, ist für jeden Garten eine Bereicherung.

Unterschiedliche Niveaus, Stufen und Überdachungen können gemeinsam mit Grenzzäunen und Sichtblenden einem Garten Raum und architektonische Struktur geben. Traditionelle Veranden werden oft aus Holz hergestellt und sind überdacht, sodass sie Schatten bieten. Holz bindet außerdem Bänke, Sitze, Kübel und andere Pflanzgefäße in die Gesamtkomposition ein. Ideenreiche Entwürfe können Spielplätze und aufregende Zugänge in Form von Strickleitern sein. Hohe Holzdecks ermöglichen obendrein neue Ausblicke in den Garten und über seine Grenzen hinaus. Bedenken Sie aber, dass Sie dadurch eventuell auch vom Nachbargrundstück gesehen werden oder sich Nachbarn in ihrer Privatsphäre gestört fühlen könnten.

Weil ein bescheidenes Design und eine unprofessionelle Umsetzung oft den Effekt zerstören und letztlich Probleme bereiten, haben Holzdecks einen unterschiedlichen Ruf: Manche Fertigsysteme sind gut (meist die teureren Versionen), viele zeichnen sich jedoch durch Weichholz von mäßiger Qualität aus, das voller Spreißel, Astlöcher und Splitter ist. Manche haben zu tiefe Rillen, in denen sich Staub und Schmutz sammelt. Dies fördert den Wuchs von Bakterien und Algen, sodass die Oberfläche schließlich rutschig wird. Auch wenn solche Systeme so konstruiert sind, dass man sie vielseitig einsetzen kann, passen sie noch lange nicht für jeden Platz. Umgekehrt ist ein sorgsam entworfenes, geplantes und gut ausgearbeitetes

Schlüsselfragen zur Gestaltung

➤ Ist ein Holzdeck die geeignetste Lösung? Stimmen die Kosten, harmoniert es mit der Umgebung und dem Bodenprofil? Welches Mikroklima herrscht am vorgesehenen Platz, wie wird es genutzt werden?

➤ Ist die Konstruktion stabil und wird sie es auch bleiben? Ist sie stabil genug, um zusätzlich das Gewicht von Pflanzen, Möbeln und Besuchern zu tragen? Ist professionelle Hilfe bei der Planung nötig?

➤ Lassen es das Bodenprofil und die geplante Höhe der Konstruktion zu, dass das Niveau des Holzdecks sich in die umgebende Oberfläche einfügt? Kann das Holzdeck um bereits existierende Objekte herumgebaut werden?

➤ Ist das Holzdeck sicher? Wo sind Begrenzungen und Geländer nötig? Müssen irgendwelche Bauvorschriften beachtet werden? Müssen Sie eine Baugenehmigung einholen?

➤ Erlaubt es die Gesamtgröße des Decks, dass man sich rund um Möbel und Pflanzen frei und ungehindert bewegen kann?

➤ Hat das Holzdeck mehrere Ebenen? Welcher Zugang zwischen den Ebenen ist vorgesehen?

➤ Sind alle Bereiche des Holzdecks für Wartungsarbeiten zugänglich?

➤ Werden alle Vorteile der Holzbearbeitung ausgenutzt? Gibt es die Möglichkeit, das Holz zu bearbeiten oder interessante Verbindungen zu anderen Charakteristika im Garten zu schaffen?

Holzdeck, das perfekt passt, eine reine Freude. Der Blick vom Deck aus sollte möglichst offen sein. Ein Geländer, eine Sicherung oder eine Balustrade lassen sich im Stil traditioneller, zeitgenössischer, nautischer oder anderer Themen umsetzen, die dem Deck eine charakteristische Note geben. Glasblenden oder blickdichte Paneele bieten Schutz vor Wind. Bedenken Sie aber, dass jeder Windschutz an der windabgewandten Seite Wirbel verursacht.

Verschiedene Holzdecks

Holzdecks gibt es in fünf Varianten:

➤ Holzwege, die ebenerdig liegen und Hängen folgen. Sie können direkt auf dem Erdboden errichtet werden, wenn ihre Höhe mit dem vorhandenen Bodenniveau übereinstimmt.

➤ Niedrige Holzdecks als Alternative zu einer Terrasse. Sie werden gewöhnlich von Betonpfosten oder kurzen Holzpfosten gestützt und sind eine zweckmäßige Verbindung zwischen Haus und Garten. Auch sie können verschiedene Ebenen besitzen, die durch eine oder mehrere Stufen überbrückt werden. Wie alle Holzdecks lädt ihre warme Oberfläche zum Entspannen und Kinder zum Spielen ein.

➤ Holzdecks können Plattformen oder Gehwege sein, die an oder sogar über Teiche und Teichufer gebaut werden. Holzdecks, die über kleine Teiche oder Bäche führen, können als einfache Stege konstruiert werden. Sie eignen sich besonders für ökologisch sensible Areale.

➤ Holzdecks an Abhängen, die eine Plattform bilden, können ohne größere Erdbewegungen errichtet werden.

➤ Holzdecks als Dachterrassen: Dies ist eine Aufgabe für Spezialisten; sie werden deshalb hier nicht behandelt. Generell gilt: Es ist klug, vor Beginn größerer Arbeiten einen Architekten oder Bauingenieur heranzuziehen.

Materialien

Holz ist ein nachwachsender Rohstoff. Es ist leicht zu bearbeiten, sowohl von Hand als auch maschinell. Verzierungen und Ornamente können rasch und relativ preiswert von geschickten Handwerkern angebracht werden und werten ein Holzdeck enorm auf. Das Angebot an Holzarten ist breit, jede hat ihre Eigenheiten und ihr charakteristisches Aussehen. Holz isoliert und es ist angenehm, darauf zu gehen und zu sitzen – selbst bei Wetterverhältnissen, bei denen Stein oder Metall eiskalt oder unerträglich heiß ist. Vor allem in Gegenden mit heißem Klima, wo das Leben im Freien zu den selbstverständlichen Annehmlichkeiten gehört, ist dies wichtig. Errichten Sie Holzdecks nie an schattigen oder feuchten Stellen, wo sie rutschig und damit gefährlich werden können.

Meist wird die Wahl des Holzes bestimmt von der Umgebung, der Stärke, dem Aussehen, der Haltbarkeit, dem Preis, der Verfügbarkeit sowie davon, dass es leicht zu bearbeiten ist. Das Aussehen des Holzes ist vor allem dort wichtig, wo es Tag für Tag zu sehen ist – wie die Bretter eines Terrassendecks, Geländers oder einer Balustrade. Tragende Elemente sind meist nicht zu sehen, sodass die Holzauswahl für diese mehr von der Festigkeit und Haltbarkeit bestimmt wird.

Für Holzdecks werden verschiedenste Hölzer verwendet – Hartholz, behandeltes Weichholz und von Natur aus beständige Weichhölzer wie die nordamerikanische Rotzeder. Hartholz ist teurer und relativ schwer zu bearbeiten. Seine Festigkeit erlaubt es, es dünn zu schneiden, doch dies beeinträchtigt die Stabilität, sodass das Holz sich leicht biegt. Durch den Gebrauch kann Hartholz glatt und rutschig werden, vor allem bei Nässe. Kesseldruckimprägniertes Weichholz ist leicht erhältlich, aber die Holzschutzmittel, mit denen es behandelt wird, sind giftig, eine Gefahr für Mensch und Tier und sie können Metallteile angreifen. Auch wird durch Schneiden und Bohren die behandelte Oberfläche durchbrochen, sodass das Deck erneut imprägniert werden muss, wenn es errichtet ist. Meist ist festes und lange haltbares Weichholz die beste Wahl.

Holzdecks sind eine warme und leicht zu verlegende Oberfläche für Dach- und Hinterhofgärten. Die Metallschrauben sind Teil des Musters geworden. Der Randstreifen mit Splitt ist eine gute Dränage für die Topfpflanzen, außerdem wurden hier Lichtfluter eingebaut.

Für jedes Land gibt es Angaben über die Haltbarkeit der verschiedenen Holzarten und die aus Stämmen zugeschnittenen gängigen Brettermaße. Bevor man Holz kauft oder bestellt, sollte man diese Tabellen studieren oder einen Fachmann befragen. Der Feuchtigkeitsgehalt sollte unter 15 % liegen. Hartholz ist meist fester, haltbarer und sieht hochwertiger aus. Dafür ist es teurer, schwerer zu bearbeiten, kann leicht splittern und lange und extrem scharfe Bruchstellen bekommen.

Holz für Holzdecks ist gewöhnlich – wie anderes Holz auch – in Standardmaßen erhältlich. Deshalb ist es sinnvoll, die Maße des Decks so zu wählen, dass der Abfall möglichst gering ist. Die meisten Bretter gibt es in verschiedenen Längen mit Abstufungen von 30 cm. Kalkulieren Sie den Verlust an den Enden der Bretter ein und richten Sie die Größe des Decks an den Standardmaßen der Holzbretter aus.

Beachten Sie, dass das Deck zwar auf der Oberseite Sonne, Wind und Regen ausgesetzt ist, auf der Unterseite jedoch geschützt und trocken bleibt. Diese ungleichen Bedingungen führen dazu, dass sich das Holz verzieht. Verhindern kann man dies dadurch, dass man Bretter mit einem Verhältnis von Breite zu Dicke von 2 : 1 auswählt. Die Bretter müssen mit den Enden sicher auf Auflagehölzern befestigt werden.

Tipps zur Konstruktion

Holzdecks müssen stabil konstruiert sein. Jedes Teil muss gut abgestützt, genau passend und mit den anderen Elementen verbunden sein. Hohe Decks sollten mit diagonalen Streben gestützt werden. Damit das Deck nicht zusammenbrechen kann, muss die Last über jedes tragende Element auf die ganze Konstruktion verteilt werden, damit einzelne Teile nicht überlastet werden.

Für Holzwege und Decks, die direkt auf dem Boden aufliegen, werden die Holzbretter einfach so abgestützt, dass sie eine flache Oberfläche bilden. Dazu platziert man 2,5–5 cm dicke Auflagehölzer oder Beton-Auflagebalken, auf denen Holzlatten befestigt werden, in dem vorbereiteten Untergrund, sodass das Holzdeck eben liegt. Das Auflageholz muss nur so breit sein, dass die Befestigungen halten – 5 cm reichen normalerweise aus. Dies führt zwangsläufig dazu, dass das Bodenniveau erhöht werden muss. Dieses neue Niveau muss daraufhin geprüft werden, dass die Plattform mit dem umgebenden Niveau übereinstimmt. Unebener Boden kann mithilfe kleiner Holzstücke oder Keilen ausgeglichen werden, sodass nichts wackelt. Breiten Sie über den Boden ein Vlies gegen Unkraut aus, das mit dekorativem Kies bedeckt wird. Ein Brett als Abschluss an der Kante des Decks schafft einen Rahmen und lässt das Deck vollständiger aussehen.

Andere Fragen stellen sich bei der Konstruktion von Holzdecks, die höher über dem Boden oder an Hängen liegen, Wie hoch wird das Deck sein? Soll es mehrere Ebenen haben? Wie groß ist es und welche Form hat es? Ist es stabil oder kann es sich seitlich verschieben? Wie wird es am Haus befestigt? Hält es auch an einem steilen Hang? Die Konstruktion kann auf einem ein- oder zweilagigen Unterbau errichtet werden. Mehrere Schichten sind einfacher zu bauen, aber das Deck wird dann dicker. Letztlich entscheidet die Höhe des Decks und die Einbindung in die umgebenden Oberflächen darüber, wie dick es ist und wie es konstruiert wird.

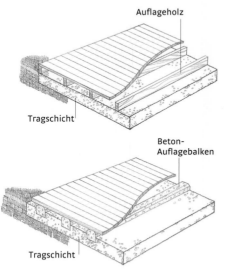

Auflageholz

Tragschicht

Beton-
Auflagebalken

Tragschicht

Zwei Methoden, ein Holzdeck auf dem Boden mithilfe von Auflagehölzern oder Beton-Auflagebalken zu errichten. Auf der Tragschicht muss ein Geotextilvlies gegen Unkraut ausgebreitet werden.

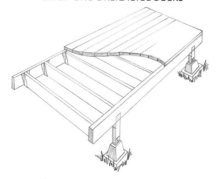

Ein zweilagiges Deck (Auflageholz und Deckbretter) ist etwas instabiler, aber flacher, sodass es dichter über dem Boden oder der Wasseroberfläche aufliegen kann.

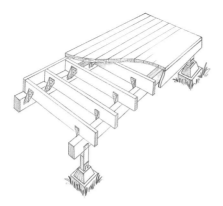

Ein dreilagiges Deck (Balken, Auflageholz, Deckbretter) ist einfacher zu bauen, weil es weniger Verbindungen benötigt.

Wann sind Genehmigungen von Behörden nötig?

➤ Wenn die Oberfläche des Decks 60 cm oder mehr über dem Boden liegt, verlangen die Bauvorschriften normalerweise eine Balustrade von 1,10 m Höhe. Obschon dies in erster Linie der Sicherheit dient, ist eine Abgrenzung meist auch aus optischen Gründen erforderlich. Erkundigen Sie sich nach den örtlichen Vorschriften.

➤ Ermöglicht das Deck Einsicht in das Nachbargrundstück oder steht das Haus in einem Schutzgebiet, kann eine Genehmigung ebenfalls notwendig sein.

➤ Liegt das Deck auf der Höhe des 1. Stocks oder noch höher, müssen Sie die Planungs- und Bauvorschriften beachten. Es empfiehlt sich, die lokalen Behörden von sich aus anzusprechen, bevor diese auf Sie zukommen! Bitten Sie um eine informelle Genehmigung, bevor Planung und Bau zu weit fortgeschritten sind.

Die Wahl der Muster und die Gestaltung

Die Planung ist der wichtigste Schritt im ganzen Prozess. Treffen Sie die Entscheidungen im Bezug auf Ästhetik, Proportionen, Farbe, Details, Verbindungs- und Befestigungselemente und die Auswahl des Holzes mit Sorgfalt. Im allerersten Schritt

Ein Holzsteg kann leicht den unterschiedlichsten Bodenverhältnissen angepasst werden. Die Kante, die über die Leisten und die Kupferwände darunter ragt, markiert die Grenze des Decks und verhindert, dass Räder von Kinderwägen oder Rollstühlen über den Rand rollen und abstürzen. Der erhöhte Kupferrand betont die organische Form des Holzdecks – die beiden natürlichen Materialien ergänzen einander.

Holzdeck mit geschwungener Form

rechteckiges Holzdeck

Holzdeck mit Fischgrätmuster

auf Gehrung verlegtes Holzdeck

Holzdeck mit diagonal verlegten Brettern

Die Muster mancher Holzdecks erfordern eine ziemlich aufwendige Anordnung der Auflagehölzer und Balken, um sicherzustellen, dass alle Elemente ausreichend abgestützt sind.

legen Sie die Lage, Höhe, Form, Länge und das Oberflächenmuster fest. Der Gesamtentwurf sollte mit der unmittelbaren Umgebung harmonieren, besonders, wenn das Deck an ein Haus anschließt. Außerdem sollte genug Platz bleiben, vor allem in der Nähe von Türen und sich nach außen öffnenden Fenstern.

Soll ein Holzdeck auch als Essplatz im Freien mit Tischen und Stühlen genutzt werden, muss es mindestens 3 m, besser 4 m breit sein, sodass auch noch genug Platz zum Durchgehen ist, wenn der Tisch besetzt ist. Schließt das Deck an das Haus an, sollte es 15 cm unter dem Zugangsniveau des Hauses liegen, damit sich kein Wasser sammeln, ins Haus fließen und Schaden anrichten kann.

Die Holzbretter werden gewöhnlich quer zur Laufrichtung verlegt. Gerade Linien und rechtwinklige Muster sind vergleichsweise einfach. Die Bretter können lotrecht auf den Latten befestigt werden, in einem Winkel, diagonal, im Fischgrätmuster oder auf Gehrung. Aus Brettern in verschiedenen Breiten kann man ganz besonders auffällige Muster legen. Runde Formen sind sehr viel schwieriger, die Bretter müssen oft spitz zulaufend, auf Gehrung oder schräg geschnitten werden, wobei eventuell viel Abfall anfällt. Augenmerk sollte man auch auf die Verbindungen, an denen die Bretter aufeinander treffen, legen, besonders im Hinblick auf deren Platzierung im Verhältnis zur gesamten Gestaltung. Die Verbindungsstellen können zufällig oder abwechselnd (wie beim Läuferverband) in Linien liegen. Zwischen den Brettern sollte ein 3–5 mm breiter Spalt bleiben, damit sie sich in der Breite ausdehnen können (eine Ausdehnung von 3 % in einer Saison ist normal). Dies führt zu einem streng linearen Muster und beeinflusst die Gesamterscheinung. Breitere Lücken können ein Problem für Kinderfinger und Absätze sein, außerdem fallen Gegenstände durch.

Damit das Deck länger wirkt, verlegt man die Bretter parallel in Blickrichtung; soll es breiter aussehen, verlegt man sie rechtwinklig zur Blickrichtung. Bei langen, parallelen Brettern ist jede Abweichung einer Fuge gut zu sehen. Verlegt man die Bretter quer, vermeidet man diesen Effekt.

Unterschiedliche Ebenen

Um sich dem Gefälle anzupassen oder um zu große Holzflächen zu vermeiden, plant man unterschiedliche Ebenen in einem Holzdeck ein. Diese Ebenen können durch eine einzelne Stufe voneinander getrennt werden, die gewöhnlich der Höhe eines aufgestellten Deckbretts entspricht, das als Setzstufe fungiert. Das oben aufliegende Brett sollte etwas überstehen, um die Setzstufe zu schützen.

Um Ebenen mit einem stärkeren Höhenunterschied oder um ein höher liegendes Deck mit dem Boden zu verbinden, baut man eine Treppe ein, bei der Setz- und Trittstufen auf Längsbalken befestigt sind, die einen Teil des Unterbaus bilden. Bei mehr als drei Stufen ist ein Geländer nötig. Sind Rampen erwünscht, sollten sie mit der empfohlenen Neigung aus rutschfesten Brettern gebaut werden (siehe Kapitel 3).

Holzstege

Kleine Teiche und natürliche oder künstlich angelegte Bäche können durch einen Steg enorm betont werden. Man kann ziemlich große Entfernungen überbrücken, indem

man Holzbalken und Deckbretter verwendet. Viele Hersteller bieten in ihren Katalogen eine Reihe von Fertig-Produkten oder maßgefertigte Entwürfe einschließlich Beratung an.

Brücken im Garten sind romantisch und können zum Blickpunkt werden. Gartengestaltern im 18. und 19. Jh. war dies wohl bekannt, und in der fernöstlichen Gartengestaltung ist dies auch heute noch ein zentrales Thema. Berühmte kleine Brücken existieren in Gemälden impressionistischer Meister – vor allem Monets japanische Brücke in Giverny ist bekannt.

Holzstege – besonders solche, unter denen Wasser fließt – sind ein Magnet für Menschen, die umherschlendern. Geländer dienen zum Anlehnen, und vielleicht kann man sogar durch die Ritzen zwischen den Brettern schauen und das dahinströmende Wasser beobachten.

Lohnendes Zubehör

Holz kann geformt, abgeschrägt, gehobelt und oberflächenbehandelt werden, um die Qualität und das Erscheinungsbild der Konstruktion zu verbessern, ohne dass die Kosten dadurch wesentlich steigen. An die Unterseite des Geländers lassen sich Leuchten montieren oder in die Oberfläche eines Decks als Strahler integrieren. In die Deck-Oberfläche können Falltüren eingebaut werden als Zugang zu nützlichem

Eine flache Stufe lenkt die Aufmerksamkeit auf die schmale Brücke. Das hölzerne Geländer sorgt für sicheres Überqueren und dient zum Anlehnen, sodass man die Natur bequem beobachten kann. Die schlichte Gestaltung hamoniert mit der ländlichen Umgebung.

Stauraum. Auch Holzsitze und Vorratsbehälter sowie Pflanzgefäße und Sandkästen lassen sich geschickt unterbringen. Beachten Sie aber, dass ergänzende Elemente (wie Pflanzkübel und Grillplätze) ein beträchtliches zusätzliches Gewicht haben und der Unterbau eventuell entsprechend verstärkt werden muss.

Oberflächenbehandlung und Pflege

Unbehandeltes Holz nimmt im Freien eine attraktive silbrig-graue Farbe an, die sowohl mit der Umgebung und anderen Möbeln gut harmoniert als auch ohne Aufwand zu pflegen ist. Einige moderne farblose Beizmittel werden dagegen fleckig, wenn sie abgenutzt sind, und müssen entfernt werden, bevor man sie neu aufträgt. Atmungsaktive organische Produkte wie natürliche Öle sind am besten geeignet. Gestrichenes Holz braucht regelmäßige Pflege – deshalb sollte man die Größe eines Holzdecks nicht unterschätzen. Holz enthält von Natur aus Ritzen, Spalten und Astlöcher, sein Aussehen ändert sich durch die Verwitterung. Deshalb ist das regelmäßige Überprüfen auf Splitter und andere Anzeichen von Schäden und Zerfall nötig.

    Die Hauptarbeit besteht gewöhnlich darin, das Holzdeck sauber und algenfrei zu halten. Regelmäßiges Reinigen – vor allem von schattigen Decks – mit speziellen Reinigungsmitteln – lässt das Holz gut aussehen. Verwenden Sie keine Produkte, die für Pflanzen oder Tiere schädlich sind. Hüten Sie sich vor Dampfdruckreinigern, die leicht die Holzfasern angreifen, sodass gefährliche Spreißel entstehen. Reinigen Sie ein Deck aus Hart- oder Zedernholz niemals mit Stahlwolle oder einer Drahtbürste – das Deck verfärbt sich bis zum nächsten Tag schwarz.

Stehen Metallmöbel auf dem Holzdeck, sollte man die Beine mit Gummikappen schützen, um Mulden oder Rostflecken zu vermeiden.

❑ Holzdecks haben sich als nützliche und attraktive Elemente der Gartengestaltung etabliert. Weil aber oft suggeriert wird, dass man sie billig – mit minderwertigem Material – bauen kann, können sie zur Enttäuschung werden. Wenn Sie ein Gespür für den Standort haben und geeignetes Material verwenden, sind die Möglichkeiten der Gestaltung und Nutzung von Holzdecks jedoch unbegrenzt.

Das hellblaue erhöhte Holzdeck zwischen dem Haus und dem Wald- garten im Hintergrund wurde gebeizt statt gestrichen. So ist es leichter zu pflegen. Das dekorative Holzgeländer ist eine stabile Begrenzung.

Praktische Hinweise

Maße von Deckbrettern und Auflagehölzern	
Maß des Deckbretts (mm)	Abstand der Auflagehölzer (mm)
22 x 120	500
25 x 140	600
25 x 145	600
26 x 120	600
26 x 142	600
26 x 165	600
26 x 190	600
28 x 145	700
28 x 170	700
Maß des Deckbretts (mm)	Abstand der Auflagehölzer (mm)
45 x 70	900
45 x 95	960
45 x 145	990

Für jede Holzart werden unterschiedliche Hobelstärken und -breiten angeboten.

Größen der Holzteile berechnen

Das Ausmessen der Holzelemente eines Decks ist der komplizierteste Teil der Arbeit. Es gibt viele nützliche Anleitungen, die von Herstellern und Händlern veröffentlicht wurden und im Internet zugänglich sind. Für den Bau eines großen Decks mit einer Fläche über 10 m² ist es ratsam, einen Handwerker oder Hersteller zu fragen, für erhöhte Decks ist der Rat eines Bauingenieurs notwendig.

Die Bestimmung der genauen Maße der Holzelemente heißt jedoch noch nicht, dass die Konstruktion stark und stabil ist. Der Zustand des Bodens, die Belastung durch Wind, die Nutzung, die Stärke der Verbindungen und die Qualität der Arbeit haben einen enormen Einfluss auf die Stabilität eines Holzdecks. Ist einer dieser Faktoren ein Problem, sollte man ebenfalls einen Fachmann um Rat fragen.

Die Größen von Hölzern sind normalerweise für gleichmäßig verteilte Lasten ausgelegt. Ist etwa das Gewicht unter einem Pflanzkübel besonders hoch, müssen die Holzelemente dichter liegen. Die folgenden Hinweise sind deshalb nur Tipps.

Wie man die Gesamtlänge des benötigten Holzes in Metern berechnet:

Länge des Decks (mm)
x Breite des Decks (mm)
÷ (Breite des Bretts + 3 mm)
÷ 1000 = Meter

Versetzt angeordnete Holzbretter und große Kieselsteine wechseln einander ab. Dazwischen wachsen trockenheitstolerante Pflanzen. Sie werten die Komposition auf und helfen, die beiden so unterschiedlichen Materialien zu kombinieren.

Die Größe von Holzdeck-Brettern berechnen

Der wichtigste Punkt ist, die Materialmenge mit der Stabilität des Decks abzugleichen. Dickere Bretter können größere Distanzen überbrücken, sind aber auch teurer. Dünnere Bretter benötigen eine größere Zahl von Auflagehölzern und müssen in kürzeren Abständen abgestützt werden. Dünne Bretter, die nicht ausreichend abgestützt sind, federn und verunsichern beim Gehen. Die folgenden Tabellen geben nur einen Überblick. Sie gehen von der Verwendung von den härtesten und stabilsten Arten von Weichhölzern aus.

Die Größe der Auflagehölzer berechnen

Der Abstand zwischen den Auflagehölzern wird von der Dicke der verwendeten Deckbretter und der Größe der Auflagehölzer bestimmt. Generell gilt, dass Auflagehölzer mit den Maßen 10 x 4 cm oder 15 x 5 cm von unten von Balken mit nicht mehr als 60 cm Abstand gestützt werden müssen. Beträgt der Abstand nur 45 cm, federt das Deck weniger. Das verwendete Holz darf nicht dünner als 5 cm sein, weil es sonst bricht.

Ist die Länge eines Auflageholzes mehr als viermal so groß wie seine Breite, sollte man zusätzliche Streben

Härte und Dichte verschiedener Holzarten		
Holzart	Härte (Brinell)	Dichte (g/cm³)
Buche	34	0,70
Eiche	34–41	0,72
Esche	37–41	0,69
Ahorn	30	0,69
Lärche	19	0,59
Douglasie	19	0,60
Fichte	12	0,54

Maße und Stützweiten von Dachlatten		
Sortierklasse	Querschnitt (mm)	Stützweite (m)
S 13	24 x 60	bis 0,80
S 10	30 x 50	bis 0,80
S 10	40 x 60	bis 1,00

Beispiele für Maße von Kantholz			
	Bei Verwendung gehobelter Hölzer ist die Kantenlänge um 1 cm zu kürzen		
Kantholz-Breite	10	12	14
Kantholz-Dicke	14	12	14
	16	14	16
	18	16	18

Beispiele für Maße von Brettern und Bohlen		
	Rohmaße	Hobelmaße
Bretter	10	8/7/6
	15	13/12/11
	18	16/15/14
	20	18/17/16
	24	22/21/20/19
	30	28/27/26/25
	35	33/32/31/30
Bohlen	45	42/41/40/39/38
	50	47/46/45/44/43
	60	57/56/55/54/53
	70	67/66/65/64/63
	80	77/76/75/74/73
	90	87/86/85/84/83
Längenabstufungen: Nadelholz alle 25 cm, Laubholz alle 10 cm		

zwischen den Auflagehölzern einziehen, damit sich nichts verdrehen kann. Dies ist vor allem dann wichtig, wenn die Auflagehölzer an den Ecken mit Stützen für das Geländer versehen sind.

Im Allgemeinen sind zwei Maße für die Abstände der Auflagehölzer üblich: 60 cm und 45 cm. In der Tabelle sind außerdem gängige Maße von Kanthölzern, Brettern und Bohlen aufgeführt sowie die Härte und Dichte verschiedener Holzarten. Wichtig: Der Abstand der Auflagehölzer hängt von der verwendeten Holzart ab. Nimmt man stabileres Holz (Douglasie, Lärche oder Gelbkiefer), können die Abstände sehr groß sein. Verwendet man weichere Hölzer (Zeder, Balsamtanne, Colorado-Tanne, andere Kiefern, Fichte oder Rotzeder), müssen die Abstände kleiner sein. Natürlich dürfen die Abstände zwischen den Auflagehölzern aber auch geringer sein.

Die Größe von Trägerbalken berechnen

Es ist üblich, Trägerbalken und Auflageholz mit 2 m Länge entweder in der Mitte abzustützen oder an den Enden auf Pfosten zu schrauben. Manchmal ist es schwierig, im Handel Holzbalken in ausreichender Größe zu

bekommen. Dann muss man zwei kleinere Balken an einem Pfosten festschrauben; 5 cm dicke Latten sind weit verbreitet. Die Spannweite bemisst man von Stützpfosten zu Stützpfosten.

Aufbau eines Decks

Fast alle Holzdecks bestehen aus mehreren Lagen von Balken und Brettern, wobei jede Lage rechtwinklig zur der darüber und darunter liegenden ausgerichtet ist. Dieser Richtungswechsel von Pfosten, Tragbalken, Stützbalken, Auflageholz und Deck sorgt dafür, das alles gut abgestützt ist und gute Befestigungspunkte vorhanden sind.

Wo das Deck flach bleiben muss, weil seine Oberfläche fast auf Bodenhöhe liegt, greift man auf eine

geschraubt oder gedübelt

**Drei Möglichkeiten, Tragbalken
an Stützbalken zu befestigen.**

DIAGONALE STREBEN

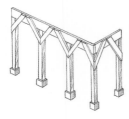

**Diagonale Verstrebungen sind
wichtig für erhöhte Konstruktionen. Sie können auf vielerlei
Arten errichtet werden.**

zweilagige Bauweise zurück. Dieser Bautyp besteht nur aus Auflageholz und Deckbrettern, braucht unter Umständen aber viele Pfosten. Weiter verbreitet ist ein dreilagiges Deck aus Tragbalken, Auflageholz und Deckbrettern, bei dem nur alle 2 m Stützpfosten nötig sind.

Für die Planung des Gerüsts ist es notwendig, dass die Deckbretter an die Form des gesamten Holzdecks, an jede Änderung der Höhe und an die Befestigungen im Boden angepasst sind. Eine grundsätzliche Frage ist, wie man die Enden der Deckbretter abstützt. Dies ist besonders von Bedeutung, wenn das Deck eine geschwungene Form hat oder die Bretter nicht parallel zueinander und rechtwinklig zu den Stützbalken verlaufen. Fischgrätverband, auf Gehrung verlegte oder radial angeordnete Muster erfordern unter Umständen eine ziemlich komplexe Konstruktion der Stützbalken, um sicherzustellen, dass jedes Element ausreichend abgestützt und befestigt ist, vor allem an den Enden.

Seitliche Bewegungen vermeiden

Damit sich das gesamte Deck seitlich nicht verschieben kann, sind zusätzliche Streben notwendig. Dazu baut man kurze Holzbalken zwischen die Auflagehölzer, und zwar auf deren ganzer Höhe, sodass nichts verrutschen oder sich verdrehen kann. Dies ist besonders dann wichtig, wenn die Stützen von Geländern an den Auflagehölzern befestigt sind, die sich verschieben könnten, wenn man sich dagegen lehnt. Außerdem kann man diagonal verlaufende Streben einsetzen. Doppelt diagonale Streben oder Streben in Kreuzform sind noch stabiler. Doppelte Verstrebungen sind bei Holzdecks wichtig, die höher als 1,5 m sind.

Alle erhöhten Holzdecks sind auf Pfosten befestigt, die das Gewicht des Decks auf den Boden übertragen. Trag- und Stützbalken können oben auf den Pfosten oder seitlich an ihnen befestigt sein.

Winkel und Beschläge

Um zu verhindern, dass sich das Deck verschiebt oder irgendwann anfängt zu wackeln, müssen alle Verbindungselemente fest sein oder die ganze Konstruktion muss mit Streben versehen sein. Feste Verbindungselemente (Nägel, Schrauben, Bolzen, Verbindungsplatten) können sich

mit der Zeit lockern und müssen deshalb bei den regelmäßigen Wartungsarbeiten nachgezogen werden. Die einfachste Art, Holzelemente miteinander zu verbinden, ist, eines oben auf das andere zu legen und mit einfachen Winkeln zu befestigen, sodass sie nicht seitlich verrutschen können. So entsteht ein sehr mächtiges Deck, das auf kleinem Raum plump aussehen kann. Man kann die Tiefe deutlich reduzieren, indem man die Hölzer an den Seiten der anderen Elemente oder durch Verzapfen befestigt. Um diese Arbeit zu vereinfachen, gibt es eine Reihe von Verbindungselementen wie Balkenschuhe, Winkelverbinder, Lochplatten, T- und L-förmige Verbindungsplatten, Metallriegel, Pfostenschuhe, Einschlaghülsen und Nägel.

Pfosten sollten idealerweise mit feuerverzinkten Pfostenschuhen oder Halterungen befestigt werden, die in oder auf Betonfundamente gesetzt werden. So hat das Ende des Pfostens keinen Kontakt zum Erdreich und ist weniger der Verrottung preisgegeben.

Es empfiehlt sich, eine 2,5–7,5 cm breite Lücke zwischen Pfosten und Boden zu lassen. Auf festen, stabilen Böden können für kleine, niedrige Decks 15 cm dicke Betonblöcke und 6,5 cm dicke Betonplatten verwendet werden. Die Pfosten können auch in den Boden geschlagen oder einbetoniert werden, wenn der Untergrund genug seitlichen Halt gibt. In diesem Fall sollte die Betonoberfläche vom Pfosten weg geneigt sein, damit das Wasser ablaufen kann.

An der Wand befestigte Balkenschuhe oder Auflagehölzer sind nötig, wo ein Holzdeck an das Haus oder an eine Mauer grenzt. Dazu befestigt man mit Spezialdübeln Holzstücke an der Mauer, die die Enden der Balken

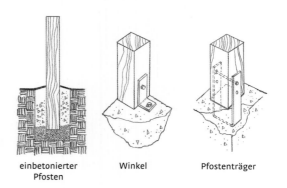

einbetonierter   Winkel   Pfostenträger
Pfosten

So kann man Pfosten im Boden befestigen (siehe auch Seite 145).

stützen, die auf ihnen liegen oder an sie angrenzen, wenn man Balkenschuhe verwendet.

Werden Balkenträger oben auf den Pfosten miteinander verbunden, sollten sie mit Schutzkappen oder T-förmigen Verbindungsstücken abgedeckt werden. Querstreben kann man seitlich an den Auflagehölzern mit Balkenschuhen befestigen oder oben aufliegen lassen und mit Flachbindern fixieren. Sie können auch über Kreuz genagelt werden, damit sie sich nicht zur Seite verschieben.

Deckbretter sollten mit je zwei Verbindungselementen an jedem Schnittpunkt an den Querstreben befestigt werden. Im Idealfall sind die Löcher für die Befestigungen schon vorgebohrt, vor allem an den Enden der Bretter, wo das Holz leichter splittert. Bringen Sie Schrauben oder Nägel nie näher als 12 mm an einem Ende an. Schrauben bewähren sich im Allgemeinen besser als Nägel; mit Druckluft-Naglern angebrachte Nägel lockern sich mit der Zeit. Fräsen oder stanzen Sie Befestigungselemente nicht in die Holzoberfläche, weil sich sonst Wasser ansammeln kann und das Holz verrottet. Nägel sollten schräg eingeschlagen werden. Verdeckte Befestigungen, die seitlich an den Deckbrettern sitzen, sehen besser aus, sind aber so gut wie gar nicht mehr zu entfernen, wenn sie einmal montiert wurden. Dies kann zum Problem werden, wenn Deck-Planken ersetzt werden müssen.

Alle Befestigungselemente sollten entweder feuerverzinkt sein oder aus rostfreiem Stahl bestehen. Sie sollten kunststoffummantelt oder aus Messing und in jedem Fall speziell für den Gebrauch im Freien gefertigt sein. Verwenden Sie keinen reinen Stahl – er rostet und verfärbt das Holz. Deckplanken und Metallbefestigungen verbindet man am besten mit Schrauben. Um das Holz im Unterbau des Decks an den Seiten von Pfosten zu fixieren, sollten Sie Bolzen verwenden, aber auch Nägel eignen sich. Stabdübel brauchen vorgebohrte Löcher, aber keine Mutter. Für Schraubbolzen muss man ebenfalls Löcher vorbohren.

Geländer

Geländer und Balustraden sind an den Rändern erhöhter Decks notwendig, um Stürze zu vermeiden. Auch an niedrigen Decks sowie an Rampen können sie

sinnvoll sein. Die Vorschriften für Geländer und Balustraden sind überall verschieden, deshalb sollten Sie sich schon im Planungsstadium danach erkundigen. Geländer in 1,1 m Höhe über dem Deck genügen den meisten behördlichen Vorschriften und sind für die meisten Menschen bequem zum Anlehnen.

Viele der Gestaltungsgrundsätze für Zäune gelten auch für Geländer. Ein wesentlicher Unterschied liegt aber darin, wie die Stützpfosten befestigt sind. Am stabilsten ist ein durch das Holzdeck bis zum Geländer durchgehender Pfosten. Jede Belastung, die z.B. dadurch entsteht, dass sich jemand an das Geländer anlehnt, wird durch die feste Fixierung im Boden aufgefangen. Falls eine solche Konstruktion nicht möglich ist oder unschön aussieht, kann man die Stützen des Geländers

Auf engem Raum zwischen üppigen Pflanzen ermöglichen es erhöhte Holzdecks und Holzwege, die verschiedenen Arten zu bewundern. Pflanzkübel und andere Gartenmöbel grenzen ungeschützte Ecken ab.

Rechts **Fundamente für Stege sind nötig**, um die Enden der Auflagehölzer zu stützen. Zwischen dem Ende des Stegs und dem Weg muss etwas Spielraum bleiben.

Die Geländer werden normalerweise auf Pfosten befestigt. Im Idealfall sind sie breit genug, um darauf etwas abstellen zu können.

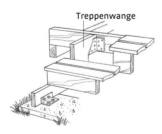

Auflageholz/Balken

Mauer

Ankerbolzen
Wandplatte/
Leiste

Wandplatten oder Leisten befestigt man mit einem Ankerbolzen an der Wand.

Treppenwange

Eine abgestufte Treppenwange verwendet man, wenn man zwei Ebenen eines Decks mit Stufen verbindet. Beachten Sie die Metallwinkel oben und unten.

an einem umlaufenden Auflagebalken befestigen. Diese Variante ist aber nicht so stabil wie die erste Methode, weil sich durch seitliche Bewegungen die Balken gegeneinander verdrehen können. Kreuzweise Verstrebungen zwischen den Balken helfen, diese Verschiebungen zu verhindern. Noch instabiler ist es, die Stützpfosten auf einem Traufblech oder direkt auf dem Deck mit einer Metallplatte zu fixieren.

Das Geländer selbst muss frei von Splittern sein und breit genug, um sich daran anzulehnen und eventuell ein Glas darauf abstellen zu können. Befestigungselemente sollten nicht sichtbar montiert werden – am besten auf der Unterseite, damit sich kein Wasser in Bohrlöchern ansammeln kann. Der Raum zwischen Geländer und Pfosten kann mit senkrechten Geländersäulen, Segeltuch, Plexiglas oder Spanndrähten aus rostfreiem Stahl versehen sein (siehe auch Praktische Hinweise, Kapitel 7). Da das Geländer mehr als jeder andere Bestandteil des Holzdecks dessen Aussehen beeinflusst, sollte man bei der Auswahl sehr sorgfältig sein. Ein Blick auf Geländer in anderen Gärten oder auf Boote lohnt sich und ist eine Quelle für neue Ideen.

Achten Sie darauf, dass das Geländer kindersicher gebaut ist. Zwischen jeden Zwischenraum muss ein Ball mit 10 cm Durchmesser passen. Außerdem sollte man horizontale Streben und Balken vermeiden, auf die kleine Kinder hinaufklettern könnten.

Stufen und Niveauunterschiede

Sind Stufen nötig, um ein Deck betreten zu können oder von einer Ebene zur anderen zu kommen, sollten sie schon im Planungsstadium in das Gesamtdesign integriert werden. Am einfachsten ist es, abgestufte Treppenwangen zu verwenden, die wie Stützbalken wirken, aber als Holzauftritt zugeschnitten werden.

Die Maße für Setz- und Trittstufen hängen von der Höhe und Strecke ab, die überwunden werden muss. Wo möglich, sollten Sie die Maße nach den handelsüblichen Maßen der Holzbretter richten, um Zuschnittarbeiten oder komplizierte Verbindungselemente zu vermeiden.

An Stufen sind in den meisten Fällen Geländer nötig, Sie werden etwa 90 cm über der Falllinie angebracht (siehe Kapitel 2).

Einfache Holzstege

Viele der Prinzipien für den Bau von Holzdecks lassen sich auf kurze, einfache Holzstege übertragen. Einige Besonderheiten sind jedoch zu beachten. So gut wie alle Holzstege brauchen ein Geländer. Für die Balkenträger oder Überbrückungselemente sind an beiden Enden Auflager notwendig.

Die einfachste Art der Überbrückung besteht aus Balken. Damit kann man Stege bis zu etwa 6 m Länge bauen. In den meisten Situationen im Garten verwendet man niedrigpreisiges Holz; für geradlinige Stege ist dies ausreichend. Stahlträger können größere Entfernungen überbrücken. Die Spannweite und Belastbarkeit entscheidet über die Holzart, die man verwendet, und über die Bauweise. Besonders geeignet sind Douglasie, Waldkiefer, Kanadische Hemlocktanne und Lärche. Größere Holzstege sind wie große Decks ein Fall für den Fachmann. Fragen Sie um Rat, bevor Sie sich auf eine komplexe und eventuell teure Konstruktion einlassen.

Geländergestaltung sowie die Befestigungsmethoden entsprechen denen der Holzdecks. Ein bedeutender Unterschied sind die notwendigen Auflager für die Balkenträgerenden. Sie werden normalerweise aus Beton hergestellt, können aber auch aus großen Holzblöcken oder Draht-Gabionen gefertigt sein. Die Auflager haben zwei Funktionen: Als Erstes stützen sie die Balkenträger. Zwischen Auflager und Balkenträger muss ein Zwischenraum bleiben, damit sich das Holz ausdehnen kann. Als Zweites dient das Auflager als Begrenzung zum Weg, der mit dem Steg verbunden ist. Der Balkenträger kann mit Metallwinkeln im Auflager verankert sein, aber es sollten Löcher ins Holz gebohrt werden, sodass das Holz arbeiten und sich ausdehnen und zusammenziehen kann. Weil ein Holzsteg eine Erweiterung eines Fußwegs darstellt, sollte man bei der Wahl der Breite die gleichen Kriterien beachten wie in Kapitel 2 beschrieben. Zwischen der Unterseite des Balkenträgers und dem Auflager sollte eine Lücke sein, damit sich kein Wasser sammelt und das Holz nicht verrottet.

Anders als Holzdecks baut man Stege gewöhnlich nur zweilagig: aus Balkenträgern und Deckbrettern. Verwendet man Deckbretter mit den Maßen 13 x 5 cm, die man direkt auf die Balkenträger schraubt oder nagelt, kann man die Anzahl der benötigten Balkenträger aus der rechts stehenden Tabelle entnehmen. Beachten Sie, das die in der Tabelle angegebenen größeren Maße fast einem ganzen Baum entsprechen und teuer sind.

Querträger aus Stahl können große Strecken überbrücken, allerdings ist Holz an ihnen nur schwer zu befestigen. Ihr Vorteil liegt darin, dass sie leicht gebogen sein können. Allerdings muss man dann die Deckbretter so zuschneiden, dass sie der gebogenen Form entsprechen.

Balkenmaße für Holzdecks

Balkenmaß (mm)	900 mm-breites Deck		1200mm breites Deck	
	Zahl der Balken	Breite (m)	Zahl der Balken	
150 x 75	3	3,0	3	2,75 m
200 x 100	3	4,5	3	4,0 m
250 x 150	3	6,5	3	5,75 m
250 x 200	2	6,25	3	7,5 m
300 x 225	2	7,25	3	8,0 m
350 x 250	2	9,3	3	9,6 m

Weitere gängige Balkenmaße

Bei Verwendung gehobel-	ter Hölzer ist die Kantenlänge um 10 mm zu kürzen		
80 x 20	160 x 200	200 x 200
100 x 220	160 x 220	200 x 240
120 x 240	160 x 240	200 x 260
120 X 260	180 x 220	
140 X 200	180 x 240	

Ein einfacher, versetzt angeordneter Holzweg wird als Anleger benutzt und spiegelt sich im Wasser. Die senkrechten Holzpfosten wurden in den Grund getrieben und sind auch nützlich, um Boote daran festzumachen. Wasserspiegelungen sind immer reizvoll.

Rund um ein mit Holz verkleidetes Haus wurde für das Deck das gleiche Holz verwendet, um ein einheitliches Bild zu schaffen.

Die geschwungenen Kanten eines ebenerdigen Decks bieten die Möglichkeit, Blumenbeete in verschiedenen Größen anzulegen. Dies hilft, die harten Linien aufzubrechen.

Raue, ungeschliffene Bretter führen über den Teich – allerdings kann man nicht sicher auf ihnen gehen. Die Nutzfläche wird durch ein schlichtes Seil abgegrenzt.

Zu den übrigen Planken rechtwinklig verlaufende Deckbretter lockern an geschickt platzierten Stellen die Länge des Wegs auf.

Einfache klare Linien und eine deutliche Schattenlinie schaffen einen starken Kontrast zwischen Holzdeck und Wasser. Wichtig dabei ist eine dunkle Teichauskleidung.

Dreieckige Deck-Paneele bewirken einen räumlichen Effekt, der vor allem bei Kindern beliebt ist und sie zum Überqueren des Wassers einlädt.

Die Holzbretter sitzen auf einem Floß, das sich mit dem Wasserspiegel hebt und senkt.

Die Kombination aus Holz und feuerverzinktem Stahl sowie die hölzerne Einfassung ergeben ein klares architektonisches Muster.

Die Prinzipien des Holzdeckbaus können zur räumlichen Gestaltung eingesetzt werden. Diese Komposition wird durch die Kombination von geraden Linien, Schwüngen und Plattformen aufgewertet.

Ein gebürstetes Edelstahlgeländer und große Holzplanken erzeugen einen reizvollen Kontrast. Schönes
Detail: die exakte Reihe der Edelstahlbolzen.

Schlichte Linien kombiniert mit traditionellen Details
schaffen ein Deck am Wasser, das zum Entspannen
einlädt. Auch für andere Aktivitäten ist es groß genug.

Deckplanken müssen nicht parallel verlegt werden.
Vielfältige Muster bieten Abwechslung.

Die unregelmäßige Anordnung der Stützpfosten, die
nach außen ragenden Holzplanken und das unregelmäßige Geländer sind ein ausdrucksvolles Design in
dieser ländlichen Umgebung.

Holzpfosten dienen als Abstandshalter der massiven
Querbalken und bringen sie in Bogenform. Sicherheits-
vorrichtungen sind bei dem schmalen, ausgetrock-
neten Bachbrett kein Problem.

Dieser Holzweg ermöglicht den Zutritt zu einem
Gelände, das ansonsten unzugänglich wäre, und passt
sehr gut zu der felsigen Küstenlandschaft.

Geflochtene Geländer und raue Planken passen gut
zu diesem Waldgarten, in dem ein massiverer Bau
leicht deplatziert wirken würde.

Strenge architektonische Linien, Stufen und Niveauunterschiede werfen starke Schatten in dieser klaren
geometrischen Gestaltung.

Je nach Standort können Geländer raffiniert oder einfach sein – Hauptsache, sie sind stabil. Hier bilden
zusammengesetzte Balkenstücke ein klares Muster.

7

BÖGEN, PERGOLEN & LAUBEN

Vorhergehende Seite **Der weite Blick auf die wilde Landschaft verlangt nach einer klaren, geradlinigen Gestaltung. Die Überdachung rahmt den Blick ein und spendet zugleich notwendigen Schatten. Dieser Freisitz bietet modernistisches Lebensgefühl und praktisches Zubehör wie die offene Grillküche links.**

Elemente wie Bögen oder Pergolen bieten perfekte abgeschirmte Plätze zum Entspannen, zum ruhigen Verweilen oder zum Zusammensein. Egal ob ein Garten sich auf dem Land oder in der Stadt befindet, er braucht eine Art »Einrichtung«. Sie sollte sowohl funktional als auch dekroativ sein und ist ein lebendiges, architektonisches Element im Garten. Sie grenzt Räume ab, verleiht Höhe, bietet eine Überdachung, etabliert sich als Blickpunkt oder gibt Pflanzen Halt. Elemente aus historischen Gärten zeigen eine breite Palette an Ideen und Stilen, von dorischen und neopalladianistischen Tempeln, Loggien im gotischen Stil und nachgebildeten Schlösschen über moderne Pavillons bis zu skurrilen Skulpturen. Oft werden solche Elemente zu beherrschenden Blickpunkten im Garten.

Auch wenn die meisten Gärten solch extravagante Bauelemente nicht nötig haben, bietet die Einbeziehung einiger einfachen Strukturen diverse Vorteile:

➤ Sie bieten Schatten und Schutz beim Entspannen und Unterhalten.

➤ Sie sind ein Bindeglied zwischen Haus, Terrasse und Garten.

➤ Sie rahmen eine Aussicht ein, die auf einen Blickpunkt lenkt.

➤ Sie geben Kletterpflanzen Halt.

➤ Sie schaffen einen Mittelpunkt und Treffpunkt.

➤ Sie verleihen dem Garten vertikale Elemente.

➤ Sie sind Elemente, die sowohl gestalterisch wirken als auch praktisch sind.

➤ Sie geben die Möglichkeit, eine größere Palette von Materialien zu verwenden.

ÜBERBLICK ÜBER DIE BEZEICHNUNG VON KOMPONENTEN
IN BÖGEN, LAUBEN, PERGOLEN ETC.

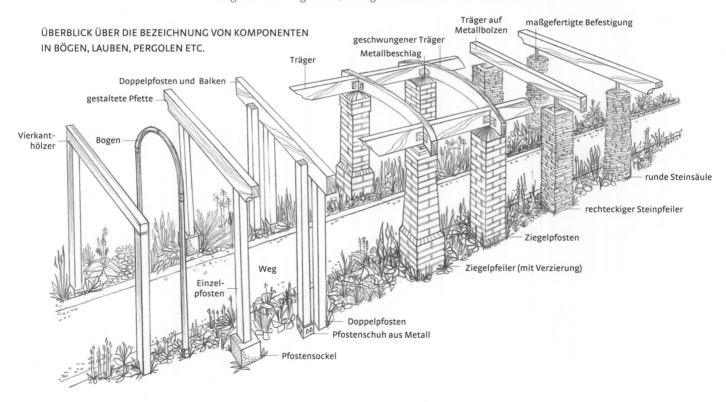

Schlüsselfragen zur Gestaltung

⤲ Wo ist der beste Standort für Bogen, Pergola und Co., damit sie zum Blickpunkt werden, eine Aussicht einrahmen, einen Platz zum Erholen bieten oder zum schattigen Rückzugsort werden?

⤲ Welches Material ist am besten geeignet — je nach Stil und Umgebung?

⤲ Kann das Element bequem genutzt werden? Erlauben Höhe und Form einen einfachen Zugang?

⤲ Ist das Objekt stabil genug, um auch ausgewachsene, voll belaubte Kletterpflanzen zu stützen?

⤲ Kann das Objekt gepflegt werden, auch wenn es von Pflanzen bedeckt ist?

⤲ Welche Lebensdauer hat das Objekt? Können einzelne Elemente ersetzt werden, falls sie frühzeitig Schaden nehmen?

⤲ Beeinträchtigen die Befestigungselemente im Boden das Erdvolumen, das für gesundes Pflanzenwachstum nötig ist? Sind sie stabil genug, sodass das Objekt nicht vom Wind umgeworfen werden kann?

⤲ Hat das Objekt ausreichend Querstreben und sind die Verbindungen stabil genug, sodass sich nichts verdrehen kann?

⤲ Haben Sie sich erkundigt, ob es Ihr »maßgefertigtes Design« nicht fertig und preiswerter zu kaufen gibt und obendrein leicht zu montieren ist?

⤲ Auf viele solcher Objekte kann man klettern. Ist Ihres kindersicher, sodass kein Kind darauf klettern und eventuell herunterfallen kann?

Bögen, Pergolen und Co. sind ein Verbindungsglied zwischen Haus und Garten. Hier werden unterschiedliche Ebenen durch dicke Pfeiler verbunden. Sie wurden gestrichen, sodass sie sich von den Pflanzen abheben und mit den Möbeln harmonieren.

Die meisten einfachen Elemente prägen die Art und Weise, in der der Garten genutzt wird. Manche können so platziert werden, dass sie geheimnisvoll wirken, die Neugier wecken und Überraschungen bieten. Mithilfe von Laubengängen z.B. taucht man rasch vom Licht ins Dunkel oder in Halbschatten ein, bevor man wieder ins helle Sonnenlicht tritt. Ein Bogen ist rasch erkundet, während es eine abgelegene Pergola erlaubt, Szenen des Gartens oder der umgebenden Landschaft in sich aufzunehmen.

Eine Pergola ist ein überdachter Durchgang oder Platz, der meist aus zwei Reihen von Pfosten besteht, die die Träger oder Pfetten stützen. Manche Pergolen grenzen an eine Wand oder ein Gebäude an und bilden, wenn sie überdacht sind, eine Loggia. Ursprünglich wurden Pergolen als Stütze für Wein und kletternde Obstbäume errichtet. Später entwickelten sie sich zu aufwendigen überdachten Plätzen, die in Renaissance-Gärten Schatten boten. In jüngster Zeit wurden Pergolen zu einem architektonischen Element: Sie verbinden die Terrasse am Haus mit anderen Bereichen des Gartens in Form eines überdachten, gepflasterten Wegs mit Stützpfosten aus Klinker, Stein, Metall oder Holz, die mit Pfetten aus Holz oder Metall verbunden sind. Die Pfosten dienen zugleich dazu, Kletterrosen, Blauregen, Clematis, Geißblatt oder andere hübsche Kletterpflanzen zu präsentieren.

Ein Bogengang besteht aus einer Reihe von Bögen, ein Säulengang aus einer Reihe von Säulen. Oft werden sie mit Pergolen verwechselt, aber den Puristen unter den Gärtnern und Gartenhistorikern zuliebe sollten die Begriffe korrekt verwendet werden.

Eine Gartenlaube steht frei und bietet Schutz, oft ist sie von Kletterpflanzen bedeckt. Manche bestehen ganz aus lebenden Bäumen und Sträuchern, die zu einer kuppelähnlichen Form erzogen wurden. Andere sind aus Spalieren und Blätterdächern gebaut, sodass man die Freuden des Gartens geschützt vor der Sonne genießen kann.

Ein Pavillon oder ein Gartenhaus ist ein kleiner Raum oder »Ausssichtsplatz« mit Dach und Ausblick. Meist stehen sie an einem strategischen Punkt des Gartens, sodass sie selbst zum Blickpunkt werden.

Überlegungen zur Gestaltung

Pergolen und Bögen

Die grundlegende Entscheidung ist, ob Sie Anregungen in Stil und Material vom Haus und der Gestaltung des Gartens aufnehmen oder ob Sie einen Kontrast setzen wollen. In jedem Fall sollten beide Seiten harmonieren. Das Objekt leistet seinen Beitrag zur Gesamtkomposition des Gartens und wird sowohl im Zusammenhang mit dem Haus als auch vom Haus aus gesehen werden. Pergolen und Bögen sollten durch den Gartenraum in eine bestimmte Richtung führen oder als Grenze wirken, die einen Raum definiert. Beachten Sie, dass – es sei denn, das Objekt soll von Immergrünen bedeckt sein – das nackte Gerüst die meiste Zeit des Jahres zu sehen sein wird.

Kletterpflanzen brauchen als Starthilfe und zum Klettern eine Stütze. Weiter auseinander gesetzt böten die Pfosten dieser rustikalen Pergola mehr Raum zum Hindurchgehen.

Passend zum eher klassischen Stil der Architektur wird diese Pergola zum Anziehungspunkt. Der laubabwerfende Blauregen bietet Schatten.

▸ Pergolen können einen Weg betonen und rechtwinklige Abzweigungen bedeutsamer machen. Die Proportionen sind äußerst wichtig – die Konstruktion muss stabil sein. Instabile, leichte Pergolen können unter dem Gewicht der Kletterpflanzen zusammenbrechen, umgekehrt kann eine zu massive Struktur zu dominant wirken.

▸ Je dichter die Auflagen, die den Weg überspannen, stehen, umso mehr macht eine Überdachung Sinn.

▸ Das Ausmaß des Schattens wird sowohl von der Dichte der Kletterpflanzen als auch vom Abstand der Auflagen bestimmt.

▸ Achten Sie auch auf die Abstände der Stützpfeiler entlang der Pergola.

▸ Die Breite sollte im Allgemeinen größer sein als die Höhe. Eine größere Breite ist nötig, wenn zu beiden Seiten kräftige Pflanzen wachsen.

▸ Für Stützpfeiler haben sich Höhen von 2,3–2,5 m bewährt. Die Breite sollte 2,45–2,75m betragen; Säulen sollten längs des Wegs 2,5–3,5m auseinander stehen.

▸ Steigt der durch die Pergola führende Weg an, muss die Pergola ebenfalls ansteigen. An Hängen verlaufen die Träger parallel zum Hang.

▸ Lässt man einige Stützpfeiler aus, entstehen Lücken in der Pergola. Dies kann verhindern, dass sie wie ein Tunnel wirkt und schafft Abwechslung zum Schatten.

▸ Sorgsam platzierte Auflagen müssen das Sonnenlicht durchlassen.

▸ Nutzen Sie einen verlockenden Blickpunkt wie einen Sitz oder ein Pflanzgefäß, um Besucher bis ans Ende des Wegs zu locken.

Die Pfetten dieser Pergola verlaufen parallel zum Hang. Die Sparren bestehen aus alten Gartenleitern und tragen das Gewicht des Weins.

VERSCHIEDENE PROPORTIONEN

Standardbreite

breite Anlage mit Säulen

geschlossene Weidenlaube

Pavillon

hoher, schmaler Bogen

hoch und schmal

Laubengang

Querbalken machen die Proportion zwischen Höhe und Breite deutlich. Manche wirkt intimer als andere.

Gartenlauben

Eine verführerische Überraschung in ländlicher Szenerie. Die umgebenden Bäume betonen die geschwungene Linie des Dachs. Kletterpflanzen verstärken den romantischen Effekt. Ein regelmäßiges Zurückschneiden der wuchernden Pflanzen ist nötig, um den Ausblick auf die Landschaft dahinter zu erhalten.

Gartenlauben sind vielfältig – sie können wuchtig, einfach, rustikal (sogar verfallen), skulpturengleich oder architektonisch sein. Der Stil kann traditionell oder zeitgemäß sein, stark ausgearbeitet oder minimalistisch. Sie können Stile aus aller Welt aufgreifen, wenn diese geeignet sind. Auch wenn es der Hauptzweck einer Gartenlaube ist, einen stabilen, schattigen Rückzugsort zu schaffen, bringt sie doch auch ein vertikales Element in den Garten und sollte deshalb sorgfältig platziert werden. Eine Gartenlaube sollte einladend wirken. Gewöhnlich steht sie etwas vom Haus entfernt, entweder als Blickpunkt oder um einen verlockenden Blick auf ein faszinierendes Objekt zu bieten. Gartenlauben können auch als Abgrenzung zu einem anderen Teilbereich des Gartens dienen. Bedenken Sie, dass das Dach der Gartenlaube im Zusammenhang mit den Bäumen in der Umgebung und den Gebäuden zu sehen ist. Ihre Form kann abgemildert werden, wenn sie von duftenden Kletterpflanzen oder Rabattenpflanzen umgeben ist, die die romantische Wirkung erhöhen.

Gartenlauben aus Metall wirken optisch leichter und eleganter als solche aus Holz – sind sie auch noch schwarz gestrichen, sind sie aus der Entfernung kaum zu sehen, vor allem wenn sie vor Bäumen oder anderen Pflanzen stehen. Gartenlauben aus gutem Schmiedeeisen sind noch heute erhältlich, aber gewöhnlich werden sie von geschickten Schmieden auf Bestellung gefertigt. Vorgefertigte Lauben sind meist klein und wenig stabil. Sie können jedoch als Vorbild für den eigenen Entwurf genutzt werden, und solche aus pulverbeschichtetem Metall sind farbenfroh und lange haltbar.

Gartenlauben aus Holz wirken oft schwer, doch sind sie gut gearbeitet, können auch sie wunderschöne Elemente in größeren Gärten sein. Es gibt sie in vielerlei Designs, oft sind sie kostspielig und eignen sich zwar für verschiedene Situationen, passen aber nicht wirklich. Erlaubt es Ihr Budget, lohnt es sich, eine maßgefertigte Gartenlaube bauen zu lassen. Bevor Sie viel Geld ausgeben, sollten Sie sich unbedingt eine genaue Vorstellung über den Neuerwerb machen – auch davon, wie er zu den anderen Elementen im Garten passt. Hauptzweck einer Gartenlaube ist es, einen schattigen Sitzplatz zu bieten, deshalb muss der Platz groß genug für einen Tisch und Stühle sein. Die Mindestgröße liegt bei 3–4 m in der Länge und Breite.

Diese Bögen wurden aus Ruten-
bündeln geformt, deren Basis
seitlich mit weiterem Material
verstärkt wurde.

Bögen

Diese stark vertikalen Elemente werden oft zu wichtigen Akzenten, Durchgängen und Überraschungselementen. Um sie erfolgreich im Garten zu integrieren, müssen sie als Teil des gesamten Designs geplant werden. Am besten eignen sie sich als Öffnungen in Mauern oder Zäunen, um die Aufmerksamkeit auf einen Eingang zu lenken, um einen Blick einzurahmen oder um getrennte Räume zu verbinden. Frei mitten in einem Rasen stehende Bögen erfüllen keinen Zweck, an ihnen rankende Pflanzen ziehen nur die Aufmerksamkeit auf eine missglückte Gestaltung.

Gartenhäuschen

Als einfache oder auch komplexe Elemente können Gartenhäuschen einen wichtigen Einfluss auf einen Garten haben. Wie Lauben sind sie romantische Rückzugsplätze, von denen aus man die Aussicht genießen kann. Auch wenn die meis-

Die Anlage der Gebäude im Garten bedarf sorgsamer Überlegung. Jedes kann ein Bild, einen Blickpunkt schaffen oder zum Ziel eines Wegs werden. Das Fundament dieses Sommerhäuschens wurde ins Wasser gebaut, sodass man einen besseren Blick auf die Umgebung hat.

Baumhäuser sind nicht nur für Kinder geeignet, sie können auch eine Alternative zu einem Büroraum sein. Ein geschickter Schreiner vor Ort kann oft einen Entwurf schaffen, der interessanter und ungewöhnlicher ist als fertig im Handel angebotene Objekte.

ten heute fertig gekauft sind, können sie von japanischen Teehäusern bis hin zu strohgedeckten Südsee-Hütten inspiriert sein. Exzentrik ist im Garten immer liebenswert, und ein wenig Recherche in Büchern über alte Gärten kann helfen, eine originelle Ergänzung für den eigenen Gartenentwurf zu finden.

Baumhäuser

Das Angebot an Baumhäusern ist groß, meist sind sie teuer oder in seltsamen Farben (oft noch aus Plastik), sodass sie zum zentralen Blickpunkt des Gartens werden, obwohl das Baumhaus selbst vielleicht nur ein paar Tage im Jahr genutzt wird. Gewöhnlich ist es preiswerter und interessanter, ein eigenes Baumhaus zu entwerfen. Baumhäuser sind nicht nur ein exklusives Refugium für Kinder, sondern wurden jüngst

auch als alternative Büros, heilsame Plätze oder sonstige Ruheräume geschaffen. Die Grundvoraussetzung ist ein Baum mit stabilen, gut verteilten Ästen. Ist der Zugang für Kinder schwierig, schafft eine Strickleiter mehr Privatsphäre und Kletterspaß.

Hauptbestandteile sind neben der Strickleiter oder Treppe ein Holzboden, der von Holzpaneelen umgeben ist, die oft mit einem Fenster oder Schlitzen versehen sind, sodass man mehr Ausblicke von oben hat. Kommerzielle Firmen verlangen hohe Preise für Zubehör wie Schaukeln, Netze aus Seilen, Leitern und anderes Spielgerät für Kinder. Die Grundkonstruktion entspricht der der meisten anderen Gebäude im Garten, und ein Schreiner kann ohne Mühe Ihren Entwurf verwirklichen. Baumhäuser bestehen gewöhnlich aus Holz. Hartholz wie Eiche ist länger haltbar als kesseldruckimprägniertes Weichholz.

Das verwendete Holz sollte glatt gehobelt und frei von Spreißeln sein. Wo Kinder unbeaufsichtigt spielen (und das mancht den Reiz eines Baumhauses aus), muss die Sicherheit an oberster Stelle stehen. Wenn Sie sich selbst nicht ganz sicher sind, ist die Hilfe eines professionellen Handwerkers eine Investition, die sich auszahlt.

Grotten

Die wachsende Beliebtheit von Wasseranlagen hat dazu geführt, das ab und zu auch wieder Grotten im Klein- oder Großformat errichtet werden. Sie bestehen aus verschiedenen Materialien wie Fossilien, Tuffstein, Kieselsteinen oder Glas.

Einst waren Grotten das Vorrecht der Reichen, sie wurden nach antiken Vorbildern in Europa geschaffen, denen man während der »Grand Tour« begegnete. Mauern wurden mit Muscheln überzogen, die man von exotischen Küsten mitbrachte und im Stil natürlicher Höhlen arrangierte. Sie sind kühle, düstere und manchmal unheimliche Plätze, aber oft der Lieblingsplatz von Kindern und werden noch heute gebaut. Spezialisierte Designer können sie als Bauten im Groß- oder Kleinformat anlegen, mit Fossilien, Korallen, Knochen, totem Holz, kleinen Kieselsteinen, Glas und Tuffstein. Grotten werden auch als reizvoller Hintergrund für Wasseranlagen verwendet. Sie sind nicht schwer zu bauen, allerdings ist eine große Vorstellungskraft und eine Vielfalt an Materialien nötig.

Zelte und andere Konstruktionen aus Stoff

Markisen oder Sonnensegel gehen vom Haus oder von einer Mauer aus und bieten Schutz vor Wind und Wetter. Sie können gespannt oder über ein Gerüst aus Balken gezogen sein. Frei stehende Konstruktionen aus Stoff bestehen aus zwei Grundelementen: Stoff und Seilen. Zeltähnliche Bauten werden durch Holz- oder Metallpfosten gestützt und mit Seilen und Haken im Boden verankert oder mit Ösen in der Wand befestigt. Der Stoff kann aus wasserdichtem Segeltuch sein, aus Polyester oder anderen geeigneten Materialien. Sehr leichte Stoffe tendieren dazu, vom Wind hin- und hergeschlagen zu werden, und machen laute Geräusche. Besonders durchdacht wirkt die Konstruktion, wenn das Material passend zu Farben und Mustern im Inneren des Hauses ausgewählt wurde. Kräftige Farben haben meist die beste Wirkung, blasse Stoffe harmonieren gut mit dunklen Anstrichen. Vermeiden Sie Weiß, weil es in der prallen Sonne blenden kann und leicht Flecken bekommt. Farbenfrohe Muster und Streifen ergeben einen orientalischen Touch. Für eine Party können Sie dünnen Musselin-Stoff verwenden und magische Schattenplätze schaffen.

Einige Firmen für Segelzubehör bieten seit Kurzem auch Maßanfertigungen für den Garten an. Solche Elemente sind straff gespannt und verursachen deshalb kaum Geräusche. Sie können auch aufgerollt und abgenommen werden, sodass man sie über Winter gut aufbewahren und leicht reinigen kann.

Ein Tipp zum Schluss …

❑ Viele Gärten werden durch den Kauf (oder das sture Behalten) eines Fertig-Gewächshauses oder Schuppens verschandelt. Diese an und für sich nützlichen Elemente »verbannt« man am besten in einen Arbeitsbereich, der im Idealfall vom Rest des Gartens durch eine Hecke, einen Zaun oder eine Mauer abgetrennt ist.

Fortschritte in der Entwicklung von Segelzubehör wirken sich auch auf Garten-Sonnensegel aus. Stabile, lang haltbare, segelähnliche Sonnendächer sind fest gespannt, sodass sie auch bei Wind kaum Lärm machen.

PRAKTISCHE HINWEISE

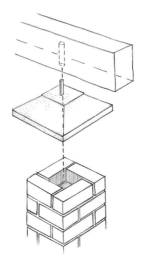

Gemauerte Säulen brauchen eine Kappe oder Krone, die Wasser abhält. Balken müssen sorgfältig auf der Spitze befestigt werden, ein einfacher Metallbolzen reicht jedoch aus.

GEMAUERTE SÄULEN UND STEINSÄULEN

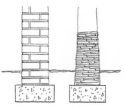

Ziegel   Bruchstein

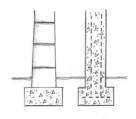

Mauer aus   armierter
Quadersteinen   Beton

Im Voraus planen

Grundvoraussetzung ist eine umsichtige Planung und Koordination der Arbeiten, sodass alle schweren Geräte, die zum Graben von Mauer- oder Pfeilerfundamenten verwendet werden, auch für die Grabungen, die für die vorgesehenen Elemente nötig sind, eingesetzt werden können und nicht mehrmals herangeschafft werden müssen. Gute Planung spart Geld und vermeidet spätere Schäden am fertigen Garten. Kabel für Licht, elektrische Pumpen und Leitungen für die Wasserversorgung müssen bereits im Planungsstadium berücksichtigt werden.

Grundprinzipien von Gartenelementen

Es ist kein Zufall, dass sich bestimmte Baukonstruktionen rund um den Globus und durch die Geschichte ähnlich sehen. Denn die Gesetze der Physik begrenzen die Größen und Formen von Elementen, besonders das Verhältnis zwischen der Festigkeit des Materials und der Fähigkeit, das eigene Gewicht zu tragen. Es ist deshalb nicht immer möglich, Elemente nach rein ästhetischen Prinzipien zu entwerfen, auch wenn der technische Fortschritt, was Stabilität und Materialien betrifft, heute viele scheinbar bizarre Entwürfe ermöglicht.

Beachten Sie die Grundregeln – aufrechte Elemente wie Pfosten und Säulen müssen senkrecht stehen, sodass sie ihr eigenes Gewicht tragen. Schwere Säulen brauchen ein Fundament, damit sie nicht in den Boden einsinken.

Horizontale Elemente sollten stabil oder dick genug sein, damit sie sich unter dem eigenen Gewicht oder dem zusätzlichen Gewicht der Kletterpflanzen nicht durchbiegen. Besitzt ein horizontaler Tragbalken eine Krümmung, sodass er einem flachen Bogen gleicht, erhöht dies seine Beanspruchung dramatisch. Nach unten gerichtete Kräfte an horizontalen Elementen haben die Tendenz, Pfosten und Säulen nach innen zu ziehen, sodass bei schmalen Pfosten Verstrebungen notwendig sind.

Weil Elemente im Garten meist leicht sind, müssen sie so konstruiert sein, dass sie starken seitlichen Kräften (z.B. Windkräften) widerstehen können. Diese Kräfte wirken vor allem auf die Verbindungsstellen und Beschläge. Es sind also die Verbindungsstellen und -elemente, die mit Bedacht und genau konstruiert werden müssen. Sie sollten stabil und unnachgiebig genug sein, um die ganze Konstruktion davor zu bewahren, sich zu verdrehen oder seitlich aus der Vertikalen zu verschieben. Bei Holz nutzt man dazu bestimmte Holzverbindungen oder mechanische Beschläge; Metall verbindet man durch Schweißen, Löten, mithilfe von Bolzen oder Nieten.

Damit alle Elemente aufrecht bleiben, kann man auf drei Arten seitliche Stützen verwenden. Erstens indem man die Verbindungsstellen sehr stabil macht. Zweitens indem man diagonale Streben einbaut. Drittens indem man ringsherum eine Aussteifung in Form einer Plattenverkleidung befestigt. Sperrholz, Holzpaneele, Metallplatten und sogar Beton können an Säulen oder Pfosten fixiert werden und eine Konstruktion so stabilisieren, dass sie sich nicht verdreht und seitlich bewegt. Bei allen Methoden ist es wichtig, dass die seitlichen Stützen symmetrisch angebracht sind.

Mit Materialien arbeiten

Das Material wird nach verschiedenen Kriterien ausgewählt und sollte zum jeweiligen Kontext passen. Ein weiterer Faktor ist, ob eine Konstruktion dauerhaft oder kurzlebig sein soll. So verlangt z.B. ein Bogen aus Ziegeln oder Stein die Fertigkeiten eines Spezialisten, wohingegen man einen fertigen Bogen aus Eisen oder Stahl oder auch ein Flechtelement auf einer Ausstellung gekauft oder per Mail-Order bestellt und sofort aufgestellt werden kann. Gewöhnlich sind geflochtene Elemente instabil und es empfiehlt sich nicht, sie im Winter ohne Schutz zu lassen.

Elemente aus behandeltem Weichholz halten etwa 25 Jahre, Elemente aus Hartholz mindestens 40 Jahre, wenn man sie gut pflegt. Holz hat zudem den Vorteil, dass es auch von Laien bearbeitet werden kann, auch wenn man die Fähigkeiten, die nötig sind, um genaue Verbindungen zu schaffen, nicht unterschätzen sollte.

Metallarbeiten überlässt man in jedem Fall besser dem Fachmann.

Gemauerte Säulen und Pfeiler

Traditionell fertigte man die Pfeiler von Pergolen oder Säulen in großen Gärten aus Ziegeln oder anderen Steinen, die stark genug waren, um massive Holzbalken zu tragen. Hohle Säulen aus Ziegeln sollten mindestens eineinhalb Ziegel breit sein (37 × 37 cm), aber sogar Stützpfeiler bis 75 × 75 cm, ja sogar 88 × 88 cm cm eignen sich. Häufiger werden Hohlblockelemente mit den Maßen 45 × 45 cm verwendet, in die vier Stäbe einbetoniert werden, die bis in ein Betonfundament reichen. Den zentralen Hohlraum füllt man mit Zement, so entsteht eine massive Betonsäule mit einer Verkleidung aus Ziegeln. Es gibt viele Arten von Ziegeln in verschiedenen Größen, Farben und Profilen, sodass unterschiedliche Muster möglich sind.

Steinsäulen werden ähnlich wie traditionelle Mauern errichtet. Verkleidete Mauern oder solche aus Quadersteinen sehen sehr hochwertig aus, sind aber recht kostspielig. Bruchsteinmauern müssen mit Mörtel zusammengehalten werden, gewöhnlich um einen Kern aus Beton oder Metall, sodass der Stein mehr der Dekoration dient als der Stabilität. Trockensteinsäulen müssen sehr sorgfältig errichtet werden, weil sie extrem empfindlich auf Bewegung reagieren und dann einstürzen. Sie sind deshalb nicht empfehlenswert. Die Ausmaße von Steinsäulen sind weniger wichtig als die von Säulen aus Ziegeln. Wichtiger sind die Gesamtproportionen, weniger die baulichen Anforderungen. Traditionelle Steinsäulen aus langen Teilstücken, die aufeinander geschichtet werden, sind sehr stabil, wenn sie exakt auf einem Betonfundament errichtet werden, das die Basis der Säule 1 cm überragen und mindestens 60 cm tief sein soll. Reproduktionen von Steinsäulen sind vielerorts erhältlich, meist in klassischen Designs, zunehmend aber auch in zeitgemäßeren Stilen. Die Firmen geben genaue Anweisungen für den Aufbau. Bei Steinsäulen oder Pfeilern aus kleineren Elementen, die mit Mörtel verbunden werden, sollte die Breite nicht unter 45 cm liegen.

Gegossene Betonsäulen eignen sich ebenfalls. Ihre Oberfläche lässt sich gestalten, indem man sorgfältig ausgearbeitete Verschalungen und hochwertiges handwerkliches Können nutzt. Säulen können ziemlich schlank sein und nur 15 cm Durchmesser haben. Sie müssen dann aber verstärkt sein und der Beton muss sehr sorgfältig ausgewählt werden. Die Verwendung von Beton eröffnet ungezählte Möglichkeiten für die Form und die Verbindung mit anderen Komponenten.

Konisch zulaufende Steinsäulen sind interessanter als gleichmäßig dicke und schaffen attraktivere Verbindungen zwischen vertikalen und horizontalen Elementen. Sie können aber nur aus Stein und Beton gefertigt werden.

Abdeckungen und Abschlüsse auf der Spitze von Steinsäulen müssen sorgfältig ausgewählt werden und können zum wesentlichsten Merkmal der ganzen Gestaltung werden. Sie schützen die Spitze der Säule vor eindringendem Wasser und stehen im Idealfall etwas über, sodass das Wasser von den Seiten abgehalten wird. Es gibt viele Gestaltungsmöglichkeiten und dekorative Formen. Abdeckungen aus wunderschön verkleidetem oder nach historischem Vorbild gegossenem glattem Beton, die an bruchraue Steinsäulen grenzen, sind eine gelungene Kombination. Klassische Kapitele im griechischen oder römischen Stil gibt es zu kaufen, meist haben sich aber einfache, klare Linien am besten bewährt.

Abdeckungen befestigt man auf einem Metallbolzen, der in das Ende der Säule eingegossen wird, damit dieses relativ leichte Element nicht verrutschten kann. Enthält das Ende irgendwelche Verbindungselemente, sollte eine wasserundurchlässige Schicht unter der Abdeckung angebracht werden.

Dekorative Abschlüsse auf der Spitze oder an Ecken einer Säule sind starke gestalterische Elemente. Dabei kann es sich z.B. um ein Ornament aus Stein, Keramik, Metall oder anderen Materialien handeln.

Vertikale Holzelemente

Holz ist heute das am häufigsten verwendete Material und ist leicht zu verarbeiten. Rustikale Hölzer, meist sind es Lärchenstangen, können einfach zusammengenagelt oder zusammengebunden werden. Sie sehen in einer zwanglosen Umgebung gut aus. Allerdings fällt die Rinde bald ab und das Holz verrottet innerhalb weniger Jahre. Für langlebigere Elemente sollte man kesseldruckimpräg-

Maße der Träger	Abstand (Pfosten)
225 × 50 mm	4,0 m
200 × 50 mm	3,8 m
125 × 50 mm	2,5 m
125 × 50 mm	1,8 m

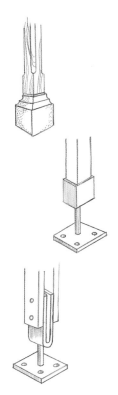

Es ist wichtig, die Basis von Holzpfosten vom Boden fern zu halten. Dazu verwendet man maßgefertigte Metallstützen oder setzt die Pfosten auf einen dekorativen Steinsockel (siehe auch Seite 126).

Holzpfosten und Pfetten mit
Metallbolzen-Verbindung

Metallhohlprofil mit
geschweißten Verbindungen

Metallhohlprofil
mit mechanischer Verbindung

Metall kann geschweißt oder
gelötet oder durch mecha-
nische Beschläge und
Elemente verbunden wer-
den. Spezielle Teile sind
nötig, um Holz und Metall
zu verbinden.

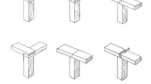

Varianten, um horizontale
Holzelemente mit der Spitze
eines Pfostens zu verbinden.

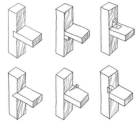

Varianten zur Fixierung seit-
licher Elemente an Pfosten.

niertes Weichholz oder Hartholz verwenden. Die Wahl des Holzes wird bestimmt von seinem Aussehen, der Festigkeit, der erwarteten Lebensdauer des Bauelements sowie von Verfügbarkeit und der Geschicklichkeit der Person, die das Element herstellt. Harthölzer wie Eiche sind teuer, halten aber viele Jahre. Von Natur aus halt-bare Weichhölzer sind ebenfalls eine gute Lösung.

Holz, das im Freien verwendet wird, ist an den Stellen schadanfällig, wo es mit dem Boden Kontakt hat. Frei ste-hende Holzelemente sind vergleichsweise schwer und bleiben meist das ganze Jahr an dem Platz, an dem sie aufgestellt wurden. Sie müssen im Boden verankert wer-den, damit sie nicht vom Wind umgeworfen werden. Pfosten setzt man meist 50–80 cm tief in den Boden und hinterfüllt sie mit verdichteter Erde oder Einkorn-Beton. Attraktive Details sind Metallbeschläge, die den Pfosten vom Boden trennen. Alternativ kann man auch Pfos-tenschuhe aus Metall verwenden. Qualitativ hochwertig sind Sockel aus Stein, Beton oder Metall, auf die man die Pfosten setzt. Steinsockel verwendet man gewöhnlich für Elemente mit einem Gerüst aus Eiche oder anderem Holz, um das Holz vom Boden zu trennen. Die Pfosten sollten mindestens 10 cm dick sein, besser 12,5 cm. Säulen sehen besonders gut mit Kletterpflanzen aus; man setzt vier 10 cm dicke Rundholz-Pfosten mit 40–45 cm Abstand zu einem Quadrat zusammen und fügt wie bei einem Spalier senkrechte, horizontale oder diagonale Latten ein.

Konstruktionen aus Metall

Metall speichert Hitze – das kann in Ländern mit warmem Klima das Pflanzenwachstum beeinträchtigen. Kunststoff-ummantelte Metallrohre verhindern dies, allerdings sieht Kunststoff im Vergleich zu anderen Oberflächen wie pul-verbeschichteten, feuerverzinkten oder gestrichenen Flächen wenig attraktiv aus. Aufrechte Elemente müssen fest im Boden verankert oder einbetoniert werden.

Elemente aus Stahl bestehen aus massiven Stahl-rohrstangen oder extrudierten Stahlhohlstäben, die zu-sammengeschweißt werden. Stangen sollten 1,25–2,5 cm Durchmesser haben, Rohre 3,5–7,5 cm. Verbindungs-stellen müssen fest sein, damit das Gerüst stabil ist. Daher werden sie am besten geschweißt, aber mecha-

nische Verbindungen wie Bolzen, Nieten und bündige Schrauben sind ebenfalls geeignet. Das hat den Vorteil, dass das Element zerlegt geliefert werden kann und vor Ort zusammengebaut wird.

Elegante Metallbögen kann man zu großzügigen Laubengängen zusammensetzen und daran Obstgehölze, Wein oder Kletterpflanzen ziehen. Senkrechte Teile wer-den 40 cm tief einbetoniert.

Horizontale Bauteile

Bei den meisten Bauten im Garten wählt man Pfetten aus Holz für die Dachkonstruktion.

Holzbalken sollten mindestens 15 cm breit und 5 cm dick sein; großzügiger wirken sie mit Maßen von 17,5–22,5 cm. Es lohnt sich, mit den Proportionen zu experimentieren. Leichtgewichtige Querbalken auf schwe-ren dicken Säulen sehen unproportioniert aus, ebenso schwere dicke Balken zwischen dünnen leichten Pfosten.

Eine Pfette aus Holz kann auf verschiedene Arten mit einem Holzpfosten verbunden werden. Am einfachsten befestigt man den Balken mit Bolzen oder Schrauben in den Seiten des Pfostens. Das funktioniert gut, wenn der Pfosten zwischen zwei Pfetten sitzt. Schneidet man eine Aussparung in die Seite des Pfostens, kann man mit Stoß und Zapfen eine elegantere Verbindung schaffen, bei der ein Teil des Gewichts des Balkens direkt auf den Pfosten übertragen wird und die Verbindungsstelle we-niger belastet wird. Bringt man Stoß und Zapfen sowohl an den senkrechten als auch den waagerechten Bauteilen an, erhält man eine breite Palette an struk-turellen und dekorativen Möglichkeiten. Außerdem kann man dann mehr als zwei Holzelemente miteinander und auf selber Höhe verbinden. Pfetten ragen oft über die aufrechten Elemente hinaus, ihre Enden können dann zu

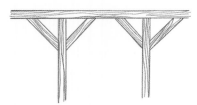

Hohe, leichte Konstruktionen brauchen diagonale Verstrebungen, damit sie sich nicht verdrehen – vor allem in exponierten Lagen.

verschiedenen Mustern und Formen zugeschnitten werden. Viele sind orientalisch inspiriert, aber auch andere Motive sind möglich.

Die Enden aller horizontalen Elemente sollten leicht angeschrägt sein, damit das Wasser ablaufen kann.

Holz kann man auch mit speziellen Verbindungselementen mit Ziegel-, Stein- oder Metallsäulen verbinden, doch nur wenige sind vorgefertigt erhältlich. Maßanfertigungen bieten ganz spezielle Lösungen.

Balken, die parallel zum Weg oder dem Bauwerk verlaufen, können der Rahmen für Spanndrähte oder Stangen sein, an denen man Kletterpflanzen ziehen kann. Metallstangen und -rohre haben den Vorteil, dass sie das Gerüst nicht belasten. Rohre aus Kupfer oder rostfreiem Stahl können zu Bögen geformt und an Verbindungsstellen und Enden abgeflacht werden, sodass sie durchbohrt und mit Bolzen miteinander und an Pfosten befestigt werden können. Gespannter Draht und umwickelte Kabel aus rostfreiem Stahl sehen sehr gut aus, brauchen aber einen festen Metallrahmen und die Drähte müssen gut gespannt sein, damit das Ganze stabil ist.

Horizontale Rahmen müssen sorgsam mit den Pfosten und Säulen verbunden werden.

Leichte Holz- und Metallteile können zu Rahmen zusammengesetzt werden, die die Funktion der Unter-

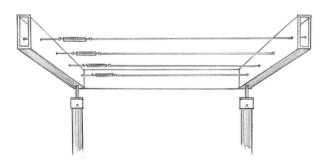

Drahtseilsysteme halten Bauwerke unter großer Spannung. Sie eignen sich am besten für Metallrahmen.

züge und ein dreidimensionales Gerüst bilden. Die Festigkeit der Verbindungen ist für die Stabilität des ganzen Bauwerks entscheidend. Wann immer es möglich ist, sollte man geschweißten Verbindungen mechanischen Verbindungen den Vorzug geben.

Pergolen an Mauern und Häusern befestigen

Es gibt zwei Methoden, Balken seitlich an Mauern zu befestigen, beide werden in Kapitel 6 vorgestellt. Bei der ersten fixiert man eine Wandplatte oder 10 × 5 cm dicke Balken an der Wand. Bei der zweiten befestigt man Balkenschuhe in bestimmten Abständen in der Wand. Ein attraktives und haltbares Detail erhält man, wenn man über Türrahmen und sich nach außen öffnenden Fenstern ein 45 cm breites Brett auf der Oberseite der Balken dort anbringt, wo sie auf die Wand treffen, und es mit Dachpappe abdeckt. Ein alukaschiertes Abdichtungsband deckt den Spalt zwischen Wand und Überdachung ab; die ganze Konstruktion muss sich vom Haus leicht wegneigen.

Pflanzen

Sollen an Pfosten und Säulen Pflanzen wachsen, müssen diese stabil stehen, an der Basis muss aber auch ausreichend Erde für ein gesundes Pflanzenwachstum zur Verfügung stehen. Größe und Platzierung des Betonfundaments müssen eventuell verändert werden, vielleicht sollte man Holz- oder Metallpfeiler auch besser mit Pfostenschuhen aus Metall fixieren.

Pflanzen können unauffällig gezogen werden, indem man Draht durch Metallösen fädelt, die in Pfeiler und Querbalken geschraubt wurden. Weichhölzer können natürlich verwittern oder gebeizt oder gestrichen werden. Wählen Sie die Pflanzen sorgfältig aus, damit sie leichtere Gerüste nicht völlig überwuchern.

Geflochtene Äste

Flexible, zwanglose und kurzlebige Elemente für den Garten kann man aus geflochtenen Ästen wie Haselnuss, Weide oder gesplissten Bambusrohren herstellen. Auch andere Materialien, die nur eine Saison halten, eignen sich. Sie sind nützlich, um Kletterpflanzen wie Feuerbohnen oder Wicken rasch Halt zu geben, doch wenn sie nicht mit Metallklammern im Boden verankert werden, können sie leicht davongeweht werden.

Frisch gepflanzte Weidenruten werfen lichten Schatten, man kann aus ihnen auch Laubengänge gestalten; ihre weichen Äste sind so nachgiebig, dass man mit ihnen sogar der Biegung eines Wegs folgen kann.

AN MAUERN BEFESTIGEN

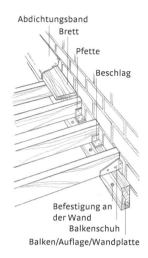

Abdichtungsband
Brett
Pfette
Beschlag

Befestigung an der Wand
Balkenschuh
Balken/Auflage/Wandplatte

Mit Holzleisten und Trägern kann man Elemente an Wänden befestigen. An den Verbindungspunkten kann sich Wasser ansammeln, sie müssen deshalb speziell ausgearbeitet werden.

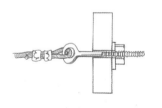

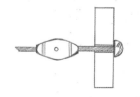

Spannvorrichtungen müssen mit gespannten Drähten oder Kabelführungen verbunden werden.

Aus an Rahmen befestigten transparenten Plastik-scheiben entstehen Trennwände im Freien. Türen und Fenster können leicht integriert werden.

Umriss und Gestaltung der hölzernen Laube spiegelt sich in der Form der Sitzbank aus Metall wider. Die Farbe des Anstrichs verbindet diese zwei höchst de-korativen Elemente zu einer Einheit.

Die Holzpfosten und das Dach dieses Gartenhäus-chens sind in einem blassen Blau gebeizt. Diese Ober-fläche braucht weniger regelmäßige Pflege als ein deckender Farbanstrich.

In italienischen Gärten des 19. Jhs. war dies hochmo-dern: Wasseranlagen und Grotten waren sowohl eine technische Neuheit als auch eine Quelle für Amuse-ment und Kurzweil.

Die Schlichtheit des regulierbaren Sicht- und Sonnen-schutzes in diesem Gebäude aus Holzrahmen har-moniert gut mit der gepflegten Pflanzung im Stil japa-nischer Gärten.

Mit Holz befüllte Gabionen bilden Sichtschutz und Sitzgelegenheit in dieser minimalistischen Pergola. Die Spanndrähte der Dachkonstruktion werden bald be-wachsen sein.

Als Stütze und Hintergrund für Kletterpflanzen brau-chen Lauben aus Kupfer keine Pflege. Sie passen gut zu anderen natürlichen Materialien wie Holz und Ziegeln.

Obwohl konträr in Stil und Farbgebung, hilft die Pflanzung rund um diesen Pavillon, ihn in die Um-gebung zu integrieren.

Einfache mit Plastik überzogene Metallbögen sind eine interessante und farbenfrohe Ergänzung, auch wenn sie eher kurzlebig ist.

Kaskaden aus weißer Wisteria hängen von Steinsäulen herab, die in großen Abständen schwere Holzbalken stützen. Beachten Sie die Balkenträger und die großen Abstände zwischen den Balken.

Integriert in einen Holzzaun, stellt diese Rundlaube einen hübschen Platz zur Entspannung dar und durchbricht die Linie des Zauns. Ohne Lack und Farbe verwittert das Hartholz silbergrau.

Eine Bambusmatte auf Metallbögen mildert das grelle Licht, das von den hellen Steinwänden des Hofs reflektiert wird.

Metallbögen können zu Laubengängen zusammengesetzt werden, die wie ein blühender Baldachin – hier aus Goldregen – zu einem neuen Gartenbereich führen.

Runde und eckige Steinsäulen im Wechsel in einem klassischen Jugendstilgarten von Gertrude Jekyll. Er wurde entworfen und errichtet, bevor Material und Arbeit kostspielig wurden.

Versetzt zu den streng aufrechten Zypressen, spenden große Sonnenschirme Schatten und spiegeln die Natursteine und Linien des Daches des benachbarten Gebäudes wider.

Das Schindeldach dieses Bootshauses verhindert, dass sich Wasser im Boot ansammelt, wenn es nicht in Gebrauch ist. Es passt gut zu der rustikalen Bauweise.

Elemente im Garten müssen nicht rein funktional sein. Dieses grenzt den zentralen Bereich ab, ohne die Umgebung zu dominieren.

Haselruten passen gut zu Küchengärten und sind eine Stütze für Wicken, Feuerbohnen oder andere Kletterpflanzen.

8

GARTENTEICHE, BÄCHE & KASKADEN

Bewegtes Wasser, ob als Fontäne, Kaskade oder Wasserfall, erzeugt magische Geräusche. Der Standort für Fontänen und Teiche bedarf jedoch sorgfältiger Auswahl, denn das Geräusch laufenden Wassers ist in Hausnähe nicht immer willkommen.

Vorhergehende Seite Wasser kann jedem Garten eine magische Komponente verleihen. Es sollte sorgfältig platziert werden, damit die Spiegelungen von Himmel und Erde am besten zur Geltung kommen. An einem heißen Tag wirkt das Geräusch von Wasser außerdem beruhigend.

Wasser ist Lebenskraft, ein ursprüngliches Element, das die Menschen magisch anzieht. Wasser kann wie ein Spiegel sein, der eine Verbindung zwischen Himmel und Erde schafft, indem es Wolken, Laubdächer und Elemente des Gartens reflektiert; es kann Licht übertragen, als Sprühnebel die Luft abkühlen, bei hoher Luftfeuchtigkeit in Regenbogenfarben schillern, starke vertikale Elemente einbringen und beruhigend und entspannend plätschern. In Ihrem Garten kann Wasser aber auch zu einem zwar kostspieligen, aber verwandelnden und verführerischen Extra werden. In der Natur existiert es in Form von Meeren, Seen und natürlichen Teichen. Bäche, Kaskaden und Wasserfälle sind das Resultat von Schwerkraft und Topographie. Meist flüssig, kann Wasser ebenso in Form von festem Eis oder als Wasserdampf in der Luft vorkommen. In der Freizeit lässt es sich zum Paddeln, Schwimmen und Angeln nutzen. Wenn Sie Wasser in Ihren Garten integrieren wollen, muss dies auf jeden Fall vor der Ausführung anderer landschaftlicher Arbeiten geplant werden, damit Leitungen gleich verlegt oder notwendige Erdarbeiten ausgeführt werden können.

Im Lauf der Geschichte wurde Wasser in Gärten zum Gießen, für Fischzucht- und Feuerlöschteiche sowie zur Reinigung verwendet. Als ästhetische Aspekte wichtiger wurden, ging man vermehrt dazu über, das Praktische mit dem Wunsch, die Gesamtkomposition zu verbessern, zu verbinden: Bewässerungskanäle wurden zu Bächlein und Wasserläufen, Bade- und Waschteiche dienten gleichzeitig als spiegelnde formale Teiche. In islamischen und maurischen Gärten wurde zum ersten Mal das große Geschick im Umgang mit Wasser offenbar. Allgemein wurde Wasser bis zur Zeit der italienischen Renaissance jedoch selten für rein dekorative Zwecke in Gärten genutzt. Zumindest in Europa waren Wasseranlagen hauptsächlich meist stille Teiche. In chinesischen und japanischen Gärten wurde immer schon ein mehr symbolischer und spiritueller Umgang mit Wasser gepflegt. Vergleicht man den Einsatz von Wasser in den strengen, formalen und geometrischen europäischen Gärten des 17. Jhs. mit japanischen Gärten dieser Zeit, fällt auf, auf welch zeitlose Art in der asiatischen Version mit Wasser umgegangen wird und wie relevant dieser Umgang noch heute ist.

Auch das Klima spielt eine Rolle bei der Auswahl von Wasseranlagen. Gärten in einer kargen Landschaft profitieren von kühlenden Elementen. In Gebieten mit kalten Wintern ist flaches Wasser am besten, das sogar zum Eislaufen genutzt werden kann. In Gegenden ohne klimatische Extreme – wo Wasser nicht denselben Reiz ausübt wie in heißen Ländern – kann man mit Wasser Lebensraum für Wildtiere schaffen.

Schlüsselfragen zur Gestaltung für alle Wasseranlagen

➤ Eignen sich Klima und Standort für Teich, Becken oder andere Anlagen?

➤ Welches Design bietet sich im engeren und weiteren Kontext an?

➤ Wie tief muss das Wasser mindestens sein?

➤ Was passiert mit dem Aushub?

➤ Wie wird das Wasser zurückgehalten? Was passiert, wenn Rohre, Kabel etc. durch eine wasserdichte Schicht hindurchgeführt werden müssen?

➤ Woher soll das Wasser, vor allem das zum Auffüllen, kommen?

➤ Wie soll der Wasserstand in der Anlage kontrolliert werden?

➤ Wie soll die Wasserqualität aufrechterhalten werden? Welche Ausstattung ist dafür nötig?

➤ Wie soll die Sicherheit garantiert werden, besonders für Kinder?

➤ Könnten Geräusche oder Spiegelungen die Nachbarn stören?

➤ Welche Wartungsmaßnahmen werden notwendig sein und wie oft?

➤ Könnte eine zusätzliche Niveauveränderung die Wirkung verstärken?

➤ Könnte bewegtes Wasser das Erscheinungsbild verbessern? Welche Pumpen, Rohre und elektrischen Verbindungen wären dafür nötig?

➤ Könnte eine Beleuchtung den Effekt erhöhen?

Formale Teiche kühlen die Luft, vor allem, wenn sie mit Keramikkacheln gefliest sind. Sie reflektieren das Licht zurück in den Garten. Die Farbe der Kacheln entscheidet über den Charakter der Anlage.

Ein seichter Wasserlauf mit einem kupfernen Rand als Überlauf transportiert Wasser von einem Niveau zum anderen.

Seine bedeutendste Rolle in der Gartengestaltung spielt Wasser, wenn es wegen seiner visuellen Qualitäten genutzt wird. Wie bei den meisten Aspekten der Gartengestaltung ist der landschaftliche oder Gartenkontext wichtig für den Gesamterfolg. Wasserfälle und Kaskaden wirken in einer flachen Landschaft immer deplatziert. Seen oder natürliche Teiche sehen an niedrigen Punkten oder in einer Senke am natürlichsten aus, während sie, in die Mitte eines Abhangs oder auf der Spitze eines Hügels gesetzt, wenig wirkungsvoll sind. In einer ländlichen Situation gibt oftmals die Natur Hinweise auf günstige Plätze, z.B. in Form natürlicher Bachläufe und Flussufer. Küstengegenden könnten die Anlage von Stränden, Feuchtgebieten oder Sümpfen nahe legen. Ein häufig übersehener Aspekt ist der Verbleib des Aushubmaterials. Beim Ausheben eines Teichs fallen große Mengen Erde an, die in Form von Wällen oder anderen Gestaltungselementen wieder in den Garten integriert werden müssen. Das Material vom Grundstück zu schaffen ist teuer und nicht immer sinnvoll.

Anlagen in Städten bedürfen meist einer strengeren Gestaltung. Dennoch kann auch ein formales Becken mit geometrischen Linien in einer ländlichen oder nicht formalen Umgebung einen dramatischen Effekt hervorrufen, besonders in Kombination mit einer gelungenen Bepflanzung. Wasser kann ein Gestaltungsthema oder einen Stil unterstreichen. In der Regel ist Einfachheit unnötiger Komplexität vorzuziehen. Berücksichtigen Sie auch die Aussicht aus dem Haus, besonders bei Nacht, wenn sich aus dem Zusammenspiel von Wasser und Licht anregende Effekte ergeben.

Schlüsselfragen zur Gestaltung
Formale Anlagen

▸ Werden Form und Größe des Beckens mit der Umgebung harmonieren?

▸ Wie soll der Teich abgedichtet werden?

▸ Sind Grund und Seitenflächen des Beckens durch das Wasser hindurch zu sehen?

▸ Ist eine Umzäunung nötig, um Kindern unbeaufsichtigten Zugang zu verwehren?

Die beste Wirkung erzielen Sie, wenn Sie Ihr Wasserbecken an einem nicht zu sonnigen Standort platzieren. Becken und Teiche unter Bäumen werden zum Sammelbecken für Laub, das beim Verrotten giftige, eventuell für Tiere schädliche Gase freisetzt.

Überlegen Sie, für wen die Wasseranlage gedacht ist. Wild lebende Tiere haben selbstverständlich ganz andere Bedürfnisse als Menschen. Enten oder heimische Vögel profitieren vom Schutz eines Inselrefugiums. Fische benötigen tieferes Wasser mit einem ausreichenden Sauerstoffgehalt. Sumpfpflanzen, Uferpflanzen und Wasserpflanzen benötigen jeweils unterschiedliche Wassertiefen.

Sicherheit ist oberstes Gebot, vor allem dort, wo kleine Kinder Zugang zum Teich haben. Ein Kind kann schon in 10 cm tiefem Wasser ertrinken. Steil abfallende Ufer und tiefere Becken können für ein Kind zur tödlichen Falle werden. Das Problem lässt sich nur dadurch vermeiden, indem man einen Zaun installiert oder knapp unter die Wasseroberfläche ein feinmaschiges Stahlgitter einbaut.

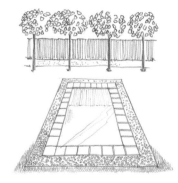

Ein stilles, spiegelndes Becken passt am besten an einen sonnigen Standort.

FORMALE BECKEN

Ein formales Becken ist ein bisschen wie eine Badewanne: Die meisten besitzen eine Vorrichtung zum Befüllen, eine Vorrichtung zum Ablassen des Wassers und ein System, das ein Überlaufen verhindert. Formale Becken können aus vielen Materialien gebaut werden, unter anderem Holz, Klinker, Ortbeton, Fiberglas, Stahl und Stein. Die meisten bestehen aus einer Kombination aus niedrigen Stützwänden, Stufen und Rampen, die alle wasserdicht sein müssen.

Zwei oder mehr Ebenen können den Reiz erhöhen, besonders, wenn das Wasser von einer zur anderen fließt.

Die Proportionen der Fenster bestimmen die Größe des Beckens, sodass innen und außen zu einer Einheit verschmelzen. Zur Sicherheit erhöht eine kleine Steinmauer als Rand das Beckenniveau.

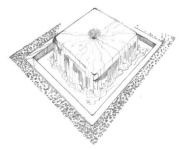

Einzelne Steine oder Kunstwerke werden gerne als Basis für eine Wasseranlage genommen.

Flache, nicht spiegelnde Becken müssen an den Innenseiten attraktive Oberflächen besitzen, z.B. aus Mosaik- oder dekorativen Keramikfliesen oder Steinplatten. Spiegelnde Oberflächen benötigen einen dunklen Hintergrund; dies lässt sich mit pigmentiertem Ortbeton, Farbe, dunkler Abdichtungsfolie oder grau/schwarzem Stein wie Schiefer oder Granit bewerkstelligen.

Das Ganze sollte zur Geometrie und den Mustern der Umgebung passen. Der Wasserspiegel kann entweder fast bündig mit dem Innenbelag abschließen oder unterhalb einer überhängenden Kante liegen, die einen Schatten wirft.

Kleine, bis zu 8 × 5 m große Becken lassen sich relativ leicht aus 15 cm dickem Ortbeton oder Fertig-Betonblöcken errichten.

Natürliche Teiche

In vielen Teilen der Welt reicht zum Anlegen eines Teichs einfach das Schaufeln eines Lochs. Wasser sammelt sich an niedrigen Geländepunkten und kann bei hohem Grundwasserspiegel direkt unter der Erdoberfläche sitzen. Bei geeigneten Boden- oder geologischen Verhältnissen wird das Wasser an seinem Standort bleiben. Seen, Teiche und Bäche mit natürlichem Zulauf benötigen immer die wenigste Wartung, sie sind auch am wirkungsvollsten. Dennoch müssen Sie Entscheidungen treffen bezüglich der Gesamtform, des Uferprofils, der Wasserzuleitung, des Abflusses sowie des Überlaufs. In einer sehr städtischen Umgebung oder in einem kleinen Hausgarten wirken Teiche meist unnatürlich, obwohl selbst die kleinste Wasserfläche wertvollen Lebensraum für Wildtiere bereitstellen kann.

Wenn Sie Fische einsetzen wollen, muss der Teich in Gegenden, in denen das Wasser im Winter gefriert, mindestens 1 m tief sein.

Natürliche Teiche sind eine positive ökologische Ergänzung für den Garten, können aber fast unsichtbar sein, wenn Wasserpflanzen und Algen wuchern. Sind Teiche nicht sorgfältig abgezäunt, können sie zur Gefahr werden.

Gefälle für den Bachlauf

Teich in einer natürlichen Senke

Abfluss/Überlauf

abwechslungsreiche Uferrandgestaltung

Orientieren Sie sich an natürlichen Bächen und Seen, wenn Sie künstliche Gewässer in Ihrem Garten anlegen möchten.

Außerdem sollte der Teich eine große Oberfläche besitzen, über die er Sauerstoff aufnimmt, und so gestaltet sein, dass darin geeignete Pflanzen gedeihen können. Ein entscheidender Punkt ist die Erhaltung der Wasserqualität. Es kann sinnvoll sein, dazu einen Spezialisten zurate zu ziehen. Wildtiere und Pestizide passen nicht zusammen, deshalb sollte man darauf achten, dass beim Einsatz von hochgiftigen Pflanzenschutzmitteln diese nicht mit Wasser in Berührung kommen.

Versuchen Sie, die örtlichen geologischen Bedingungen nachzuahmen. In felsigen Gebieten kann ein Wasserfall oder eine Kaskade über eine künstliche Felsformation durchaus wirkungsvoll sein. Im Flachland oder in ebenem Gelände können Felsen dagegen wie eine Gartencenter-Ausstellung und völlig deplatziert wirken.

Es ist wichtig, sich über die bestehenden Niveaus und Gefälle des Gartens im Klaren zu sein. Auf einem Hanggrundstück müsste z.B. die Grube für einen großen Teich oder einen kleinen See in den Hang hinein tief ausgeschachtet werden und es bräuchte einen großen Damm, um das Wasser zu halten. In so einem Fall könnte es besser sein, eine Reihe kleinerer, durch Wehre, Wasserfälle oder Kaskaden vonei-

Damit sie natürlicher wirken, sollten Teichränder bepflanzt sein. Lassen Sie aber einen direkten Zugang zum Wasser frei, damit man z.B. Libellen oder Fische aus der Nähe beobachten kann.

Schlüsselfragen zur Gestaltung: Teiche und Seen

➤ Wenn ein naturgemäßer Teich gewünscht wird: Lässt die Topographie das Gewässer natürlich wirken?

➤ Sind die Uferprofile sicher und für gesundes Pflanzenwachstum geeignet

➤ Sind die Gewässerränder stabil?

nander getrennte Wasserflächen anzulegen. Am besten geeignet ist vielleicht ein Bachlauf. Auch die Auswirkungen von Ausschachtungen sowie der Verbleib des Aushubs müssen im Voraus bedacht werden. Ein 1 m tiefer Teich produziert einen mehr als 1 m hohen Erdhügel. In flacheren Gegenden kann die Erde für eine interessante Gestaltung genutzt werden; in einer hügeligen Landschaft kann man den Aushub einfach im Gelände verteilen.

Bei der Gestaltung des Uferprofils sollten Zugänglichkeit, Sicherheit und der Lebensraum für Tiere bedacht werden. Legen Sie keine Gefälle über 33% Neigung an, bleiben Sie am besten unter 20%. Uferpflanzen sind schon von geringfügigen Veränderungen des Wasserspiegels betroffen, dessen Höhe mithilfe eines Überlaufs und eines Wehrs kontrolliert werden kann. Sofern nicht ständig Wasser nachgefüllt wird, wird der Wasserspiegel durch Verdunstung sinken. Bei schwankendem Wasserspiegel

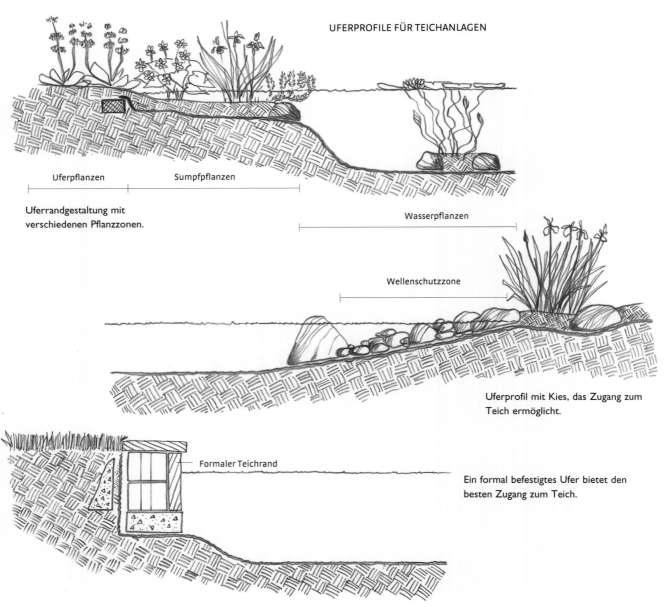

UFERPROFILE FÜR TEICHANLAGEN

Uferpflanzen   Sumpfpflanzen

Uferrandgestaltung mit verschiedenen Pflanzzonen.

Wasserpflanzen

Wellenschutzzone

Uferprofil mit Kies, das Zugang zum Teich ermöglicht.

Formaler Teichrand

Ein formal befestigtes Ufer bietet den besten Zugang zum Teich.

sollten daran angepasste Pflanzenarten ausgewählt werden. Eine 20 cm unterhalb des Wasserspiegels angelegte Stufe ermöglicht eine Sumpfzone, in der viele Sumpfpflanzen gedeihen können. In der anschließenden Flachwasser- und Tiefwasserzone wachsen an das Leben im und unter Wasser angepasste Arten. Vögel und kleine Säugetiere benötigen eventuell besondere Zugangsmöglichkeiten. Wählen Sie die Methode der Abdichtung sorgfältig aus: Besonders Teichfolien können durch Tiere und Pflanzenwurzeln beschädigt werden.

Größere Seen und Teiche profitieren von der Anlage einer Insel. Sie kann ein wertvoller, sicherer Lebensraum für Tiere sein, aber auch interessante Gestaltungsmöglichkeit bieten, etwa für kleine Brücken, eine Laube oder für eine Skulptur.

Im Gegensatz zu formalen Becken, die in der Regel feste Ränder besitzen, können die Ufer größerer Naturteiche sowohl durch die Wellen als auch durch Betreten des Ufers beschädigt werden. Der Boden rutscht ab und die Teichfolie kommt zum Vorschein. Daher muss bei der Gestaltung des Ufers, ob mit Rasen, Uferpflanzen oder mit Stein, verstärkt die Erosionsgefahr bedacht werden.

Holz besitzt eine ganz besondere Affinität zu Wasser und erlaubt einen guten Zugang zum Ufer.

Dämme, Wehre, Wasserfälle und Kaskaden

Einige der reizvollsten Gestaltungsmöglichkeiten ergeben sich durch Niveauunterschiede zwischen einzelnen Wasserflächen. Das Wasser springt über Felsnasen oder läuft an einer Mauer hinab. Da die Höhe von Wehren und Dämmen den Wasser-

»Optimierte« Natur. In Gegenden mit Stampflehm können Stufen aus Stein- oder Holz angelegt werden, um den mäandernden Lauf des Wassers zu betonen. Wie in der Natur sollte Wasser sich möglichst immer am tiefsten Punkt des Geländes befinden.

Naturstein als Felsnase

formaler Bachlauf und Wehr

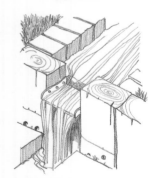

Wehrkonstruktion aus Holz und Blech

Das Verhältnis von Höhe zu Breite von Kaskaden bedarf genauer Planung. Die Wasserstufen müssen sorgfältig konstruiert werden, damit das Wasser nicht seitlich über die Ränder läuft und die Wirkung zerstört. Zur Regulierung des Wasserflusses ist eine Pumpe nötig.

pegel bestimmt, kann der Wasserspiegel sehr genau eingestellt werden. Dämme und Wehre müssen wasserdicht sein, damit sie Wasser zurückhalten. Sie müssen außerdem stark und schwer genug sein, um dem Wasserdruck standzuhalten. Traditionell werden Dämme aus Lehm oder verdichteter Erde gebaut und mit wasserdichtem Material abgedeckt. Auf die Frontseite werden meist Gras oder Stauden gesetzt. Die Form wird so gestaltet, dass sie mit der Topographie der Umgebung in Einklang steht. Bei beschränkten Zugangsmöglichkeiten ist es schwierig, Erde zu bewegen, und dank

Gegenüber **Nicht zu übersehen:** Im Becken und im Wasserfall ergeben sich dank der nach oben gerichteten Strahler nachts aparte Lichtreflexionen.

Mit beleuchteten Wasserspielen lassen sich in abendlich genutzten Gärten zauberhafte Lichteffekte und ein beruhigendes Plätschern erzeugen.

moderner Bautechniken werden heute Dämme in Gärten oft aus mit Grassoden belegtem Beton oder Blocksteinen errichtet und ähneln eher einer Stützmauer. Anders die Wehre: Weil das Wasser an einem Wehr über die Dammoberfläche fließt, kann es den Boden oder Unterboden wegspülen; daher werden traditionellerweise schwere Steine benutzt, um diese Erosion zu vermeiden. Dabei fügt man oft auch die Steine

WASSEREFFEKTE

Rutsche

traditioneller Wasserspeier

ruhiger Wasserlauf

turbulenter Wasserlauf

mit Mörtel zusammen. Noch ist es die beste Methode, in einem natürlichen Bachbett Niveauunterschiede mithilfe von Natursteinen anzulegen, obwohl die Ausführung im Einzelnen vom Gesamtthema, Stil des Wasserlaufs abhängt. Ist eine Abdichtung nötig, muss sie sorgfältig in oder unter dem Wehr angebracht werden.

Bei der Gestaltung eines Wasserfalls ist es wichtig, zu bedenken, wie das Wasser von einem Niveau zum anderen fallen wird. Eine geschlossene Wasserfläche, die beständig über einen akkuraten horizontalen Rand hinabfällt, produziert einen sehr regelmäßigen Wasservorhang. Eine bewusste Unterbrechung der horizontalen Kante oder des Randes der oberen Wasserfläche erzeugt einen unterbrochenen Wasservorhang. Platziert man Mauervorsprünge hinter dem Vorhang, prallt das Wasser daran ab und fängt Licht und Luft ein.

Wasser kann mithilfe einer Rutsche oder eines Speiers von einer Mauer oder vertikalen Oberfläche abgeleitet werden. Fließt es durch eine enge Öffnung, entwickelt es starke Adhäsionskräfte, sodass ein flacher Wasservorhang in Richtung Boden eine eher dreieckige Form annimmt.

Fließt nicht genügend Wasser über die Kante, neigt es dazu, zurückzulaufen und an der Unterseite der Kante hängen zu bleiben. Eine kleine Tropfrinne auf der Unterseite der überhängenden Kante schafft hier Abhilfe.

Wasserfälle und Wasserrutschen erzeugen vielfältige Geräusche – einer der besten Gründe, sie im Garten zu integrieren. Die Geräusche werden von der Höhe, aus der das Wasser fällt, seiner Kraft und seiner Menge beeinflusst, ebenso von den Eigenschaften des Materials, auf das es fällt. Trifft es auf eine offene Wasserfläche auf, hängt das Geräusch auch von der Tiefe des Wassers ab. Durch Variation dieser Merkmale lässt sich eine Vielzahl von Geräuschen hervorrufen – Platschen, Spritzen, Klatschen, Gurgeln und Rauschen. Ebenso lassen sich hohe und tiefe Töne erzielen. Aber denken Sie auch daran, wie dieses wunderschöne Geräusch, besonders bei Nacht, auf weniger begeisterte Nachbarn wirken kann.

Über einen Wasserlauf fällt das hochgepumpte Wasser über Stufen, die in gleichmäßigen Abständen angelegt sind. Zugleich betont der Wasserlauf die Achse der Anlage und erzeugt ein angenehmes Geräusch.

WASSERFÄLLE

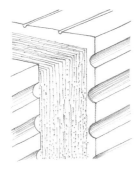

sprudelndes Wasser

glattes Wasser

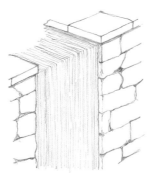

geschlossene Wasserfläche

durchbrochene Wasserfläche

oben über unten – glatte Wasserfläche

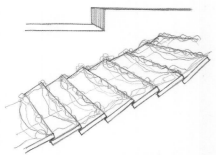

unten über oben – sprudelnd

Bei dieser Kaskade fällt das Wasser auf die steinernen Grate. Es liegt auf der Hand, dass diese Art einer Wasseranlage laut und dominant ist.

Wird das herabfließende Wasser unterbrochen, entsteht eine Kaskade. Die Wirkung entspricht etwa der von Wasser, das über die Ziegel eines Dachs abläuft. Sind die Ziegel so platziert, dass der obere Ziegel über dem unteren liegt, fließt das Wasser frei über die Oberfläche ab. Liegt jedoch der untere Ziegel über dem oberen, trifft das Wasser auf seinem Weg die Schräge hinunter auf die Oberkante des unteren Ziegels. Dabei bricht der Wasserstrahl, das Wasser nimmt Sauerstoff auf und schäumt. Ansonsten ähnelt der Bau von Kaskaden dem von Rampen, die seitlich von Stützmauern gehalten werden.

Fontänen

Fontänen sind voller Energie und bringen dramatische Effekte in den Garten. Weil Wasser Licht reflektiert, zieht es die Blicke der Menschen auf sich. Fällt das Wasser von Fontänen zu Boden, spaltet es sich in winzige Wassertröpfchen auf, die je nach Größe auf verschiedene Weise das Licht einfangen und Regenbögen bilden.

Die meisten Fontänen werden mithilfe von Wasserpumpen erzeugt. Der Einbau moderner Pumpen hat viele Vorteile. Sie ermöglichen die Kontrolle der Höhe der Fontäne, des Durchflussvolumens, der auf bestimmte Zeiten eingestellten Effekte einschließlich Bögen und Schwall-Sprudler, und filtern das Wasser obendrein. Es gibt zahlreiche Aufsatzdüsen für Springbrunnen für viele unterschiedliche Formen wie Glocken, Pilz, Strahl, Mehrstrahl-Schirm, Tulpe, Löwenzahn, Blasen und Kegel. Auch Sprühnebel lässt sich erzeugen, der als Sichtschutz oder eine Art externer Klimaanlage genutzt werden kann, ganz zu schweigen von der Stimmung, die er verbreitet.

Fontänen können so gestaltet werden, dass sich Wasser und Luft vermischen. Dies schafft einen sanfteren, weißen und schäumenden Wasserstrahl. Die Fontäne spritzt weniger und das Geräusch ist weniger hart.

Das Wasser kann in ein Becken fallen; in diesem Fall sollte die Höhe der Fontänen generell den Durchmesser des Auffangbeckens nicht übersteigen. Bedenken Sie, dass in windigen Landstrichen das Wasser drei- bis viermal so hoch gespritzt werden kann und dem Becken Wasser verloren geht. In diesem Fall ist es besser, kleinere, eher plastische oder ornamentale Fontänen zu verwenden. Viele der berühmtesten historischen Fontänen kombinieren Wasser und Kunst, die meisten in Form dramatischer oder symbolischer Blickpunkte abseits des Hauses oder umliegender Gebäude. Manche haben sogar die Identität eines Ortes geprägt.

Wasser leitet Licht sehr gut – in etwa wie ein Glasfaserkabel. Wird eine starke Lichtquelle am Grund der Fontäne angebracht, wird das Licht durch das Wasser geleitet. Bei Nacht kann man damit eindrucksvolle Effekte erzeugen. Das Phänomen kann man auch dazu nutzen, einen unscheinbaren, dunklen, feuchten Hof aufzuwerten.

Wasserspiele lassen sich auch geschickt in Mauern integrieren: Es kann aus einer Maske, einem Ornament oder einem Wasserspeier sprudeln. Metallrohre, Rutschen, Röhren, Fundstücke oder speziell in Auftrag gegebene Objekte dienen als Quellstein. Das Wasser kann in Schalen oder Becken geleitet werden, wo es gesammelt, gefiltert und wieder in den Wasserkreislauf eingespeist wird.

Menschen, besonders Kinder, lieben es, mit Wasser zu spielen. Wasser kann Spaß, Sorglosigkeit, Kühlung und Sinnlichkeit vermitteln. Doch der Einbau ein Wasseranlage in den Garten bedarf der sorgfältigen Planung.

Einzelstrahl

Schaumsprudler

Schwall-Sprudler

Einzel-Strahler

Glocke

Pilz

Mehrstrahl-Schirm

Unten **Die im Sonnenlicht funkelnden Wassertröpfchen scheinen zu tanzen.**

PRAKTISCHE HINWEISE

Teiche und Bäche abdichten

Wasseranlagen im Garten basieren größtenteils auf den in diesem Buch beschriebenen Konstruktionsprinzipien. Die Wahl der Abdichtungsmethode richtet sich nach der Gesamterscheinung, den Kosten und der Größe der Anlage. Im Allgemeinen werden natürliche Teiche und Seen anders gebaut als formale Becken.

Manche direkt in der Erde angelegte Seen oder Teiche benötigen überhaupt keine Abdichtung. Wenn sie auf natürliche Weise gespeist werden und wenn der Boden und die geologischen Schichten darunter undurchlässig sind, wird das gesammelte Wasser an seinem Platz bleiben. Verluste durch Ausfließen oder Verdunstung werden auf natürliche Art ausgeglichen. In den meisten Gärten sind diese Voraussetzungen jedoch nicht gegeben, der Teich oder Bach muss mit künstlichen Mitteln abgedichtet werden. In Regionen, in denen es Lehm im Überfluss gibt, kann man einen Teich mit Lehm- oder Tonziegeln abdichten, die festgetrampelt oder gestampft werden. Solange diese Lehmschicht ständig feucht ist, bleibt sie wasserundurchlässig und kann Jahrhunderte überdauern. Diese Methode ist darüber hinaus die umweltschonendste. Trocknet Lehm jedoch aus, kann er Risse bekommen und benötigt dann eine regelmäßige Wartung.

Heute verwendet man für Gartenteiche in erster Linie spezielle Teichfolien. Im Handel sind vor allem drei Varianten: Folien aus Polyethylen (PE), PVC- sowie EPDM- oder Kautschuk-Folien. Alle eignen sich für freie Formen. PE-Folien halten etwa zehn Jahre, PVC-Folien etwas länger. Am haltbarsten – allerdings auch am kostspieligsten – sind Kautschuk-Folien, die eine Lebensdauer von etwa 30 Jahren haben. Die Folien können verschweißt oder zusammengeklebt werden, dies ist jedoch eine Sache für den Fachmann. Für kleinere Teiche genügt eventuell eine einzelne Folie, sodass man ohne Nahtstellen auskommt. Sämtliche Folien müssen fachgerecht verlegt sein. Weil sie anfällig für Verletzungen durch spitze Steine sind, muss der Untergrund sehr sorgfältig vorbereitet und mit einer 10–15 cm dicken Sandschicht präpariert werden. Ist der Untergrund frei von Steinen und von Natur aus sehr sandig, können Sie auf die Sandschicht verzichten. Zusätzlich schützt ein Teichvlies aus Polyester die Folie vor Steinen sowie ein Drahtgitter vor dem Verbiss durch Wühlmäuse oder vor eindringenden Wurzeln. PE-Folien sind außerdem empfindlich gegenüber UV-Licht. Achten Sie deshalb darauf, dass die Folie vor allem am Uferrand und im flachen Wasser bis 15 cm Tiefe mit Substrat und Steinen abgedeckt ist.

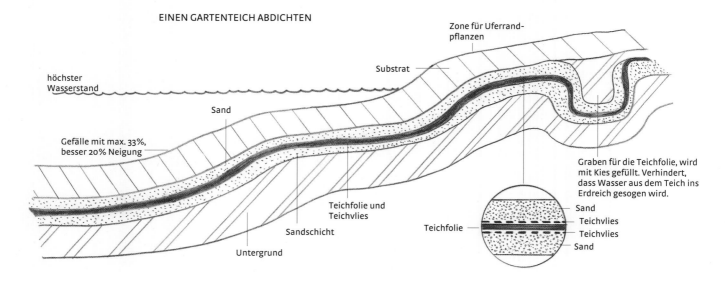

EINEN GARTENTEICH ABDICHTEN

Zone für Uferrandpflanzen

Substrat

höchster Wasserstand

Sand

Gefälle mit max. 33%, besser 20% Neigung

Teichfolie und Teichvlies

Sandschicht

Untergrund

Graben für die Teichfolie, wird mit Kies gefüllt. Verhindert, dass Wasser aus dem Teich ins Erdreich gesogen wird.

Sand
Teichvlies
Teichvlies
Sand

Teichfolie

die Platten gegossenem Fugenband. Ortbeton eignet sich auch für oberirdisch angelegte wasserführende Konstruktionen, die sehr ähnlich wie Stützmauern gestaltet und gebaut werden. Bei solchen Elementen sollte man eine Armierung einbauen, wobei der Verbindung zwischen Grundplatte und vertikaler Mauer besondere Sorgfalt zukommen sollte. Frischer Beton scheidet Kalk ab, was Pflanzen und Tieren schadet. Neu angelegte Teiche müssen vor dem Einsetzen von Pflanzen oder Tieren deshalb mindestens dreimal befüllt, gereinigt und wieder abgelassen werden.

Der Hauptvorteil bei der Verwendung von Beton für oberirdische Teiche ist, dass die inneren und äußeren Oberflächen dekorativ beschichtet werden können, z.B. mit Ziegeln oder Mosaiksteinen, die mit einem zementbasierten Kleber und wasserdichtem Fugenkitt verfugt werden sollten. Bei kleineren Teichen oder unterschiedlichen Ebenen und geradlinigen Formen kann es kostengünstiger sein, Betonblöcke einzusetzen. Die kleineren Bauteile erleichtern die Detailausführungen, aber die Fugen werden mit der Zeit undicht. Hohlblocksteine sollten mit einem wasserabweisenden Außenwandputz, der einen so genannten Dichtungs-

Es ist nicht einfach, mit schwerem Baumaterial ein akkurates Becken für eine ebene Wasserfläche zu errichten. Hier wurde ein dünnes Metallband oben in die Mauer eingesetzt.

Damit die Erde am Teichufer nicht abrutscht, werden die Ränder mit schweren Steinen oder Kies befestigt. Ohne diese Maßnahme würde Erde weggespült, sofern sie nicht durch Pflanzenwurzeln oder so genannte Böschungsmatten aus Kokos- oder Jutefasern an Ort und Stelle gehalten wird. Solche Matten gibt es auch mit eingearbeiteten Pflanztaschen.

Teiche und Bäche lassen sich auch mit Ortbeton abdichten – allerdings sollte man diese Arbeit dem Fachmann überlassen. Ortbeton lässt sich leicht in verschiedene Formen gießen und hat eine lange Lebensdauer. Selbst komplexe oder gewellte Formen können mithilfe von Ortbeton verwirklicht werden. Er ist jedoch nicht frostfest. Zusätzliche Effekte kann man erzielen, wenn man in die Zementmasse Farbe mischt, die sehr haltbar ist. Lackierte und nachträglich aufgebrachte Oberflächen sind dagegen weniger langlebig. Große Flächen aus wasserundurchlässigem Stahlbeton der Festigkeitsklasse C25/39 brauchen Dehnungsfugen (ähnliche wie beim Wegebau); diese Fugen müssen sorgfältig ausgeführt werden, damit sie wasserdicht sind. Dies geschieht gewöhnlich durch Einfügen von in

RANDBEFESTIGUNGEN FÜR FORMALE BECKEN

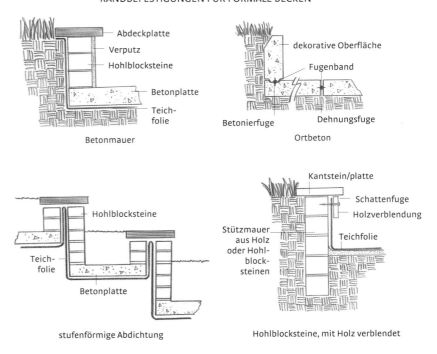

GARTENTEICHE, BÄCHE & KASKADEN **167**

faserverstärktem Kunststoff (GFK), mit dem ein Teich vollständig gegen Wasser abgedichtet wird. Dieses Verfahren ist jedoch teuer und kann nur vom Fachmann ausgeführt werden. Eine gute Alternative sind jedoch Fertigbecken. Sie können ebenfalls aus glasfaserverstärktem Kunststoff oder aus Polyethylen bestehen und werden in eine exakt passend ausgehobene Teichgrube gesetzt. Solche Becken »von der Stange« sind heute in vielen Größen und Formen erhältlich und schnell und einfach zu installieren.

Platten, Becken, Rutschen, Abflüsse und andere starre Formen können auch aus Feinblech gefertigt werden, solange die Verbindungen zwischen den einzelnen Elementen wasserdicht sind. In sie alle kön-

Eine einfache Steinkante, die sich im Becken spiegelt, bildet eine klare Verbindung zwischen Bepflanzung und Wasser.

zusatz sowie, wenn gewünscht, ein Pigment beinhaltet, verputzt werden.

Stein und Ziegel sind vergleichbar wasserdicht, nicht aber die Fugen dazwischen. Es ist üblich, das Mauerwerk auf oder an der Innenseite einer Teichfolie zu errichten, sodass die Mauer selbst zwar vollständig durchnässt wird, die Folie aber letztlich für Wasserundurchlässigkeit sorgt. Sorgfältiges Arbeiten ist notwendig, damit Mauer und Abdichtung sich richtig miteinander verbinden. Sämtliche Steine und Ziegel sollten sorgfältig ausgewählt werden, um eine absolute Frostbeständigkeit zu garantieren.

Im Vergleich dazu kostengünstig und leicht zu bauen sind hölzerne Becken. Sie lassen sich auf gleiche Weise gestalten wie Hochbeete aus Holz, müssen aber entweder auf der Innenseite, zwischen Holz und Wasser, oder hinter dem Holz, das dann vollkommen durchnässt wird, gegen Wasser abgedichtet werden. Behandeltes Holz kann giftige Verbindungen ausdünsten; steht das Holz in direktem Kontakt mit dem Wasser, verwendet man daher besser unbehandeltes Hartholz. Bei der Auswahl der Materialien für den Rand sollten Sie daran denken, dass manche mehr für die Verwendung im, andere mehr für die Verwendung am Wasser geeignet sind.

Spezialfirmen und Gartenbauunternehmer bieten noch andere Methoden der Wasserabdichtung an. Das flexibelste und problemloseste System basiert auf glas-

Farbenfrohe Fliesen und Mosaike sind im flachen Wasser gut zu sehen. Am besten wirken sie an heißen, sonnigen Plätzen.

nen Öffnungen für Rohre oder sonstige Anschlüsse gebohrt werden.

Weil die meisten Abdichtungen durchstoßen oder perforiert werden müssen, damit Rohre, elektrische Anschlüsse, Scheinwerfer und Überläufe hindurchgeführt werden können, ist eine gute Planung unerlässlich. Die meisten im Handel erhältlichen Pumpsysteme werden zwar mit speziellen Verschlussdichtungen und Ventilen geliefert, dennoch bedarf dieser Aspekt, bevor Sie mit dem Bau beginnen, sorgfältiger Beachtung.

Wassertiefe

Für dekorative Zwecke reicht es, wenn das Wasser wenige Zentimeter (bis 2,5 cm) tief ist, besonders wenn es über attraktive Natursteine oder Metall fließt. In der Regel müssen Wasserflächen selten tiefer als 70 cm sein, oft sind 40 cm ausreichend. Ist aus einem bestimmten Grund eine größere Tiefe erwünscht, z.B. um eine Fontänendüse zu verbergen oder um Unterwasserpflanzen zu halten oder wenn man Fische in einen Teich setzen will, reicht es oft, wenn die zusätzliche Tiefe nur an den Stellen angelegt wird, wo sie wirklich gebraucht wird, und nicht über die gesamte Beckenfläche.

In kalten Klimaregionen muss das Wasser mindestens 80 cm, besser noch 1 m tief sein, damit es nicht bis zum Grund durchfriert – besonders wenn Fische im Teich leben. Seichte Teiche sollten normalerweise im Winter abgelassen oder beheizt werden, damit sie nicht zufrieren.

Der Nachteil von sehr seichten Teichen ist jedoch, dass sie sich stark aufheizen und das Wasser dann zu wenig Sauerstoff enthält. Dies kann zu einem Fischsterben und zu starkem Algenwachstum führen.

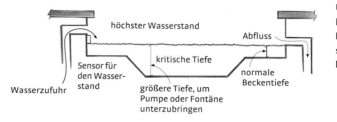

Überläufe und Abflüsse kontrollieren den Wasserhöchststand. Sensoren steuern das automatische Nachfüllen.

Wasserqualität und Wasserfluss

In vielen Fällen werden Teiche oder Becken aus der normalen Wasserleitung gespeist. Jegliche Wasserversorgung, die an die Hauptleitung angeschlossen ist, braucht jedoch Absperrventile und Sicherheitsschalter im Haus, um eine Überflutung zu verhindern, wenn das Auffüllsystem einmal ausfällt. Automatische Nachfülltanks oder Zisternen messen den Wasserspiegel und führen mehr Wasser zu, wenn der Spiegel erheblich sinkt. Auch Sensoren zur Messung tiefer Temperaturen sowie Durchflusssperren, die Pumpen und andere Systeme automatisch abschalten, können eingebaut werden.

In natürlichen Teichen und auf jeden Fall da, wo Tiere eingesetzt oder angelockt werden sollen, ist nicht aufbereitetes Wasser vorzuziehen. Zudem muss ein ausgewogenes biologisches Gleichgewicht von Nährstoffen und vor allem eine ausreichende Versorgung mit Sauerstoff sichergestellt sein, bevor Pflanzen oder Tiere eingesetzt werden. Dazu sollte man unbedingt größere Wasserpflanzen einsetzen, die das Wasser schneller mit Sauerstoff anreichern.

Wasserdruck und Durchflussrate sind nur von Bedeutung, wenn Wasser gepumpt oder hin und her bewegt wird. Der Wasserdruck ergibt sich aus der Trans-

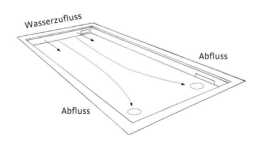

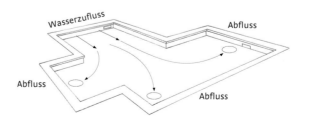

Damit das Wasser in manchen Teilen formaler Becken und Teiche nicht steht, platzieren Sie Abflüsse oder Pumpen. So kann das Wasser überall zirkulieren.

porthöhe (d.h. daraus, wie hoch die Quelle über dem Wasserspiegel liegt) oder aus der Größe der Pumpe. Am besten ziehen Sie einen Spezialisten zurate und schildern ihm, welchen Effekt Sie haben möchten. Im Allgemeinen ist es sinnvoll, eine Pumpe zu wählen, die etwas mehr Leistung als notwendig bringt.

Pumpen, Leitungen und Anschlüsse

Um die richtige Pumpe auszuwählen, braucht es fachmännischen Rat. Stellen Sie sicher, dass Sie genau wissen, was Sie erreichen wollen. Tauch- oder Unterwasserpumpen haben eine längere Lebensdauer und sind effizienter, dafür schwierig zu warten. Externe Pumpen sind im Fall eines Betriebsschadens leicht zugänglich, können aber laut sein und haben eine geringere Lebensdauer. Niederspannungssysteme kann auch der Laie installieren, der Anschluss an das Hauptstromnetz gehört jedoch unbedingt in die Hand des Fachmanns.

Unverzichtbar ist in jedem Fall der Einbau eines Fehlerstromschutzschalters (FI-Schalter) oder eines Stromkreisunterbrechers, um im Notfall Menschen zu schützen. Sämtliche im Boden verlegten Elektrokabel müssen speziell verkleidet sein. Idealerweise sollten Pumpen, Zeitschaltuhren und andere elektrische Geräte vom Haus aus ferngesteuert werden können.

Wasser für dekorative Zwecke, das sauber gehalten werden muss, bedarf der Filterung. Kombinationen aus

In warmem Klima können Wasserbecken an schattigen Plätzen wirkungsvoll sein. In kühleren Regionen wirken sie hier jedoch düster und modrig.

SCHEMATISCHE DARSTELLUNG DER WASSERZIRKULATION UND ELEKTRISCHER KOMPONENTEN

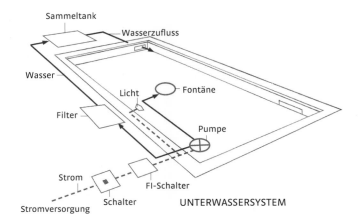

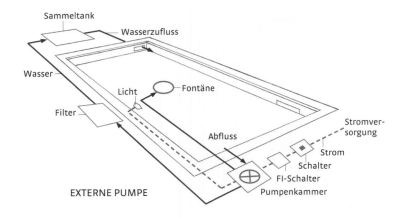

Schwamm- und UV-Filter, in Pumpen eingebaut, halten das Wasser rein, brauchen aber regelmäßige Wartung. Schwammfilter z.B. müssen regelmäßig entgegen der normalen Fließrichtung gespült werden, um sauber zu bleiben. Auch Chemikalien helfen, das Wasser klar zu halten. Sie sind meist jedoch giftig und riechen unangenehm. Pumpen müssen immer von Algen und Schmutz frei gehalten werden.

Für Wasserarbeiten im Freien ist es ratsam, einen qualifizierten Installateur zu beauftragen. Problematische Rohrverbindungen können sich zu kostspieligen, Wasser verschwendenden Lecks entwickeln. Ein guter Installateur wird Ihre Rohre mit einem Minimum an Material, Verbindungsstücken und Befestigungen elegant verlegen.

Die Details in diesem Kapitel mögen sich schwieriger anhören, als sie sind – trotzdem lohnt sich die Anlage von Teichen und Becken, denn Wasser ist ein zauberhaftes Element für jeden Garten. Wenn Sie diese Grundprinzipien von Wasseranlagen verstehen, können Sie jedoch ein vernünftiges und produktives Gespräch mit einem erfahrenen Fachmann führen – der erste Schritt zur Verwirklichung Ihrer Vision von einem Wassergarten.

Fontänen und Kaskaden in vielen historischen Gärten, wie hier der Villa d'Este, basieren auf Schwerkraft-Systemen. Heute ist dies mithilfe neuer Techniken vergleichsweise einfach auch in kleineren Privatgärten zu verwirklichen.

Springbrunnen mit Ein- oder Mehrfachdüsen können mit unterschiedlicher Frequenz spritzen. Das Geräusch des Wassers sollte zur Umgebung passend eingestellt werden.

Seerosen und andere Wasserpflanzen machen die Oberfläche dieses kleinen formalen Beckens interessanter.

Eine große Steinplatte reicht in diesem Garten, um den Wasserlauf zu überbrücken. So sind keine künstlichen Materialien nötig.

Eine an einer Mauer angebrachte Maske sorgt für stetigen Wasserstrahl und hat mit den Jahren einen ansehnlichen »Moosbart« bekommen.

Stilles oder langsam fließendes Wasser wirkt beruhigend und entspannend und passt gut zu schlichten grasbewachsenen Ufern.

Ein Metallbecken mit einer spiegelgleichen Wasseroberfläche lässt die vertikalen Elemente in seiner Umgebung größer und dramatischer erscheinen.

Schon der kleinste Wasserfall macht ein entspannendes Geräusch, das die Aufmerksamkeit auf sich zieht und von anderen Umgebungsgeräuschen ablenkt.

Konzentrische Kreise und Wasser, so wie diese stilisierten Wellen, wirken immer beruhigend. Hier wurden sie durch dünne, in ein seichtes Becken eingesetzte Metallbänder geschaffen.

Jedes Becken mit Wasser kann als alternativer Lebensraum für Pflanzen und Tiere in einen Garten integriert werden.

Teiche wirken auch an schattigen Plätzen wie hier unter Farn gut, brauchen dann aber regelmäßige Pflege, da sich in ihnen viel Laub sammelt, das Bodenschlick und Algen fördert.

Das Tropfen des Wassers in die Kupferschale verursacht sanfte Wellen. Ein Ort zum Meditieren.

Üppig bepflanzte Ränder und ein Gartenhaus verstärken den ruhigen Charakter dieses kleinen Teichs.

Diese leuchtenden Säulen entstehen durch Sonnenstrahlen, die auf von kleinen Verneblern gebildete Wassertröpfchen treffen.

Wasserfontänen ziehen Kinder magnetisch an. Sie sind oftmals computergesteuert und rufen eine dramatische Wirkung hervor, sind aber meist sehr teuer.

Kontrastierende Farben und Materialien machen dieses einfache, aber klassische und viel genutzte Gestaltungselement aus.

Stilles, spiegelndes Wasser wird von Trittsteinen aus mattem Glas unterbrochen, die mithilfe geschickt konstruierter Stützen auf der Oberfläche zu schwimmen scheinen.

Die alte Idee von der Rutsche oder dem Wasserspeier und der Schale wurde hier sorgfältig in eine organische Form umgesetzt, die gut mit den bogig überhängenden Gräsern und Farnen harmoniert.

Die ruhige Grüneinfassung lenkt die volle Aufmerksamkeit auf die steinerne Wassertreppe.

MATERIALIEN

In diesem Kapitel werden die gängigsten Materialien vorgestellt. Moderne Baumaterialien werden ständig weiterentwickelt, deshalb lohnt sich ein Blick in bekannte Magazine oder ein Besuch im Baumarkt oder auf einer Handwerksmesse immer, um brandneue oder alternative Materialien und Zubehör zu entdecken.

Zuschlagstoffe

Der Begriff »Zuschlagstoffe« wird für eine ganze Palette nützlicher Materialien wie Sand und Kies, Schotter, künstlich hergestellter Produkte inklusive Schlacke, Asche, Vermikulite sowie recycelter Materialen wie zerstoßenem Beton oder Ziegelsteinen verwendet. Sie werden lose und unbehandelt als Wegbeläge, zum Stabilisieren von Hängen oder als Bettung für Pflasterbeläge benutzt. Sand und andere Zuschlagstoffe sind außerdem die Hauptbestandteile von Beton und Mörtel.

Auswahlkriterien sind Festigkeit, Haltbarkeit (Härte, Lebensdauer) sowie Widerstandsfähigkeit gegen Verwitterung und Frost. Weiter müssen diese Materialien wasserfest sein und dürfen nicht chemisch reagieren. Wo sie zu sehen sind, kommt es natürlich auch auf ihr Aussehen an. Zuschlagstoffe sollten deshalb sauber und frei von Ton- und Schlammpartikeln, Salzen sowie organischem Material sein.

Die Farbpalette der Zuschlagstoffe hängt von der Herkunft der natürlichen Materialien wie Sand, Kies und Steinen ab – aus Granit entstehen schwarze, graue, grüne oder rosa Zuschlagstoffe, Sandstein dagegen liefert braune, rote oder terrakottafarbene Töne, Schlacke ist grau, Quarzit weiß, rosa oder golden.

Eingeteilt werden Zuschlagstoffe nach der Größe ihrer Partikel, der Körnung. Eine kleine Körnung besteht aus 1–8 mm großen Partikeln, eine mittlere aus 8–16 mm großen, eine grobe aus 16–32 mm großen oder größeren Partikeln. Wege benötigen meist einen Unterbau aus zwei Schichten mit grobkörnigen Zuschlagstoffen (Bettung und Tragschicht), damit der Untergrund fest ist, sowie eine Deckschicht aus kleineren (und dekorativeren) Zuschlagstoffen.

Beton

Beton ist eine Mischung aus Zement, Sand, weiteren Zuschlagstoffen und Wasser. Wird Wasser zugefügt, kommt es zu einer chemischen Reaktion, die zur Aushärtung führt. Die volle Festigkeit ist nach etwa 28 Tagen erreicht, solange der Feuchtigkeitsgehalt erhalten wird.

Es sind fünf oder sechs verschiedene Zementtypen im Handel, die sich für verschiedene Verwendungszwecke eignen; Sand-Arten unterschiedlicher Herkunft, Farbe und Partikelgröße sowie eine große Palette anderer Zuschlagstoffe, die ebenfalls in Farbe und Festigkeit variieren. Sie können auf unterschiedlichste Arten gemischt werden, sodass die Mischung fest ist und leicht gegossen, gespritzt und ihre Oberfläche, wenn sie ausgehärtet ist, bearbeitet werden kann. Dieser Prozess ist sehr komplex und gehört mit wenigen Ausnahmen in die Hände eines Fachmanns.

Die Festigkeit des Betons wird von den Zuschlagstoffen bestimmt und festerer Stein (Granit, Basalt) ergibt eine festere Mischung als weiche Zuschlagstoffe wie Kalkstein. Die Optik hängt von der Farbe des Zements (meist hellgrau), vom Sand (die Farb-Palette reicht von Weißgrau bis Rotbraun), von Zuschlagstoffen (siehe oben) sowie von Pigmenten ab. Weißer Portland-Zement z.B. eignet sich am besten für Beton in hellen Tönen oder für Beton, dem Pigmente zugesetzt werden.

Auf dieser und der gegenüberliegenden Seite finden Sie eine Übersicht über Zement- und Beton-Typen. Beton muss unbedingt von einer Person mit Erfahrung angemischt werden, um sicherzustellen, dass Konsistenz und Festigkeit korrekt sind.

Zement
Portland-Zement (CEM I) Wird für die meisten Ziegel- und Blocksteinmauern verwendet, die über der Erdoberfläche liegen.
Mit hoher Sulfatbeständigkeit (HS) Wird für Mauern im Boden und bei feuchten Bedingungen verwendet, ebenso für Ziegel, die einen höheren Gehalt an löslichen Salzen haben als gewöhnlich.
Weißer Portland-Zement (CEM I) Für Restaurierungsarbeiten und zum Mischen für Mörtel und Beton in zarten Farben. Wegen seiner hellen Farbe nützlich für Verputze. Bedingt widerstandsfähig gegen Wasser; relativ teuer.
Mit schnellerer Abbindung (R) Wird verwendet, wenn der Zeitfaktor wichtig ist: Für Stützmauern bei niedrigen Temperaturen. Er härtet in 24 Std. anstatt in 28 Tagen aus.

Mörtel

Mörtel wird verwendet, um Steine und andere Bauelemente zusammenzufügen, um Unregelmäßigkeiten an Oberflächen aus Stein, Ziegel und Werkstein auszugleichen sowie als feste Unterschicht für Pflasterbeläge. Auch Mörtel ist nicht nur ein funktionales Element, sondern hat einen starken Einfluss auf das Erscheinungsbild eines Bauelements.

Je nach gewünschter Härte, Verarbeitbarkeit und Optik besteht die Mischung aus:

Betonmischungen

Druckfestig-keitsklasse (alte Norm)	Mindestgehalt an Zement in kg/m³	Verwendungszweck	Beschreibung
C12/15 (B15)	-	Betonkeile, Betonbett von Weg-randeinfassungen	unbewehrt, frosthart
C20/25 (B25)	260	Bettung für Fliesen, Stahlbeton-teile an der Außenluft	bewehrt
C 25/30 (B35)	320	Treppen, Stützmauern, Beton-decken	bewehrt; mit direkter Beregnung

Die Druckfestigkeit C12/15 besagt, dass ein Probewürfel die Würfeldruckfestigkeit von 12 und die Zylinderfestigkeit von 15N/mm² hat.

▸ Zement, Sand und Wasser

▸ Zement, Kalk, Sand und Wasser

▸ Kalk, Sand und Wasser

▸ Zement, Kalk, Verflüssiger und Wasser

(Kalk beeinflusst die Verarbeitbarkeit, Zement macht den Mörtel frostfest.)

Mörtel für Ziegel- und Werksteinmauern im Freien wird meist aus CEMT und Sand im Verhältnis zwischen 1:3 und 1:6 gemischt. Für Fundamente und schwere Werksteine ist das Verhältnis von 1:3 besser.

Die Farbe des Sands wirkt sich am stärksten auf das Erscheinungsbild aus. Verwenden Sie gewaschenen, weichen Sand für das Verlegen von Ziegeln; scharfen Sand, wenn Sie Verputz brauchen.

Kalk verleiht dem Mörtel Geschmeidigkeit und ist nützlich, wenn mit recycelten Materialien gearbeitet wird. Kalk ist wichtig bei Restaurierungsarbeiten oder in alten, feuchten Gebäuden, wo Zement völlig ungeeignet ist. Er wird heute meist durch Verflüssiger ersetzt. Zement-Mörtel aus Zement und Kalk werden meist im Verhältnis 1:1:6 (Zement : Kalk : Sand) gemischt. Soll der Mörtel fester sein, beträgt das Verhältnis 1:¼:4. Zement-Mörtel hat die höchste Festigkeit,

sollte aber nur für stabile Klinker verwendet werden.

Verflüssiger sind Zusatzmittel, die den Mörtel geschmeidiger machen, sodass die Arbeit rascher von der Hand geht und der Mörtel frosthärter wird. Dichtungsmittel können den Schutz gegen Wasserschäden erhöhen.

Den richtigen Verputz wählen

Zement-Sand-Verputz ist eine Art Mörtel, der aus ästhetischen Gründen auf senkrechten Oberflächen als Verputz verwendet wird. Eine festere Mischung ist hier nicht immer die bessere Wahl. Je höher der Anteil an Zement ist, desto größer ist die Gefahr, dass der Verputz bröckelt.

Im Allgemeinen verwendet man zwei Schichten Verputz in einem Mischungsverhältnis von Zement : Kalk : Sand von 1:1:6. Auf festeren, weniger porösen Oberflächen nimmt man ein Mischungsverhältnis von 1:½:4½ oder 1:¼:3 als Grundschicht und 1:1:6 als Deckschicht.

Vorgefertigte Betonplatten

Vorgefertigte Betonplatten sind in verschiedenen Größen erhältlich. Üblich sind Maße

von 30 × 30 cm, 35 × 35 cm, 40 × 20 cm, 40 × 40 cm und 40 × 60 cm. Die meisten sind 5–6 cm dick.

Ziegel

In alter Zeit entsprach die Größe eines Ziegels einem Brotlaib. Inzwischen haben sich die Maße über die Jahrhunderte zu Einheiten entwickelt, die weltweit relativ ähnlich sind. Die meisten Länder haben ihre eigenen Standard-Maße, die entweder auf den landesüblichen Maßeinheiten, dem metrischen System oder Maßen beruhen, die über Generationen überliefert wurden. Die Einheiten sind klein genug, sodass eine Person den ganzen Tag mit ihnen arbeiten kann, ohne zu ermüden, aber groß genug, dass ein Bauvorhaben rasche Fortschritte macht.

Nahezu alle Ziegel werden aus Ton oder Beton gefertigt. Tonziegel verwittern sehr ansprechend und wirken mit zunehmendem Alter immer besser. Ziegel aus Beton wirken meist künstlich und sehen im Lauf der Zeit hässlich aus. Verwenden Sie deshalb wenn möglich Tonziegel dort, wo sie zu sehen sind und die preiswerteren Betonziegel an Stellen, die nicht zu sehen sind. Die Farbe von Tonziegeln hängt von der Art des Tons ab, aus dem sie gefertigt werden (die Farbe von natürlichen Lehmablagerungen ist je nach Region unterschiedlich), von dem Brennvorgang sowie von der Temperatur. In Großbritannien verwendete Ziegel aus den Midlands sind z.B. rot, solche aus London gelblich. Industriell gefertigte Ziegel haben eine einheitliche Farbe und sind nicht sehr attraktiv. Gemaserte und gescheckte Ziegel (manchmal bekannt als vielfarbige) haben ein unterschiedliches Erscheinungsbild, was sie nützlich für große Flächen macht. Handgefertigte Ziegel variieren etwas in Größe und Form und sehen auch wie von Hand gemacht aus. Sie verleihen den fertigen Ober-

Maße für Ziegel, Klinker & Co.
angegeben sind jeweils Länge x Breite x Höhe
Schwerbetonsteine
49 x 11,5 x 23,8 cm
49 x 17,5 x 23,8 cm
36,5 x 24 x 23,8 cm
24 x 30 x 23,8 cm
24 x 36,5 x 23,8 cm
Betonhohlblocksteine
240 x 360 x 240 mm
360 x 240 x 240 mm
240 x 300 x 240 mm
Vormauerziegel
24 x 11,5 x 5,2 cm (DF)
24 x 11,5 x 7,1 cm (NF)
24 x 11,5 x 11,3 cm (2 DF)
Pflasterklinker
200 x 200 x 52/71 mm
200 x 240 x 71 mm
200 x 100 x 45/52/62/71 mm

flächen und Strukturen eine besondere Qualität. Weil die Farbe von Ziegeln für einen Ort typisch ist, sollten Sie darauf achten, Ziegel zu wählen, die zu der jeweiligen Umgebung farblich passen und mit ihr harmonieren.

Im Freien verwendete Ziegel müssen frostfest und vor eindringendem Wasser durch Abdeckplatten und wasserdichte Schichten geschützt sein. Die Standardmaße von Ziegeln passen so zusammen, dass man sie in vielerlei Weise zu Verbänden verlegen kann, ohne dass sie zugeschnitten werden müssen.

Ziegel auswählen

Bei der Auswahl von Ziegeln sollten Sie darauf achten, dass Form, Größe, Farbe und die rechten Winkel gleichmäßig sind. Ein guter Ziegel sollte gut gebrannt und frei von Kalk,

Rissen und Steinen sein. Die Farbe wird durch die chemische Zusammensetzung der Tonmineralien bestimmt, und zwar in erster Linie von dem Gehalt an Eisen. Rote Ziegel enthalten ca. 5 % Eisen, blaue 7–10 %. Zwar werden überwiegend Tonziegel verwendet, es sind aber auch Betonziegel und Kalziumsilikatziegel erhältlich, sie sind aber längst nicht so attraktiv. Sie sind in verschiedenen Farben und Formen sowie mit verschiedenen Oberflächen erhältlich. Bedenken Sie bei der Auswahl auch, ob Sie frostfeste oder nur bedingt frostfeste Ziegel brauchen. Achten Sie auch auf den unterschiedlichen Gehalt an Salzen – er kann normal oder niedrig sein. Im Handel werden Ziegel in Gruppen entsprechend ihrer Frosthärte und ihrem Salzgehalt eingeteilt. Ein Ziegel kann z.B. frostfest mit einem normalen Salzgehalt sein oder bedingt frostfest mit niedrigem Salzgehalt etc.

Für Ziegel mit normalem Salzgehalt benötigt man sulfatresistenten Portlandzement. Bedingt frostfeste Ziegel müssen gegen Feuchtigkeit geschützt werden – vor allem die Krone einer Mauer.

Naturstein

Schotter und Kies, die als Zuschlagstoff verwendet werden, wurden bereits vorgestellt. Benutzt man sie als Pflaster, für Platten oder Ornamente, sind die charakteristischen Merkmale der jeweiligen Gesteinsart von Bedeutung.

Sandsteine sind Sedimentgesteine, die aus verfestigten feinen Sandkörnen bestehen. Sandsteine können gesägt und bearbeitet werden und eignen sie besonders als Pflaster, weil sie rutschfest sind. In Mauern werden sie vor allem als sorgsam behauene Quadersteine verwendet, als Verkleidung oder für Bruchstein- und Trockenmauern, wenn sie vor Ort verfügbar sind. Ihre Namen hängen von ihrem Ursprungsort ab.

Kalkstein besteht aus Kalziumkarbonat und Magnesiumkarbonat, die mit Quarz, Eisenoxid oder Calcit verfestigt sind. So erhält der Kalkstein je nach Region sein charakteristisches Muster und seine typische Farbe. Manche besitzen ein ausgeprägtes Muster und können sogar Fossilien enthalten.

Kalkstein reagiert chemisch mit Säure und sollte deshalb nicht in Regionen mit hoher Luftverschmutzung oder saurem Regen verwendet werden. Kalkstein eignet sich für Bruchsteinmauern, Steine von bester Qualität auch als Verkleidung oder als Pflaster. Travertin ist ein Kalkstein mit einem ausgeprägten Muster und wertvoll aufgrund seines Aussehens und seiner Verwendung für Pflaster.

Marmor kann sehr unterschiedlich aussehen – je nach Verunreinigungen und Defekten. Marmor entstand in einem Metamorphoseprozess aus Kalkstein. Er ist teuer, aber wunderschön und wird vor allem in sehr hochwertigen Gärten und Gebäuden verwendet – als Pflasterstein oder Verkleidung von Mauern oder als Platten. Die Oberfläche von Marmor kann rutschig sein. Er reagiert chemisch mit Säure und ist im Außenbereich empfindlich.

Schiefer eignet sich gut, wenn er in Form von Platten als Pflaster verwendet wird. Er kann gesägt oder entlang seiner Schichten gespalten werden. Schiefer ist meist dunkelgrau oder grünlich-grau und sehr robust gegen Verwitterung und widerstandfähig gegen die Wirkung von Wasser. Deshalb eignet er sich für Wasseranlagen im Garten. Schieferplatten können für formale Wege verwendet werden und zerkleinert als Ziersplitt. Bei Nässe kann Schiefer allerdings rutschig sein.

Granit ist ein sehr festes und haltbares Gestein, das gesägt oder gespalten als

Pflaster in Form von Platten und Pflastersteinen verwendet werden kann. Er ist außerdem widerstandsfähig gegen Wasser und wird im Außenbereich am häufigsten verwendet. Granit lässt sich sehr exakt in Form schneiden und gilt als dauerhaftestes Gestein. Die Farbpalette reicht von tiefschwarz, gräulich, rosa bis grünlich. Oft hat er charakteristische Flecken und enthält schimmernden Glimmer.

Kies-Sand-Mischung

In England verwendet man eine Mischung von Sand und Kies oder korngestuften Kies als Untergrund für Wege oder als Deckschicht. In anderen Ländern benutzt man ähnliche Materialien, die unter den verschiedensten Bezeichnungen im Handel sind. Sind sie aus Steinen, die in der Umgebung vorkommen, hergestellt, sind sie ein sehr kostengünstiges Material für Wege und ergeben eine sehr stabile und lange haltbare Oberfläche, die hervorragend in ein ländliches Umfeld passt. Ein solches Kies-Sand-Gemisch verfestigt sich und bildet eine stabile Oberfläche, ohne dass Zement, Bitumen oder Kunstharz notwendig ist. Eine Dünnschicht Sand kann auf dem Kies-Sand-Gemisch festgewalzt werden, um die Dicke der Schicht aus losem Material zu reduzieren, sodass nicht zu viel loser Kies das Gehen erschwert.

Kunststein

Kunststein oder recycelter Stein ist im wesentlichen Beton von hoher Qualität, der in seinem Aussehen einheitlich und in einer breiten Palette von Formen für Mauerwerk angeboten wird. Er wird aus Steinstaub unterschiedlicher Partikelgröße und anderen feinen Zuschlagstoffen hergestellt. Er hat den Vorteil gegenüber üblichen Betonfertigsteinen und -platten, dass auf seinen Schnittstellen keine hässlichen Zuschlagstoffe sichtbar sind, die das Bild des Bauwerks zerstören.

Gewöhnlich ahmt man mit ihm Sedimentgestein, vor allem Sandstein und andere feinkörnige Trümmersteine nach, allerdings verwittert Kunststein nicht wie Naturstein, sodass ihm der Reiz der kleinen Unvollkommenheiten fehlt, der Natursteinen ihre Qualität verleiht.

Holz

Die Begriffe Hartholz und Weichholz haben zunächst nichts mit den Eigenschaften des Holzes beim Bau zu tun. Hartholz stammt von Laubbäumen, Weichholz von Nadelbäumen. Im Allgemeinen ist Hartholz fester als Weichholz, es ist haltbarer und widerstandsfähiger gegen Verrottungsprozesse, aber schwieriger zu bearbeiten und zu beschaffen. Tropische Harthölzer sollten nur verwendet werden, wenn ihre Herkunft aus einer Plantage mit einem Zertifikat belegt ist.

Weichholz verrottet leichter und viel schneller als Hartholz. Manche Arten wie Zeder und Redwood enthalten jedoch große Mengen Tannin und sind von Natur aus haltbar. Holz kann mit Chemikalien behandelt werden, damit es nicht von Pilzen oder Bakterien befallen wird. Behandeltes Holz kann bis zu 50 Jahre haltbar sein, fraglich sind allerdings die langfristigen Auswirkungen solcher Chemikalien auf die Umwelt.

Holzklassen

Holz wird nach den verschiedenen botanischen Arten unterteilt und danach, von welchem Teil des Baums es stammt. Verschiedene Arten sind unterschiedlich stabil und haben eine unterschiedliche Lebensdauer. All diese Eigenschaften sind genau untersucht und Übersichten mit den Ergebnissen im Handel oder im Internet erhältlich. Preis, Erscheinungsbild, Verarbeitbarkeit und Verfügbarkeit sind wichtige Gesichtspunkte. Die Wahl ist letztlich ein Kompromiss zwischen Aussehen, Haltbarkeit und Kosten. Wo das

Holz nicht zu sehen ist, verwendet man billigere und weniger attraktive Hölzer, soweit sie stabil genug sind.

Eine gute Wahl sind Lärche, Douglasie, Sumpfkiefer, Hemlocktanne und Fichte (alle behandelt). Zu den gut aussehenden Hölzern mit mittlerer Härte gehören Redwood und Lebensbaum. Preiswerte Arten sind Gelb-Kiefer und Rot-Fichte; beide müssen behandelt werden.

Zu den Harthölzern zählen Eiche, Esskastanie und Platane. Tropische Harthölzer können extrem haltbar und attraktiv sein, müssen aber verantwortungsvoll eingesetzt werden.

Schnittware

Dekoratives Holz wird vom Stamm in rechtwinklige Bretter, Kantholz oder andere Stücke geschnitten. Je nach Art des Schnitts sehen die Bretter unterschiedlich aus, je nachdem wie die Jahresringe an der Oberfläche erscheinen. Dies hat auch einen Einfluss auf die Stabilität eines Bretts. Das Holz im Zentrum des Stamms, das so genannte Kernholz, arbeitet nicht mehr, ist gewöhnlich sehr dicht und widerstandsfähig gegen Verrottung. Das Holz im äußeren Bereich, an dem ein Baum wächst und in dem Wasser und Nährstoffe transportiert werden, bezeichnet man als Splintholz. Es ist gewöhnlich weniger fest, kann Astlöcher und andere Schadstellen enthalten und verrottet leichter. Für die Zwecke im Garten ist Kernholz besser geeignet.

Holz, das von außen zum Zentrum hin radiär geschnitten wird, ergibt Bretter mit senkrechten Fasern und verzieht sich kaum. Werden die Stämme parallel in Bretter geschnitten, entstehen Bretter mit flachen Fasern, sodass der Anschnitt des Bretts die gebogenen Linien der Fasern zeigt. Solche Bretter verziehen sich leicht.

Vermeiden Sie Holz, das Spalten und Risse hat. Astlöcher sind gewöhnlich kein

Problem, können aber unschön aussehen. Problematischer ist es, wenn die Stammkrümmung am Ende eines Bretts sichtbar ist, sodass die Bretter nicht mehr passgenau sind. Kaufen Sie auf keinen Fall Holz, das sich verzogen hat.

Feuchtigkeitsgehalt

Es ist wichtig, Holz zu verwenden, das fest ist und sich nur minimal in Form und Größe verändert, wenn es einmal in ein Element im Garten eingebaut ist. Holz wird entweder an der Luft oder im Ofen getrocknet, sodass sein Feuchtigkeitsgehalt weniger als 20 % beträgt. Bei höherer Feuchtigkeit bezeichnet man das Holz als frisch.

Größen

Holz wird in vielen verschiedenen Größen direkt vom Stamm geschnitten. Wird es gehobelt, damit es glatt wird, wird es kleiner, sodass ein mit den Maßen 2,5 × 10 cm zugeschnittenes Brett nach dem Hobeln vielleicht nur noch 2,2 × 9,7 cm misst, vielleicht sogar noch weniger. Trocknet es noch, wird es noch kleiner. Als Faustregel gilt: Nach dem Hobeln ist ein Brett ca. 5 mm kleiner als vorher.

Für Deckplanken verwendet man meist Bretter mit abgerundeten Kanten, um Spreißel zu vermeiden. Für exaktere Arbeiten nimmt man scharfkantiges Schnittholz. Für Bauholz ist die Form der Kanten weniger wichtig, sie können rauer sein, was den Vorteil hat, dass die Maße genauer sind.

Holz wird in genormten Größen verkauft. Deshalb ist es sinnvoll, wenn immer möglich, Elemente so zu gestalten, dass ein Minimum an Abfall anfällt und auch möglichst wenig Verbindungsstellen notwendig sind. Ein 4,2 m breites Holzdeck entspricht einer Standardlänge. Bei einem Deck mit 4,3 m Breite muss man dagegen ein weiteres Brett verwenden oder längere Bretter zuschneiden.

Sortierung

Holz wird im Sägewerk nach Festigkeit, Schäden, Feuchtigkeitsgehalt und Zertifizierung sortiert.

Manche Hölzer werden auch nach ihrem Erscheinungsbild sortiert: z.B. mit oder ohne Astlöcher. Die verschiedenen Holzarten werden dabei nach unterschiedlichen Kriterien sortiert.

Kesseldruckimprägnierung

Holz, das im Freien verwendet wird, muss unbedingt gegen Verwitterung resistent sein – entwedert von Natur aus, oder indem es behandelt wird.

Weichholz wird gewöhnlich mit Chemikalien druckimprägniert, die verhindern, dass es durch den Befall mit Pilzen, Bakterien oder Insekten verrottet. Die Chemikalien können auf die Oberfläche aufgetragen werden, das ist jedoch nicht so effektiv. Die giftigen Substanzen sind fest im Holz gebunden, sodass die Umwelt, wenn das Holz erst einmal getrocknet ist, normalerweise nicht beeinträchtigt wird.

Bretter

Vollholz, Brettschichtholz und Sperrholz sind nützliche Materialen, mit denen man einfache Elemente für den Garten wie Paneele für Zäune oder für Baumhäuser und Sandkästen bauen kann.

Dünnere Bretter, vor allem Sperrholz, sind für gebogene Elemente wie die Ränder von Wegen, Pflanzkästen sowie als Schalungsbretter für Ortbeton nützlich.

Bewittertes Brettschichtholz (so genanntes BS-Holz) wird durch intensive direkte Besonnung der Rissbildung ausgesetzt.

Holzwerkstoffplatten benötigen in jedem Fall einen vorbeugenden chemischen Holzschutz. Die Verwendung von Vollholz ist zu empfehlen.

Metall

Die Möglichkeit, Metall zu komplizierten und ungewöhnlichen Mustern und Formen zu biegen, kombiniert mit der hohen Festigkeit, macht es zu einem wertvollen Material im Garten. Viele Menschen schrecken davor zurück, mit Metall zu arbeiten, weil dazu die Fähigkeit eines Spezialisten und eine bestimmte Ausrüstung nötig sind. Mit sorgsamer Planung und der Hilfe eines Fachmanns kann man jedoch beachtliche Resultate erzielen.

Die in Gärten am häufigsten verwendeten Metalle sind eisenhaltige Metalle (Gusseisen, Schmiedeeisen, unlegierter Stahl und rostfreier Stahl), Aluminium und Aluminiumlegierungen sowie Kupfer und Kupferlegierungen (Messing, Bronze). Das für Ihre Zwecke geeignete Metall wählen Sie nach dem Aussehen, der Festigkeit, den Kosten sowie danach aus, ob es in die gewünschte Form verarbeitet werden kann und nicht korrodiert.

Grauguss wurde vor allem im frühen 19. Jh. verwendet. Er enthält mehr als 2 % Kohlenstoff und kann leicht in Formen aus Sand gegossen werden, wenn er geschmolzen ist. Allerdings ist er brüchig und schwer. Man kann ihn nicht biegen und er ist empfindlich gegenüber Korrosion. Er wird hauptsächlich für Elemente im Garten, für Möbel; Gitter, Kanaldeckel sowie für Restaurierungen verwendet.

Sphäroguss (Gusseisen mit Kugelgraphit) hält Spannung besser aus und eignet sich besser. Er kann gegossen werden und wurde traditionell verwendet, um große und schwere Elemente wie Rohre, Torpfosten und nach Maß gefertigte Teile herzustellen. Diese Arten von Eisen können leicht geformt werden und rosten weniger als unbehandelter Stahl.

Schmiedeeisen hat einen sehr viel geringeren Gehalt an Kohlenstoff, weshalb es kalt verformbar und leichter zu schweißen und zu bearbeiten ist. Es wird heiß gehämmert, damit es Spannung besser aushält, und eignet sich zum Formen und Schmieden bei niedrigen Temperaturen. Es gibt viele Formen wie Stangen, Gitter, Bleche und Platten – sie können in Zäune, Tore, Gitter, Geländer und andere Elemente von geschickten Kunstschmieden und Schlossern eingebaut werden.

Karbonstahl wird hergestellt, indem man dem Eisen Mangan, Silikon und Kupfer zusetzt. Er ist extrem fest und kann leicht mit anderen Teilen verbunden werden. Erhältlich ist er in Form von Blechen, als Strukturelement (Träger und Säulen), zur Armierung (Rohre und Gitter), Draht, Ketten und anderen Formen. Karbonstahl muss vor Verwitterung geschützt werden.

Corten-Stahl enthält einen geringen Anteil an Kupfer und manchmal auch Chrom. Er hat einen Überzug aus Eisenoxid, sodass der Rost nicht abfällt, wenn er Kontakt mit Luft hat. Er ist stabil, eignet sich für Bleche, ist aber auch in ähnlichen Formen wie andere Stahlarten erhältlich. Er ist teuer, braucht aber keine Pflege. Die Rostschicht, die zu einer rötlich braunen Oberfläche verwittert, ist in der zeitgenössischen Gartengestaltung beliebt. Er kann aber auf benachbarten Flächen Flecken verursachen und ist gegenüber Salz nicht widerstandsfähig, darf also nicht im Wasser oder im Erdboden stehen oder an der Küste verwendet werden.

Edelstahl enthält Chrom sowie Nickel und Spuren anderer Metalle. Er ist absolut resistent gegen Verwitterung, ist sehr stabil und die Oberfläche bleibt lange Zeit glänzend. Er wird auch in Küstenregionen verwendet, weil er nicht von der salzhaltigen Luft angegriffen wird und ist auch für Elemente nützlich, die nicht feuerverzinkt oder gestrichen werden können. Zunächst ist rostfreier Stahl sehr teuer, braucht jedoch so gut wie keine Pflege und ist zweckmäßig für Elemente von hoher Qualität, für Geländer, Möbel und Beschläge. Das Schweißen ist eine Sache für den Fachmann und wird am besten in der Fabrik durchgeführt.

Aluminium ist das am häufigsten verwendete nicht eisenhaltige Metall. Es ist leicht, stabil und widerstandsfähig gegen Korrosion, solange man es nicht zusammen mit Zement, Kalk und Beton verwendet, da es sonst Schaden nimmt. Von Natur aus ist es silbergrau, bekommt aber durch den Kot von Vögeln Flecken. Es kann auf Hochglanz poliert werden, ist jedoch empfindlich gegenüber Kratzern. Durch Eloxieren wird seine Oberfläche härter. Es wird vor allem für Winkel, Rohre und Gitter sowie als Rahmen für Verglasungen und für leichte Beschläge verwendet.

Kupfer ist leicht zu bearbeiten, wiegt nur halb so viel wie Blei und kann eine glänzende Oberfläche haben oder, wenn es Wind und Wetter ausgesetzt ist, oxidieren und eine grünliche Patina ansetzen, den Grünspan. Kupfer kann gegossen und geschmiedet, gewalzt oder gezogen werden. Man verwendet es vor allem für Elemente von Rohrleitungen, für feuchtigkeitsbeständige Abdeckungen für Mauern oder für Ornamente, die nach Maß angefertigt werden.

Zink korrodiert nicht. Es wird für Dächer und als Beschichtung beim Galvanisieren genutzt oder als ein Ersatz für Kupferblech.

Blei ist bestens bekannt durch Figürchen aus dem 17. Jh. Es korrodiert nicht, wenn es der Luft ausgesetzt ist, und ist außerdem widerstandsfähig gegenüber den meisten Säuren und anderen Baumaterialien. Allerdings ist es hochgiftig und sollte nie in der Nähe essbarer Pflanzen oder an Plätzen verwendet werden, an denen Kinder spielen. Stellen Sie sicher, dass es gut gepflegt wird und Auswaschungen keinen Schaden anrichten können.

Legierungen wie Messing und Bronze werden für Skulpturen und Pflanztröge verwendet.

Wie man Metall vor Korrosion schützt

Verschiedene Metalle verändern sich auf unterschiedliche Art und Weise – man nennt dies Korrosion. Es handelt sich dabei um eine chemische Reaktion, die auftritt, wenn entweder zwei unverträgliche Metalle miteinander Kontakt haben oder wenn ein einzelnes Metall mit Wasser in Berührung kommt oder wenn beides geschieht. Für diese Reaktionen ist normalerweise Wasser notwendig, es reicht aber aus, wenn es in Form hoher Luftfeuchtigkeit auftritt. Da man die Luftfeuchtigkeit nicht verändern kann, ist es notwendig, die Oberflächen durch einen Anstrich, eine Beschichtung aus Kunststoff zu schützen oder die Kombination unverträglicher Metalle zu vermeiden. Man kann auch ein weiteres Metall als Beschichtung auftragen, das auf der Oberfläche korrodiert und das andere Metall schützt wie z.B. Zink auf Eisen (Feuerverzinken).

Kombinieren Sie niemals verschiedene Materialien ohne zu prüfen, ob sie miteinander verträglich sind. Ideal ist es, alle Teile aus ein und demselben Metall zu fertigen.

Oberflächenbehandlung von Metallen

Einige Materialien wie Edelstahl, Messing, Kupfer und wetterfester Baustahl brauchen keine Oberflächenbehandlung. Andere brauchen eine schützende feuerverzinkte Beschichtung. Beim Feuerverzinken wird die Metalloberfläche mit einer Schicht aus geschmolzenem oder pulverförmigem Zink beschichtet; sie korrodiert dann langsamer, nimmt mit der Zeit aber doch eventuell Schaden.

Grundierung und Farbe (manche benötigen keine Grundierung), ebenso Emaillierung und Kunststoffbeschichtungen, die sehr wenig Pflege brauchen, bringen Farbe ins Spiel. Es ist ein ganzes Spektrum von Farben erhältlich, man muss jedoch die Verträglichkeit von Oberflächenveredlung und Metall prüfen. Bevor man Grundierung und Farbe aufträgt, entfernt man Fett und Öl mit einer schwachen Säure und spült dann mit klarem Wasser nach. Grundieren Sie mit einer Schicht Haftgrundierung und tragen Sie dann zwei Schichten Farbe auf, zuerst eine mit Epoxy-Kunstharz und dann die Emaille-Farbe. Nichtmetallische Farben und Lacke werden wie geschmolzenes Glas aufgetragen, um die Metalloberfläche zu schützen, solche Lacke verblassen kaum. Farben dagegen brauchen Pflege und verblassen unter dem Einfluss von UV-Licht.

Beschichtungen aus Kunststoff – wie man sie von Maschendrahtzäunen kennt – werden aufgetragen, indem man das Metall zunächst mit elektrisch geladenem Kunststoffstaub behandelt, den es allerdings nur in einer beschränkten Auswahl an Farben gibt. Er wird durch die elektrische Anziehung gebunden. Um sein Aussehen zu verändern, kann Metall auch poliert oder sandgestrahlt werden. Es kann chemisch behandelt werden, um verschiedene Farben und Oberflächenstrukturen zu erzielen, und es kann erhitzt oder eloxiert werden (durch einen elektrochemischen Prozess).

Schweißen und Löten

Metalle können mechanisch verbunden werden oder durch Schweißen und Löten. Beim Schweißen werden zwei Metallteile bis zum Schmelzpunkt erhitzt und mit oder ohne Zusatzwerkstoffe verbunden. Dann werden sie zusammengefügt und es entsteht eine Naht. Beim Löten verwendet man eine Metalllegierung, die bei niedrigerer Temperatur schmilzt als die Metallteile, die verbunden werden sollen.

Verbindungselemente

Viele Objekte im Garten werden von Metallschrauben, -bolzen, Nägeln, Nieten und Platten zusammengehalten, die es in vielen verschiedenen Größen und Arten von Metall gibt. Sie werden verwendet, um Holz, Metall, Kunststoff und andere Materialien miteinander zu verbinden. Bevor man Metallverbindungen auswählt, sollte man prüfen, ob sie sich mit allen Materialien vertragen, damit es keine Probleme durch Korrosion gibt. Billige, unbehandelte Verbindungselemente aus Stahl verursachen auf manchen Holzarten Flecken, vor allem auf Eiche. Wählen Sie nur Elemente, die für den Gebrauch im Freien gefertigt wurden wie galvanisierte, rostfreie oder mit Messing oder Zink beschichtete Teile.

Metall wird auf vier Arten verbunden – mechanisch, durch Löten mit einer Metalllegierung, durch Schweißen oder durch Verkleben mit Kunststoffharz.

Nägel sind die einfachsten und billigsten Elemente, um Holz, Kunststoff und andere leicht zu durchdringende Materialien miteinander zu verbinden. Die Festigkeit der Verbindung wird bestimmt vom Durchmesser, der Länge, der Form und der Oberfläche. Sind die Nägel zu sehen, sind Form und Größe der Köpfe der Nägel wichtig. Nägel sollten so tief wie möglich in das zu verbindende Objekt eindringen, ohne dass es splittert. Drahtstifte sind am billigsten. Doch ihre großen Köpfe sind wenig attraktiv, deshalb verwendet man sie vor allem dort, wo sie nicht zu sehen sind. Konvexringnägel haben vorstehende Ringe, sie greifen deshalb besser, wenn eine feste Verbindung notwendig ist. Senkkopfnägel und Stahlstifte eignen sich für leichte Materialien und wenn die Oberfläche kaum zu sehen ist. Dünne Materialen können mit der Zeit jedoch ausbrechen. Stahlnägel eignen sich für schnelle Verbindungen in weicherem Material, können aber dazu führen, dass der Verputz leicht abblättert.

Schrauben sorgen für eine viel festere Fixierung und eignen sich für Verbindungen von Holz und weichen Metallen. Holzschrauben haben direkt unter dem Kopf einen glatten Schaft, sodass sie sehr fest sitzen. Schrauben, die auf der ganzen Länge ein Gewinde haben, eignen sich besser dafür, dünne Bretter wie z.B. an Zäunen zu fixieren. Gewindeschrauben sind besonders dafür geeignet, Deckbretter zu befestigen, sie sollten mindestens doppelt so lang wie die Dicke des Bretts sein und noch in die zweite Lage Holz eindringen. Vorbohrungen sind in Hartholz und in feuchtem Holz nötig, weil dieses leicht splittern kann.

Schraubenköpfe gibt es in vielen Variationen, manche müssen versenkt werden. Große bolzenförmige Schrauben bezeichnet man als Stabdübel. Sie passen durch ein vorgebohrtes Loch und werden in das zweite Holzteil geschraubt. Unter den sechseckigen Kopf legt man meist eine Beilagscheibe. Kunststoffdübel bieten in Mauerwerk starken Halt.

Maschinenschrauben und Schraubbolzen reichen ganz durch das Holz oder Metall hindurch und werden mit einer Mutter fixiert, die auf dem Gewinde am Ende des Bolzens sitzt. An beiden Seiten des Schraubbolzens sind Beilagscheiben notwendig, auf alle Fälle aber bei Bolzen, die einen rechteckigen Schaft unter dem Kopf haben, der sich selbst in das Holz bohren kann, wenn die Mutter festgezogen wird. Schraubbolzen sehen sehr viel besser aus. Bolzen sollten etwa 2,5 cm länger sein als die Stücke, die sie zusammenhalten sollen, dick sind. Verbindungen werden haltbarer und stabiler, wenn man mehrere kleine Bolzen verwendet anstatt einen großen.

Ankerbolzen werden verwendet, um Holz mit Metall oder Mauerwerk zu verbinden. Dazu wird ein Loch (meist mit 1 cm Durchmesser) in die Mauer und das Teil, das fixiert werden soll, gebohrt, durch das der Bolzen hindurch und bis in das Loch in die Wand passt. Spreizbolzen dehnen sich aus, wenn sie festgezogen werden, sodass sie im Mauerwerk greifen und eine feste Verbindung schaffen. Für problematische Mauern oder dicht an Ecken eignen sie sich nicht. In solchen Fällen fixiert man besser mit Klebstoff.

Metallplatten, Pfostenschuhe, Winkel, Schlitzbleche und andere einfache Elemente, um Holz und Metall zu verbinden, gibt es in großer Auswahl. Sie machen den Bau mancher Objekte schneller und einfacher. Einige Verbindungselemente sind nur schwer wieder zu entfernen, wenn dies für Pflegemaßnahmen notwendig ist oder um verrottete Holzteile zu ersetzen.

Klebstoffe

Manche Materialen verklebt man am besten. Um Bolzen, Metall-Geländer und andere Elemente in brüchigen Stein oder Mauerwerk oder nahe an Ecken zu befestigen, verwendet man einen Kleber auf Kunstharzbasis, der nach dem Aushärten steinhart ist. Es gibt auch Kleber, die für die Verwendung von Holzdeckkomponenten geeignet sind. Sie haben den Vorteil, dass sie sich bei Kontakt mit Feuchtigkeit ausdehnen und schmale

Spalten füllen. Klebstoffe sind ganz spezielle Komponenten, die erfolgreiche Verwendung beruht darauf, dass man sie korrekt anwendet. Moderne Klebstoffe bilden extrem feste und dauerhafte Verbindungen im Freien, wenn sie richtig eingesetzt werden.

Glas und Spiegel

Glaswände lassen das Licht zwischen verschiedenen Bereichen des Gartens durch und schaffen doch eine Barriere. Glas ist jedoch zerbrechlich, vor allem, wenn es nicht von einem Rahmen eingefasst ist. Bricht es, birgt es Gefahren und es ist teuer, es zu ersetzen. Außer bei einfachen Verwendungen (wie Gewächshäusern), sollte das Glas deshalb gehärtet sein oder man sollte Verbundglas verwenden.

Glasscheiben können verspiegelt sein, verstärkt, getönt, gebeizt und bemalt, sodass es für viele Verwendungsmöglichkeiten im Garten geeignet ist. Es kann auch Muster tragen, geätzt, gepresst, geprägt oder sandgestrahlt sein, sodass es für mehrere Zwecke verwendet werden kann. Am wichtigsten ist immer, wie das Glas befestigt ist, dazu ist meist der Rat des Fachmanns nötig.

Glasbausteine können genauso verwendet werden wie Mauerwerk-Elemente. Die Sicht durch Glasbausteine ist eingeschränkt, sodass man mit ihnen eine gewisse Privatsphäre erzielt, während zugleich Licht durchdringen kann. Glasbausteine werden mit einem speziellen Mörtel verbunden, ansonsten verwendet man sie wie Ziegel.

Spiegel Bei verspiegeltem Glas kommt es nicht so sehr auf die Qualität an, oft sind alte Spiegel überzeugender als neue. Installieren Sie ein Gitter vor dem Spiegel, damit Vögel nicht versehentlich dagegenfliegen. Versichern

Sie sich, dass die Kanten des Spiegels dicht sind, damit kein Wasser eindringen kann.

Kunststoff

Die Verwendung von Kunststoff und Kunststoffprodukten nimmt im Garten immer mehr zu, seit Hersteller Elemente von der Stange für Decks, Zäune, Schattierungen und Pergolen, Spielgeräte, Möbel und anderes anbieten. Viele verwenden recycelten Kunststoff und erheben den Anspruch, dass er umweltfreundlich sei. Ob Kunststoff gut aussieht, ist eine Frage des persönlichen Geschmacks. Meistens ist er billig, korrosions- und hitzebeständig, leicht und pflegeleicht. Designer prüfen Plexiglas und andere Kunststoffe in Hinblick auf ihre Farbbeständigkeit, Formbarkeit und Lichtdurchlässigkeit

Plexiglas ist eines der vielseitigsten Materialien. Es ist in einer großen Palette von Farben, Größen und Stärken erhältlich. Plexiglas kann durchsichtig, halbtransparent oder undurchsichtig sein. Man kann es durchbohren, schneiden, biegen und verkleben. Die Teile brauchen einen stabilen Rahmen, damit sie nicht vom Wind weggetragen werden. Plexiglas kann auch durch Erhitzen geformt und um eine hölzerne Form gebogen werden, wo es dann abkühlt. Dunkel gefärbte Platten absorbieren mehr Hitze und dehnen sich deshalb aus, wenn sie von der Sonne beschienen werden. Deshalb sollte man 0,5 % oder 5 mm Spielraum pro Meter einkalkulieren, vor allem wenn eine Wandplatte direkt an eine andere angrenzt. Plexiglas ist mindestens zehn Jahre haltbar und braucht so gut wie keine Pflege.

Geotextil

Es gibt gewobene und filzartige Vliese, die verwendet werden, um Unkraut zu unterdrücken, um an Hängen die Erosion des Erdreichs zu verhindern und um den Boden vor Abnutzung zu bewahren. Sie sind extrem billig und bewähren sich als Unterlage von Belägen, wo sie die einzelnen Schichten voneinander trennen und verhindern, dass Material in untere Bodenschichten gelangt. Ein Geotextilvlies hinter einer Stützwand aus Holz lässt das Wasser, aber keine Erde durch. Auf dem Boden kann das Regenwasser durch solche Vliese fließen, aber es kann kein Unkraut wachsen.

Oberboden

Der Oberboden ist ein hoch komplexes Gebilde aus verschiedenstem lebendem und totem Material. Der Begriff »Boden« ist ein allumfassender Ausdruck für ein nährendes Substrat, das aus verschiedenen Schichten besteht. Der Unterboden ist meist mineralisch, während der Oberboden einen größeren Anteil an organischem Material mit Nährstoffen enthält, die das Pflanzenwachstum ermöglichen.

Die Dicke des Oberbodens kann von wenigen Zentimetern bis zu mehr als 1 m reichen, meist ist er etwa 30 cm mächtig. Um Bäume und Sträucher mit tief reichenden Wurzeln zu kultivieren, braucht man einen entsprechenden Boden, der Festigkeit gibt und Wasser speichert.

Muss man Oberboden hinzukaufen, sollte man darauf achten, dass er zu dem Standort passt und für die Pflanzen geeignet ist, die man ziehen möchte – dabei kann es sich um leichten Boden wie sandigen Lehm oder einen schweren Lehmboden handeln. Vermeiden Sie Ton, er kann undurchdringliche Schichten bilden, die jede Dränage verhindern.

Oberboden muss nicht besonders fruchtbar sein, weil man später entweder Dünger oder Stallmist zuführen kann. Eine geringe Fruchtbarkeit kann jedoch darauf hinweisen, dass der Oberboden schlecht gelagert wurde. Oberboden braucht Luft, um gesund zu blei-

ben, und Böden, die zu hoch aufgeschichtet wurden (höher als 2–3 m) oder länger als sechs Monate gelagert wurden, beginnen unweigerlich zu degenerieren. Die Struktur zerfällt und organische Bestandteile zersetzen sich unter anaeroben Bedingungen.

Seit kurzem ist das Angebot an industriell gefertigtem Oberboden breiter. Gewöhnlich wird dafür Unterboden mit diversem grobem organischem Material wie Kompost aus Biomüll vermischt.

Achten Sie auch auf den pH-Wert des Bodens. Der pH-Wert von Gartenböden liegt normalerweise zwischen pH 4,5 (sauer) und pH 8 (basisch).

Der Boden muss frei von Verunreinigungen sein, die z.B. daher stammen, dass Boden von Grundstücken verwendet wird, die vorher Fabrik- oder Industriestandorte waren. Boden muss außerdem frei von Unkraut sein – allerdings bemüht man sich um dieses Ziel meist vergeblich. Sinnvoller ist es, darauf zu achten, dass der Boden frei von Wurzeln von stark wuchernden ausdauernden Pflanzen wie z.B. Winden ist.

Wände verschönern

Es gibt viele Möglichkeiten, den Anblick von Wänden, Sichtschutzgittern oder anderen Bauwerken zu verschönern. Die folgenden Techniken gehören zu den grundlegenden Varianten. Die meisten dieser Techniken basieren auf Kalk.

Sgraffito Bei dieser Technik wird eine Schicht von dunklem Kalkmörtel aufgebracht, auf die eine hellere Schicht aufgetragen wird. In diese werden dann Muster gekratzt, sodass die dunklere Schicht wieder zum Vorschein kommt. Wegen der starken Kontraste sind Sgrafitto-Bilder schon von weitem zu erkennen. Aufgrund des Materials sind solche Malereien außerdem wetterfest.

Wasserfester Zierputz ist ein feiner Verputz, der für kunstvolle Sgraffitto-Arbeiten oder für Reliefe verwendet wird. Er kann auch prägepoliert werden. Weil er nicht so durchlässig ist wie Kalk, eignet er sich nicht für alte Wände, wohl aber für zeitgemäße Situationen, wo Glas, Zement und Keramik verwendet wird. Da er vollkommen wasserdicht ist, eignet sich wasserfester Zierputz auch für Wasseranlagen und in einer städtischen Umgebung. Er kann direkt auf Kalk- oder Zementputz oder auf eine leicht aufgeraute Glas- oder Metall-Oberfläche aufgetragen werden.

Freskomalereien beruhen auf einer außergewöhnlichen Technik, die sich über Jahrhunderte nicht verändert hat. Dabei werden riesige Gemälde in Abschnitten, die jeweils in einem Tag zu bewältigen sind, erstellt.

Zunächst werden auf jedem Abschnitt zwei Schichten Kalkputz aufgetragen. Auf die oberste noch feuchte Schicht wird dann schnell das Bild gemalt, weil die Schichten rasch aushärten. So entstehen Schichten, die fest mit der Oberfläche verbunden sind. Die Maler müssen deshalb schnell arbeiten, und die Entwürfe müssen perfekt vorbereitet sein und auf die Wand übertragen werden, bevor man mit dem Malen beginnt – der zeitliche Rahmen für Verzögerungen ist sehr eng. Die Schönheit der steinharten Oberfläche und die Transparenz der Farben eignen sich für abstrakte Entwürfe und reine Farben; sie können auf viele verschiedene Arten gefertigt werden.

Keramik Große oder kleine Wandbilder aus Keramik können auf senkrechte Oberflächen aufgebracht werden. Sie werden gewöhnlich aus gebranntem, frostfestem Ton gefertigt. Der Entwurf kann auf eine große Tonplatte gepresst werden und wird nach dem Brennen mit Kunstharz auf die Mauer geklebt.

ADRESSEN

Die meisten der in diesem Buch erwähnten Materialien sind im Baustoff-Handel oder in Baumärkten erhältlich. Je nach der Lage Ihres Wohnortes wird das Angebot etwas unterschiedlich sein und sich nach den jeweils üblichen Baustilen richten. Meist wird auch das jeweils vor Ort vorhandene Material angeboten, das einen ganz besonderen Charakter hat und außerdem preisgünstig zu haben ist. In solchen Baustoff-Handlungen und Baumärkten finden Sie meist auch fachkundigen Rat.

Die unten aufgeführten Adressen und Internet-Seiten enthalten neben Verbänden auch einige Firmen und andere Quellen, die nützliche Informationen bieten. Auf den jeweiligen Internetseiten finden Sie überdies auch Links zu spezielleren Themen und spezialisierten Firmen.

Bei der Suche nach Informationen empfiehlt es sich auch, die gängigen Suchmaschinen des Internets zu nutzen. Und nicht zuletzt lohnt sich ein Blick in Gartenmagazine. Dort werden die aktuellsten Ideen und technischen Entwicklungen vorgestellt. Auch Handwerksmessen sind eine Fundgrube für Informationen und neueste Materialien.

Viele Tipps und Ideen können Sie auch von Ihren Gartennachbarn und anderen Gartenliebhabern bekommen, ebenso von Fachleuten wie Garten- und Landschaftsarchitekten, die Ihnen gerne mit Rat und Tat zur Seite stehen werden.

NÜTZLICHE INFORMATIONEN

DEUTSCHLAND
Bundesarchitektenkammer
10963 Berlin
Tel. 030/26 39 44-0
Fax 030/26 39 44-90
http://www.akh.de/

Bund Deutscher Landschaftsarchitekten
Köpenicker Strasse 48/49
10179 Berlin
Tel. 030/27 87 15-0
Fax 030/27 87 15-55
http://www.bdla.de/

Deutscher Beton- und Bautechnik-Verein e.V.
Kurfürstenstraße 129
10785 Berlin
Tel.: 030/23 60 96-0
Fax: 030/23 60 96-23
www.betonverein.de/
Förderung und Weiterentwicklung der wissenschaftlichen und technischen Grundlagen des Betonbaus und der Bautechnik.

DIN Deutsches Institut für Normung e.V.
Datenbank zur Normenrecherche.
Burggrafenstraße 6
10787 Berlin
Tel. 030/2601-0
Fax 030/2601-1231
www.din.de

Deutsche Gesellschaft für Gartenkunst und Landschaftskultur e.V. (DGGL)
Wartburgstraße 42
10823 Berlin
Tel. 030/7 88 11 25
Fax 030/7 87 43 37
http://www.dggl.org

Beschaffungsdienst GaLaBau
Rolf Soll Verlag GmbH
Kahden 17 b
22393 Hamburg
Tel. 040/606 88 2-0
Fax 040/606 88 2-88
http://www.soll.de/gala/galabau.htm
Bietet Informationen für die Bereiche Planung – Gestaltung – Pflege.

Forschungsgesellschaft Landschaftsentwicklung Landschaftsbau e.V. (FLL)
Colmantstraße 32
53115 Bonn
Tel. 0228/690028
Fax 0228/690029
http://www.fll.de/

Deutscher Asphaltverband (DAV) e.V.
Schieffelingsweg 6
53123 Bonn
Tel. 0228/97 96 50
Fax 0228/97 96 511
www.asphalt.de
Hier finden Sie alles über den Baustoff Asphalt und die Asphaltbauweise mit Anwendungsbeispielen und Fachinformationen sowie alle wichtigen Kontaktadressen der Asphaltindustrie.

Bundesverband Garten-, Landschafts- und Sportplatzbau e.V.
Alexander-von-Humboldt-straße 4
53604 Bad Honnef
Tel. 02224/77 07-0
Fax 02224/77 07-77
http://www.galabau.de/

Bundesverband der Deutschen Ziegelindustrie e.V.
Schaumburg-Lippe-Straße 4
53113 Bonn
Tel. 0228/9 14 93-0
Fax. 0228/9 14 93-28
www.ziegel.de/

Arbeitsgemeinschaft Pflasterklinker e.V
Schaumburg-Lippe-Straße 4
53113 Bonn
Tel. 0228/9 14 93-31
Fax 0228/9 14 93-28
www.pflasterklinker.de
Informiert umfassend und firmenübergreifend über Güte und Vielfalt des Naturprodukts Pflasterklinker

Bundesverband Deutsche Beton- und Fertigteilindustrie e.V.
Schloßallee 10
53179 Bonn
Tel. 0228/9 54 56-0
Fax. 0228/9 54 56-90
www.betoninfo.de/

Betonverband Straße, Landschaft, Garten e.V.(SLG)
Straße, Landschaft, Garten e.V.(SLG)
Schloßallee 10
53179 Bonn
Tel. 0228/9 54 56-21
Fax 0228/9 54 56-90
www.slg-betonprodukte.de

Fördergemeinschaft Gutes
Licht (FGL)
Stresemannallee 19
60596 Frankfurt am Main
Tel. 069/6302-353
Fax 069/6302-317
www.licht.de

Informationsgemeinschaft
Betonwerkstein e.V.
www.info-b.de/
65203 Wiesbaden
Biebricher Str. 69
Tel. 0611/60 34 03
Fax: 0611/60 90 92

Der Deutsche Naturwerk-
stein-Verband DNV
Sanderstraße 4
97070 Würzburg
Tel. 0931/1 20 61
Fax 0931/1 45 49
www.dnv.naturstein-netz.de
Vertritt die Interessen der deutschen Naturwerkstein-Industrie,
berät und unterstützt in allen
fachlichen Fragen zur Verwendung von Naturwerksteinen,
einschließlich der Versetz- und
Verlegetechnik.

ÖSTERREICH
Verband Österreichischer
Ziegelwerke
Bundesweite freiwillige
Interessensvertretung der öster-
reichischen Ziegelindustrie.
Wienerberg City
Wienerbergstrasse 11
1100 Wien
Tel. 0043/1/587 33 46–0
Fax 0043/1/587 33 46–11
www.ziegel.at

Österreichische Gesellschaft
für Landschaftsplanung und

Landschaftsarchitektur
(ÖGLA)
Schiffamtsgasse 18/16
1020 Wien
Tel. 0043/1/216 58 44-13
Fax 0043/1/216 58 44–15
http://www.oegla.at/

Vereinigte Österreichische
Natursteinwerke (VÖN)
Scharitzerstrasse 5/II
4020 Linz,
Tel. 0732/65 60 48
Fax 07612/8 94 33
www.naturstein.at

SCHWEIZ
Bund Schweizer Land-
schaftsarchitekten (BSLA)
Rue du Doubs 32
2300 La Chaux-de-Fonds
Tel. 0041/32/968 88 89
Fax 0041/32/968 88 33
http://www.bsla.ch/

Natursteinverband der
Schweiz (NVS)
Kontradstraße 9
Postfach 7190
8023 Zürich
Tel. 0041/43/366 66 70
Fax 0041/43/366 66 01
www.nvs.ch/

TECHNIK UND ZUBEHÖHR

ACO Drain Passavant
Entwässerungssysteme
Am Ahlmannkai
24782 Büdelsdorf
Tel. 04331/354-500
Fax 04331/354-165
www.acodrain.de

OASE GmbH
Tecklenburger Str. 161

48477 Hörstel
Tel. 05454/80-0
Fax 05454/80-23
www.oase-pumpen.com
Pumpen, Wasserspiele, Spring-
brunnentechnik, Fontänenauf-
sätze, Becken, Unterwasser-
beleuchtung, Beratung

Runge GmbH
Fabrik für Holz-, Metall- und
Edelstahlverarbeitung
Großer Fledderweg 89
49084 Osnabrück
Tel. 0541/50 55 20
Fax 0541/50 55 222
www.runge-online.com

Metten Stein + Design
Industriegebiet Hammermühle
51491 Overath
Tel. 02206/603-0
Fax 02206/603-80
www.metten.de

BEGA
Lichttechnische Spezialfabrik
Hennenbusch
58708 Menden
Tel. 02373/966-0
Fax 02373/966-216
www.bega.de

Planex Sonnensegel
Am Herrschaftsweiher 41
67071 Ludwigshafen
Tel. 06237/97 62-0
Fax 06237/97 62-29
www.planex-gmbh.de

MWH-Metallwerk
Flinsbacher Straße 1
74921 Helmstadt-Bargen
Fax 0 72 63/91 40-59
www.mwh-gartenmoebel.de

Kronimus Betonsteinwerk
Martin Ehrentraut
Josef-Herrmann-Str. 4-6
76473 Iffezheim
www.kronimus.de

Hess Form + Licht
Schlachthausstraße 19-19/3
78050 Villingen Schwenningen
www.hess-form-licht.de

GIMA Dachziegel und
Klinkerwerk
Girnghuber GmbH
Ludwig-Girnghuber-Straße 1
84163 Marklkofen
Tel. 08732/24-0
Fax 08732/24-200
www.gima-ziegel.de

Caravita
Sonnensegel, Sonnenschirme
Steiglehnerstr. 7
85051 Ingolstadt
Tel. 0841/9 66 35-0
Fax 0841/9 66 35-20
www.caravita.de

TRACO GmbH
Mauern, Treppen, Wege,
Wasserkunst, Fertiggabionen aus
Natursteinen
Poststraße 17
99947 Bad Langensalza
Tel. 03603/85 21 21
Fax 03603/85 21 20
www.traco.de

ÖSTERREICH
miramondo exterior
Paracelsusgasse 8/1/9
A-1030 Wien
Tel. 0043/1/969 04 04
Fax 0043/1/714 14 91
www.miramondo.com

LITERATUR

ZEITSCHRIFTEN

Stadt und Grün
Koenigsallee 65
14193 Berlin
Tel. 030/89 59 03-0
Fax 030/89 59 03-17
www.stadtundgruen.de
Fachpublikation für die gesamte öffentliche Grüngestaltung und Grünpflege mit den Schwerpunkten Umwelt- und Freiraumplanung.

Landschaftsarchitektur LA
Das Praxismagazin für Landschaftsplanung, -bau und -pflege
Bernhard Thalacker Verlag GmbH & Co. KG
Postfach 83 64
38133 Braunschweig
Tel. 0531/3 80 04-0
Fax 0531/3 80 04-25
www.thalackermedien.de

Garten + Landschaft Zeitschrift für Landschaftsarchitektur
Georg D. W. Callwey GmbH & Co.
Streitfeldstraße 35
81673 München
Tel. 089/43 60 05-0
Fax 089/43 60 05-113
www.garten-landschaft.de

BlattForm®
Das Fachinformationssystem für Landschaftsplanung, Freiraumplanung, Natur- und Umweltschutz
Max-Lehner-Straße 18
85354 Freising
Tel. 08161/23 28 70
Fax 08161/23 28 74
www.blattform.de/

BÜCHER

Bauch-Troschke, Zita: *Brunnen, Wasserbecken und Wasserspiele.* Callwey 2000:

Bridgewater, Gill/Bridgewater, Alan: *Holzdecks im Garten. Alle Projekte Schritt für Schritt erklärt.* Ulmer Verlag 2003

Friedrich, Volker: *Mauern aus Naturstein,* Ulmer Verlag 2001

Hagen, Peter: *Zäune, Mauern, Hecken. Planen, entwerfen, kalkulieren.* Ulmer Verlag 2004

Hamann, Cordula: *Kunst im Garten,* Ulmer Verlag 2001

Howcroft, Heidi: *Richtig Pflastern. Ausführungsanleitungen für die Verlegung von Klinker-, Naturstein- und Kieselsteinpflaster.* Callwey 2001

Howcroft, Heide/Brand, Christa/Barlo, Nik: *Fantasievolles Pflaster und Mosaik. Neue Ideen für Garten und Terrasse;* Callwey 2001

Peters, Jürgen/Schrader, Julia: *Naturstein im Garten;* Edition Anderweit 2003

Wirth, Peter: *Wege und Sitzplätze. Planen, entwerfen, kalkulieren.* Ulmer Verlag 2001

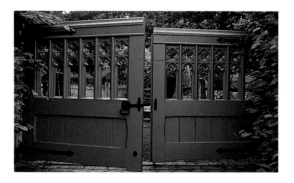

DANKSAGUNG
DER AUTOREN

Unser Dank gilt in erster Linie Pippa Rubinstein und Judith Robertson von R & R Publishing – dafür, dass sie an dieses Buch geglaubt haben, für ihr Geschick bei der Zusammenstellung des Buches und ihre Geduld bei der Terminplanung. Danken möchten wir auch Tim Dann, der dafür verantwortlich war, aus Richards Entwürfen Illustrationen zu machen.

Ebenso danken wir Rochelle Greayer, die den Text an die amerikanischen Verhältnisse angeglichen und die in Großbritannien gängigen Begriffe und Maße an die in den USA üblichen angepasst hat. Auch Amanda Crabbe von The English Gardening School und – im Frühstadium – John Blake waren eine große Unterstützung.

Rosemary Alexander

Was mich betrifft, so ist dieses Buch das Ergebniss jahrelanger Arbeit und jahrelangen Unterrichtens in der Landschafts- und Gartengestaltung. Ich möchte Brian Clouston und seinen Partnern danken, von denen ich in meinen frühen Jahren so viel gelernt habe; Anthony Du Gard Pasley, der meine Art und Weise der Betrachtung von Design und Bepflanzung revolutionierte und allen meinen Kollegen, Tutoren und Studenten von The English Gardening School, von denen ich noch heute so viel lerne.

Richard Sneesby

Ich möchte einigen Personen danken, die mir dabei geholfen haben, meine Gedanken zu diesem Thema zu ordnen und die mir viele wertvolle Ratschläge beim Schreiben dieses Buches gegeben haben. Besonders danke ich Gerry Metcalf, den besten Lehrer für Design, den ich kenne, sowie Mark Cowell und Mike Westley. Sie alle verfügen über ein erstaunliches Wissen und sind eine unerschöpfliche Quelle der Inspiration. Owen Manning war der erste Mensch den ich traf, der mir erklärte, warum eine exakte Landschaftsgestaltung so wichtig für ein gutes Design ist. Mit James Wilson lehrte ich gemeinsam in den 1990er-Jahren und zusammen entwickelten wir eine Methode, wie man Landschafts- und Gartengestaltung lehrt. Sie findet sich in diesem Buch wieder. Danken möchte ich auch meinen Eltern, Pat and Norman Sneesby, die mich ermutigt haben, in der Landschaftsgestaltung zu arbeiten. Mein größter Dank gilt meiner Ehefrau Henrietta für ihre unermessliche Geduld und dafür, dass sie meine unreifen Ideen verbesserte und mir immer eine verlässliche Freundin war. Ohne sie hätte ich die Zeit nicht aufgebracht, dieses Buch zu verfassen.

BILDNACHWEIS

Die Autoren und der Verlag danken den unten aufgeführten Fotografen und Gartengestaltern für die Erlaubnis, ihre Fotografien in diesem Buch zu veröffentlichen.

Angaben zum Stand der Bilder:
o = oben M = Mitte u = unten l = links r = rechts

Für alle anderen Abbildungen, die in diesem Buch verwendet werden, liegt das Copyright bei den Autoren Rosemary Alexander und Richard Sneesby.

RA = Rosemary Alexander, RS = Richard Sneesby

Vorsatz: Seiten 2–3 Marianne Majerus, West Dean; 4–5 Steven Wooster, Design Mark Anthony Walker, Chelsea 2000; 6 (4 Bilder) Steven Wooster; 7 Jerry Harpur, Chateau Gourdon.

Einführung: 8 Clive Nichols, Design Lisette Pleasance; 9 Suzie Gibbons, GPL, Design Jane Mooney, Skulptur, John Brown; 10 Steven Wooster, Lea Dunster, NZ; 11 Clive Nichols, Design Jill Billington.
Kapitel 1: 12 RS; 19 Alex Scaresbrook, GPL; 23u Jerry Harpur, Design Keeyla Meadows, San Francisco; 24u Jerry Harpur, Bob Clark, Ca.; Marianne Majurus, Design Lucy Sommers; 36–7 RA and RS.
Kapitel 2: 38–9 Gil Hanly, GPL; 44 Jerry Harpur, Bobbi Hicks, Palm Beach NSW; 48 Clive Nichols, Design Lucy Gent; 52–3 RA and RS; 52M und Mr Davide Buurma.
Kapitel 3: 54 Jerry Harpur, Design Sonny Garcia; 56 Juliet Greene, GPL; 62 Jerry Harpur, Design Quinto do Convento du Trinidade; 66 Jerry Harpur, Design Mary Effron; 68–9 RA und RS.
Kapitel 4: 70–1 Jerry Harpur, Design Steve Martino, Phoenix USA; 79 Clive Nichols, GPL; 81 Juliet Green, GPL; 85b Steven Wooster, Design Naila Green; 90–1 RA and RS.
Kapitel 5: 96 Clive Nichols, GPL; 97 Jerry Pavia, GPL; 98 Clive Nichols, Design Mark Laurence; 99 Jerry Harpur, Design Richard Hartlage, Graeme Hardie, NJ, USA; 100 Francois de Heel, GPL; 101 Clive Nichols, Chelsea 2001, Design Alison Armour-Wilson; 104u Steven Wooster; 108 Clive Nichols, Design Claire Mee; 109 Christopher Topp; 111 or Clive Nichols, Design Claire Mee; 110–11 RA and RS.
Kapitel 6: 112–3 Steven Wooster, Wyken Hall; 117 Steven Wooster, Design Luciano Giubillei; 121 Clive Nichols, Oxford Botanic Gardens; 124 Clive Nichols, Design Alison Wear Associates; 129 Clive Nichols, Architectural Plants, Sussex; 130–31 RA and RS; 131Mr Davide Buurma.

REGISTER

Kapitel 7: 132–3 Jerry Harpur, Design Steve Martino, Stiteler garden; 136o Clive Nichols, Design Wendy Lauderdale; 136u John Glover, GPL; 137 Steven Wooster, Staddlecombe; 138 Ron Sutherland, GPL; 140 Steven Wooster, Ayrlies, NZ; 142 Clive Nichols, Design Myles Challis, Chelsea 99; 148–9 RA und RS.

Kapitel 8: 152 Jerry Harpur, Alhambra, Generalife, Spanien; 154 Juliet Greene, GPL; 155 Jerry Harpur, Design Edwina von Gal, Sagaponack, USA; 156 Linda Burgess, GPL; 157 Jerry Harpur, Design Ton Ter Linden; 160 Ron Sutherland, GPL; 161 Jerry Harpur, Design Phil Jaffa & Patrick Collins, Chelsea 2004; 162 Clive Nichols, Design Claire Mee; 168r Clive Nichols, design Andrew & Karla Newell; 170 Clive Nichols, GPL; 172–3 RA und RS.

Die Autoren möchten den Besitzern der folgenden Gärten ganz besonders danken: Seite 12–13 Old Place Farm, High Halden, Kent, Großbritannien; 17u Villa Massei, Massa Macinaia, Lucca, Italien; 28ur Great Dixter, Northiam, Rye, East Sussex, Großbritannien; 29 Gresgarth Hall, Caton, Lancashire, Großbritannien; 37 Alderley Grange, Alderley, Gloucestershire, Großbritannien; 47 Great Dixter, Northiam, Rye, East Sussex, Großbritannien; 50 Hestercombe, Cheddon Fitzpaine, Taunton, Somerset, Großbritannien; 51 Iford Manor, Bradford-on-Avon, Wiltshire, Großbritannien; 52 Garten bei Le Paradou, Provence, Frankreich (T. Conran); 62 Giardino Botanico Hanbury, La Mortola, Ventimiglia, Italien; 69Mr Redenham Park, Redenham, Wiltshire, Großbritannien; 82 Vann, Hambledon, Godalming, Surrey, Großbritannien; 86 Holker Hall, Cark in Cartmel, Grange over Sands, Cumbria, Großbritannien; 90uM Hestercombe, Cheddon Fitzpaine, Taunton, Somerset, Großbritannien; 105 Trotton Old Rectory, Trotton, Petersfield, Hampshire, Großbritannien; 110or Trotton Old Rectory, Trotton, Petersfield, Hampshire, Großbritannien; 131oM Wyken Hall, Stanton, Suffolk, Großbritannien; 150–51 Pansea Phouvao Hotel, Luang Prabang, Laos; 163 Colmore House, Colemore, Hampshire, Großbritannien; 141 Marquessac, Dordogne, Frankreich; 172ur Villa Massei, Macinaia, Lucca, Italien.

Wir haben uns die größte Mühe gegeben, alle Besitzer der Bildrechte ausfindig zu machen und möchten uns schon im Voraus für unbeabsichtige Auslassungen entschuldigen. In diesem Fall werden wir unseren Dank in den folgenden Ausgaben nachtragen.